Michael Meyen
»Wir haben freier gelebt«

Michael Meyen ist Professor für Kommunikationswissenschaft an der Universität München.

Michael Meyen

»Wir haben freier gelebt«

Die DDR im kollektiven Gedächtnis der Deutschen

[transcript]

Bibliografische Information der Deutschen Nationalbibliothek
Die Deutsche Nationalbibliothek verzeichnet diese Publikation in der Deutschen Nationalbibliografie; detaillierte bibliografische Daten sind im Internet über http://dnb.d-nb.de abrufbar.

Umschlaggestaltung: Kordula Röckenhaus, Bielefeld
Umschlagabbildung: »Mittagspause in den Buna-Werken« (1958),
Bundesarchiv, Bild 183-58845-0001. Foto: Horst Sturm
Satz: Dr. Claudia Riesmeyer
Druck: Majuskel Medienproduktion GmbH, Wetzlar
ISBN 978-3-8376-2370-3

Gedruckt auf alterungsbeständigem Papier mit chlorfrei gebleichtem Zellstoff.
Besuchen Sie uns im Internet: *http://www.transcript-verlag.de*
Bitte fordern Sie unser Gesamtverzeichnis und andere Broschüren an unter: *info@transcript-verlag.de*

Inhalt

1. Einleitung: Warum (immer noch) die DDR?

> „Mauerbau, Mauerfall, Fluchtversuche, Tunnelbau, blablabla. Auf jedem Sender. Das ging mir richtig auf den Zünder. Dass das immer wieder ausgegraben werden muss. Wir können das heute auch nicht mehr ändern. Wir können es nur besser machen. Man muss doch auch mal vorwärts schauen."
> *Kerstin, Mitte 40, Krankenpflegerin aus Hennigsdorf, Januar 2012*

> „Man darf das nicht verharmlosen. Das gehört zu unserer Geschichte, wie die Nazis. Es ist doch traurig, wenn jemand heute eine Jugendweihe will. Nach 20 Jahren, hier bei uns im Landkreis. Wozu braucht ein junger Mensch das? Ich finde schon, dass man solche Berichte weiter bringen soll."
> *Irene, Mitte 50, freischaffende Künstlerin im Münchener Umland, Januar 2012*

DDR? Dieses Thema sei höchstens noch etwas für die Wissenschaft, meinte der Berliner Verleger Christoph Links, als ich ihn nach den Publikations-Chancen für dieses Buch gefragt habe. Über die Erinnerung an die DDR habe man so viel gesagt und so viel geschrieben, dass das Interesse der Leser ziemlich erlahmt sei. Kerstin und Irene scheinen ihm Recht zu geben. Beiden geht es längst nicht mehr um die Zeit vor dem Mauerfall, sondern um das, was heute daraus gemacht wird. Während Kerstin, eine gelernte Elektromonteurin, die 1988 einen Sohn bekam und ihren Partner über die Prager Botschaft ausreisen ließ, am liebsten nichts mehr von der DDR hören will, findet Irene, die das Land nur von einem kurzen Berlin-Besuch in den 1980er Jahren kennt, dass nicht oft genug daran erinnert werden kann – frei nach dem Motto ‚Der Schoß ist fruchtbar noch, aus dem nicht nur die Jugendweihe kroch'.

Wenn in diesem Buch nach dem Platz gefragt wird, den die DDR im kollektiven Gedächtnis der Deutschen hat, dann zielt die Antwort ganz offenkundig auf die Gegenwart. Was man von diesem anderen deutschen Staat auch halten mag: Es beeinflusst das Urteil über Biografien, Kollegen, Nachbarn. Die Richtung gibt Irene vor: bloß nichts, was es auch in der DDR gab, weil es von dort nicht mehr weit ist bis zum Dritten Reich. Wer das für einen bedeutungslosen Ausfluss des Volksmundes hält und die Führungsspielerdebatte um Michael Ballack, Jahrgang 1976, schon vergessen hat (Günter Netzer: In Görlitz habe das Kollektiv mehr gezählt als das Genie), lese das Buch *Die Patin* von Gertrud Höhler, Untertitel: „Wie Angela Merkel Deutschland umbaut". Alles, was man an der deutschen Politik gerade kritisieren könnte, führt die Helmut-Kohl-Beraterin dort auf die Sozialisation der Bundeskanzlerin in der DDR zurück (bei Höhler: „Anderland"). In jungen Jahren habe Merkel zum Beispiel gesehen, wie man trotz Unfähigkeit an der Macht bleiben und dass ein unbedachter Halbsatz alles zerstören könne.[1] Immerhin: Diesmal sind es nicht die Pinkel-Töpfchen in den DDR-Kinderkrippen, die das Abendland gefährden.[2] Deutschland habe „ein Diskriminierungsproblem", schrieb das Magazin der *Süddeutschen Zeitung* in seiner Titelgeschichte vom 30. Juli 2010. Nur fünf Prozent der deutschen Elite seien aus dem Osten („kein Bundesminister, kein wichtiger Chefredakteur, kein DAX-Vorstand"), und zwei Drittel aller Ostdeutschen würden sich im eigenen Land als „Bürger zweiter Klasse" fühlen.[3] Angela Merkel ist genau wie Joachim Gauck kein Gegenargument, weil beide im Herbst 1989 auf der

---

1 | Gertrud Höhler: Die Patin. Wie Angela Merkel Deutschland umbaut. Zürich 2012.

2 | Vgl. Christian Pfeiffer: DDR: Erziehung zum Hass. *Der Spiegel* Nr. 12/1999, S. 60-66.

3 | Christoph Cadenbach, Bastian Obermayer: Nur fünf Prozent der deutschen Elite kommen aus dem Osten. *Süddeutsche Zeitung Magazin*, Nr. 30 vom 30. Juli 2010, S. 12-19, hier S. 12.

richtigen Seite standen und mit Jugendweihe und Kinderkrippe schon deshalb nichts zu tun haben können, weil sie aus christlichen Milieus stammen.

Abbildung 1: FKK am Senftenberger See (1982)

Quelle: BArch, Bild 183-1982-0724-012 (Rainer Weißflog)

Die Bevölkerungsmehrheit war von diesen beiden Lebensentwürfen genauso weit entfernt wie von der Staatssicherheit und den Selbstschussanlagen im Grenzstreifen. Der ostdeutsche Sozialwissenschaftler Thomas Ahbe hat ausgerechnet, dass 80 Prozent der DDR-Bürger „kaum oder nicht in besonderer Weise zu Opfern politischer Repression" geworden seien.[4] Was sollen Menschen wie Kerstin anfangen mit Berichten aus einem Land, das sie so nicht kennengelernt haben und das sie trotzdem nicht einfach abschütteln können? Ist es ein Wunder, dass ihnen das alles „auf den Zünder" geht und dass von Radebeul bis Eisenhüttenstadt Museen von der „Wiedersehensfreude" mit einer „Konsumwelt" leben, zu der neben dem Likör *Wilde Sau* aus Bockau der FKK-Strand genauso gehört wie die Zigarettenmarke *Karo*?[5] Kerstin sagt, dass sie Angst habe, die Erinnerungen an ihre Jugend zu verlieren, und deshalb sogar Karl-Eduard von Schnitzlers *Schwarzen Kanal* gern noch einmal sehen würde („alle Staffeln", „spaßeshalber"). Ihr Opa, ein alter Kommunist, der nach der Wende krank geworden sei, als er erfahren habe, was „unsere DDR-Leute" aus seinen Idealen gemacht hätten, habe die Sendung

4 | Thomas Ahbe: Ostalgie. Zum Umgang mit der DDR-Vergangenheit in den 1990er Jahren. Berlin 2005, S. 42.

5 | Vgl. Wolfgang Benz: Die DDR als Museumsobjekt. *Zeitschrift für Geschichtswissenschaft* 59. Jg. (2011), S. 995-1007.

damals „eifrig verfolgt". Da der *Kanal* nicht kommt, weicht Kerstin auf alte *Polizeiruf*-Folgen aus. „Mit Hauptmann Fuchs und den Genossen. Da klaut einer einen Plattenspieler und ist gleich ein Schwerverbrecher. Und dann die Tapeten und die kleinen Bierflaschen. Da denkt man, ja, stimmt, so war das früher."

Natürlich hat Christoph Links Recht: Man weiß längst, dass Ostdeutsche anders über die DDR sprechen als Westdeutsche und dass sich dieses Bild noch einmal differenziert, wenn man nicht nur die Herkunft einbezieht, sondern auch politische Orientierungen.[6] Auch über die Ursachen ist ausführlich spekuliert worden: von den erwähnten frühkindlichen Verformungen der Seele über die Erfahrungsbrüche in Arbeitswelt und Alltag, die gewissermaßen im Nachhinein eine DDR-Identität erschaffen hätten,[7] bis zum Vorwurf der Undankbarkeit ist alles dabei. Natürlich gehören auch die Medien zu den üblichen Verdächtigen. Thomas Ahbe zum Beispiel hat schlüssig begründet, dass der „Laien-Diskurs" Ostalgie Ende der 1990er Jahre geradezu zwangsläufig entstehen musste. Da Politik und „zentrale Medien" die Vergangenheit „sehr kritisch und oft auch aus westdeutscher Perspektive" aufgearbeitet und den DDR-Alltag mit einfachen Etiketten versehen hätten („Stasi-Staat", „Terrorregime", „Mangelgesellschaft"), habe die Bevölkerungsmehrheit „eine Art Selbsttherapie" gebraucht und „unangenehme Wahrheiten" über das eigene Leben relativieren wollen.[8]

Das alles ist inzwischen selbst wieder Vergangenheit. Wenn dieses Buch die Erinnerungslandschaft anno 2012 dokumentiert und dabei die Kerstins und Irenes dieses Landes zu Wort kommen lässt, geht es nicht nur um eine aktuelle Bestandsaufnahme und auch keineswegs nur um den Einfluss der Medien – eine Frage, die naheliegt, sobald sich ein Kommunikationswissenschaftler dem Gegenstand nähert. Die DDR ist in dieser Studie nur ein Beispiel. Gibt es einen besseren „Fall", um das kollektive Gedächtnis einer Gesellschaft zu studieren? Knapp ein Vierteljahrhundert nach dem Ende des sozialistischen Experiments auf deutschem Boden leben hierzulande Men-

---

6 | Vgl. Annette Leo: Nicht vereinigt. Studien zum Geschichtsbewusstsein Ost- und Westdeutscher. In: Heidi Behrens, Andreas Wagner (Hrsg.): Deutsche Teilung, Repression und Alltagsleben. Erinnerungsorte der DDR-Geschichte. Leipzig 2004, S. 58-68.

7 | Vgl. exemplarisch Patricia Hogwood: After the GDR: Reconstructing identity in post-communist Germany. *Journal of Communist Studies and Transition Politics* Vol. 16 (2000), No. 4, S. 45-67, hier S. 47.

8 | Thomas Ahbe (wie Anm. 4), S. 36, 65.

schen zusammen, deren Beziehung zum Thema unterschiedlicher nicht sein könnte. Die Gräben verlaufen dabei nicht nur zwischen Ost- und Westdeutschen, Konservativen und Linken, Einheimischen und Migranten oder Zeitzeugen und Nachgeborenen, sondern auch innerhalb dieser „Lager". Dies gilt selbst für die alte SED-Spitze, um nur eine vergleichsweise kleine Gruppe zu nennen. Schreiben Günter Schabowski, Egon Krenz und Hans Modrow heute tatsächlich über das gleiche Land, wenn sie sich an ihre Zeit als Politiker erinnern?[9] Allgemeiner gefragt: Was bleibt von der „historischen Realität", wenn sie vorbei ist? Wie viel „Wahrheit" steckt in dem, was wir beispielsweise über das Dritte Reich zu wissen glauben, über Bismarck und den alten Wilhelm oder gar über den Dreißigjährigen Krieg?

Abbildung 2: Hans Modrow (links) begrüßt Kim Il Sung (1984)

Quelle: BArch, Bild 183-1984-0602-018 (Ulrich Häßler)

In der Theorie ist die Antwort einfach. Folgt man Aleida und Jan Assmann, den führenden Autoritäten auf diesem Gebiet, dann lebt die gemeinsame Vergangenheit zunächst im „kommunikativen Gedächtnis".[10] Michael Ballack, Günter Netzer und Angela Merkel, Gertrud Höhler, Joachim Gauck und

---

9 | Vgl. Günter Schabowski: Wir haben fast alles falsch gemacht. Die letzten Tage der DDR. Berlin 2009; Egon Krenz: Herbst '89. Berlin 2009; Hans Modrow: Ich wollte ein neues Deutschland. Mit Hans-Dieter Schütt. Berlin 1998.

10 | Aleida Assmann: Erinnerungsräume. Formen und Wandlungen des kulturellen Gedächtnisses. München: C. H. Beck 1995; Jan Assmann: Collective Memory and Cultural Identity. *New German Critique* 65 (1995), S. 125-133.

Hans Modrow reden miteinander, mit ihren Nachbarn und ihren Kindern und tragen ihre Erlebnisse so weiter – solange, bis die Zeitzeugen verschwunden und ihre Erinnerungen in das „kulturelle Gedächtnis" übergegangen sind, das in Gedenkstätten und Museen, in Büchern, Filmen oder Archivakten aufbewahrt wird und schon deshalb weit über ein Leben hinausreicht. Die Assmanns haben sich vor allem mit dem alten Ägypten beschäftigt, wo dieses kulturelle Gedächtnis längst zum kollektiven Gedächtnis geworden ist. Was wir über diese Zeit „wissen", muss in irgendwelchen „Medien" transportiert worden sein.

Die modernen Massenmedien spielen in dieser Theorie zwar auch eine Rolle, weil sie für viele Menschen selbst beim alten Ägypten die einzige Informationsquelle sind und den Gegenstand außerdem immer wieder an die Oberfläche spülen, für den „Fall DDR" (und nicht nur da) genügt dies aber nicht. Auf den Punkt gebracht: Das kulturelle Gedächtnis wartet nicht, bis die Zeitzeugen sich irgendwie geeinigt haben (oder wenigstens gestorben sind). Die jüngste Vergangenheit ist überall: in Museen und Gedenkstätten natürlich, in Memoiren, Spielfilmen und Schulbüchern, aber auch und vor allem in Zeitungen, Zeitschriften und Fernsehsendungen. Journalisten bestimmen, was in der Öffentlichkeit über die DDR erzählt wird und was nicht, und dürften damit sowohl die Erinnerungen von denen beeinflussen, die dabei waren (in der Assmann-Sprache: das kommunikative Gedächtnis), als auch andere Erinnerungsarbeiter: Wissenschaftler und Romanautoren, Ausstellungsmacher sowie nicht zuletzt Lehrer und damit jene Menschen, die die Nachgeborenen prägen. Diese Annahme ist keineswegs zu weit hergeholt. Aus den Erzählungen von Weltkriegsteilnehmern ist bekannt, dass Filmbilder genau wie Karl-May-Geschichten oder Max und Moritz wirklicher sein können als das „richtige Leben". Kinder, Enkel und Historiker bekommen so am Ende eine Geschichte oder Details zu hören, die in Hollywood oder Sachsen erdacht wurden.[11]

Die Studie, die in diesem Buch präsentiert wird, differenziert solche Annahmen und geht zugleich einen Schritt weiter. Sie zeigt erstens, dass sich das kulturelle Gedächtnis, das über die Massenmedien verbreitet wird, keineswegs auf Kerstins magische Formel reduzieren lässt („Mauerbau, Mauerfall, Fluchtversuche, Tunnelbau, blablabla"). Was über die DDR wie berichtet wird, hängt (auch) vom Format ab (Nachrichtenmagazin, Wochen-

---

11 | Harald Welzer: Das kommunikative Gedächtnis. Eine Theorie der Erinnerung. München 2002, S. 185-206.

oder Tageszeitung), von der redaktionellen Linie und von der Position im journalistischen Feld. Die Leitmedien zeichnen trotzdem, das ist das zweite Ergebnis der Untersuchung, bis heute ein Bild, das die DDR in erster Linie als Diktatur zeigt und sich damit fundamental vom kommunikativen Gedächtnis unterscheidet. Mit anderen Worten: Die Zeitzeugen (sowohl im Osten als auch im Westen) haben eine ganz andere Vergangenheit im Kopf als jeder Zugewanderte, der sich auf die Spitzenprodukte des deutschen Journalismus verlässt. Dieser Befund führt direkt zu Ergebnis Nummer drei: Je weniger Kontakt man zu Menschen hat, die in der DDR gelebt haben, desto eher schlägt das kulturelle (Medien-)Gedächtnis auf die eigenen Vorstellungen durch. Dies gilt zunächst für ältere Westdeutsche, die bis heute nicht im Osten waren, noch stärker aber für die jüngeren Generationen und hier vor allem für diejenigen, bei denen das Thema in der Verwandtschaft keine Rolle spielt. Zu dieser direkten Medienwirkung (Übernahme des kulturellen Gedächtnisses) kommt eine indirekte, die uns alle betrifft. Die (in der großen Linie) weitgehend einheitliche Medienberichterstattung nimmt den Deutschen jede Lust, über die Vergangenheit zu sprechen. Während die Westdeutschen zu wissen glauben, wie es „drüben" gewesen ist, und genug haben von Entschuldigungen und Rechtfertigungen, vermeidet der Ostdeutsche am liebsten, als DDR-Bürger enttarnt zu werden. Wenn man einerseits um die Unterschiede zwischen kulturellem und kommunikativem Gedächtnis weiß und andererseits um die starken Medienwirkungen bei Menschen, die kaum Zeitzeugen kennen, dann liegen die Schlussfolgerungen auf der Hand. Über die Vergangenheit, die unsere Gegenwart war, werden unsere Ururenkel das wissen, was heute in der Zeitung steht. Neben der DDR als Diktatur ist dort nicht viel Platz. Es ist zu vermuten, und das macht die Studie über den konkreten „Fall" hinaus interessant, dass das kollektive Gedächtnis auch sonst so funktioniert. Dies erklärt vielleicht, warum wir uns über den Nationalsozialismus (weitgehend) einig sein können, seit die Zeitzeugen eine winzig kleine und uralte Minderheit sind.

Was hier im Schnelldurchlauf zusammengefasst wurde, stützt sich auf zwei Teilstudien – auf eine Inhaltsanalyse der wichtigsten deutschsprachigen Medienangebote (1990 bis 2011) sowie auf 27 Gruppendiskussionen mit insgesamt 122 Teilnehmern, bei denen im ersten Halbjahr 2012 gewissermaßen das kommunikative Gedächtnis simuliert und gefragt wurde, woran die Deutschen denken, wenn sie heute die Abkürzung DDR hören. Wie wichtig ist dieses Thema im Alltag? Gibt es etwas, was wir von der DDR lernen können oder was wenigstens in einem Museum aufbewahrt werden sollte?

Aus diesen Gesprächsrunden stammen auch die Zitate von Kerstin und Irene, die tatsächlich so heißen, aber hier so weit anonymisiert wurden (Alter, Ort), dass sie nicht so leicht erkennbar sind. Das Untersuchungsdesign und alle damit verbundenen methodischen Probleme werden in Kapitel 3 diskutiert. Wie glaubwürdig ist zum Beispiel das, was eine Krankenpflegerin erzählt? Kann man von dieser Frau und insgesamt „nur" 122 Befragten „einfach so" auf andere schließen? Wie findet man bei der Fülle von Medienangeboten die Texte, die am Ende für das kulturelle Gedächtnis stehen? Theoretische Basis sind neben den Assmann-Begriffen vor allem die Medien- und Diskurstheorien von Noam Chomsky und Michel Foucault. Dieser Hintergrund wird wie der Forschungsstand zum DDR-Gedächtnis im zweiten Kapitel skizziert.

Abbildung 3: Klaus Ampler, Heinz Florian Oertel und Täve Schur (von links, Leipziger Zentralstadion, 1962)

Quelle: BArch, Bild 183-92790-0010 (Wendorf)

Beide Teilstudien sind im Wintersemester 2011/12 in einem Projektseminar vorbereitet worden, das ich an der Universität München im Masterstudiengang Kommunikationswissenschaft veranstaltet habe. Mein erster Dank gilt meiner Mitveranstalterin Senta Pfaff-Rüdiger sowie den 19 Teilnehmern, die sich auf das (in Bayern) ungewohnte Thema und einen außergewöhnlich großen Arbeitsaufwand eingelassen haben. Die Teile der Erinnerungslandschaft, die trotzdem unbearbeitet bleiben mussten, wurden anschließend in Bachelorarbeiten erkundet, erneut unter Anleitung von Frau Pfaff-Rüdiger. Bei der Auswertung des Materials hat vor allem Sonja Egger im Rahmen eines Praktikums unschätzbare Dienste geleistet. Der Anstoß für die Untersuchung kam allerdings aus einer anderen Ecke. Heinz Florian Oertel, in der DDR nicht nur mein Sportreporteridol, erzählte nach einem Interview über sein Arbeitsleben im Sommer 2010[12] von der Stimmung, die er bei Lesungen seines Bestseller *Pfui Teufel* im Osten spüre und die ganz anders sei als das, was man in der Medienöffentlichkeit wahrnehmen könne. „Darüber müssen Sie etwas machen!" Nicht nur deshalb möchte ich dieses Buch Heinz Florian Oertel widmen, der in der DDR fast 40 Jahre lang in aller Munde war und trotzdem keinen Platz im kollektiven Gedächtnis finden dürfte.

12 | Vgl. Michael Meyen, Anke Fiedler: Die Grenze im Kopf. Journalisten in der DDR. Berlin 2011, S. 289-298.

2. Theoretischer Hintergrund: Massenmedien und das Gedächtnis der Gesellschaft

> „Das Bildungssystem war viel, viel besser. Ich denke, dass wir viel intensiver und viel mehr gelernt haben. Wir konnten auch nichts abwählen oder so. Und dann die Ferienlager. Toll. 14 Tage im Sommer für 20 Mark.
> Was die alles mit uns gemacht haben. Es war auch alles viel lockerer. Ich weiß noch, wir haben Lagerfeuer gemacht. Da gab es nicht so viele Sicherheitsbestimmungen. Heute ist alles so verboten. Wir haben freier gelebt. Doch. Sorgloser und glücklicher."
> *Heike, Ende 40, Assistentin beim MDR, Januar 2012*

Hat man in der DDR tatsächlich „freier gelebt"? „Sorgloser und glücklicher"? Wie kommt eine Frau, die das Leben kennt und heute offenbar einen ordentlichen Job hat, auf diese Idee? Dass deutsche Schüler Hitler, Honecker und Adenauer verwechseln, ahnt man seit den beiden großen Studien des Forschungsverbundes SED-Staat an der Freien Universität Berlin. Sowohl 2008 als auch 2012 bekamen die befragten Jugendlichen hier ein schlechtes Zeugnis. Sie wüssten nicht nur viel zu wenig über die deutsche Geschichte, sondern auch noch offenkundig Falsches – etwa wenn sie die Staatssicherheit für einen normalen Geheimdienst halten, den Mauerbau den Alliierten in die Schuhe schieben oder die DDR eher mit sozialen Leistungen verbinden als mit Freiheitsberaubung und Unterdrückung.[1] Auch wenn die öffentliche Aufregung groß war:[2] den Nachgeborenen verzeiht man. Was können sie dafür, wenn Lehrpläne und Schulbücher anderes für wichtiger halten,[3] Wandertage zu Gedenkstätten so eher Verwirrung stiften und das Fernsehen außerdem ständig Filme wie *Sonnenallee* und *Good Bye, Lenin!* wiederholt, die die Vergangenheit als großen Spaß erscheinen lassen? Aber Zeitzeugen wie Heike, nach mehr als zwei Jahrzehnten Aufarbeitung und Erinnerung? Wie soll die sprichwörtliche Mauer in den Köpfen verschwinden, wenn Ostdeutsche immer noch von romantischen Sommernächten in ihrer Jugend schwärmen, von Preisen, die kein Markt der Welt hergibt, und vom Stolz, einst alle Schulprüfungen bestanden zu haben?

ERINNERUNG AN DIE VERGANGENHEIT UND NATIONALE IDENTITÄT

Wenn in diesem Buch nach dem Platz gefragt wird, den die DDR im Gedächtnis der Deutschen hat, dann geht es auch um kollektive Identität – ein Thema, das zunächst wie ein „Anachronismus"[4] anmutet in einer Welt, in der Zeitzonen und Grenzen virtuell und real (fast) mühelos zu überspringen sind, in der hierzulande selbst das nationale Heiligtum (Joachim Löws Fußballteam) glaubwürdig für Integration werben kann und in der Ex-Funktionäre

1 | Klaus Schroeder, Monika Deutz-Schroeder, Rita Quasten, Dagmar Schulze Heuling: Später Sieg der Diktaturen? Zeitgeschichtliche Kenntnisse und Urteile von Jugendlichen. Frankfurt am Main 2012; Monika Deutz-Schroeder, Klaus Schroeder: Soziales Paradies oder Stasi-Staat? Das DDR-Bild von Schülern – ein Ost-West-Vergleich. Stamsried 2008.

2 | Vgl. unter anderem Markus Flohr: DDR – ein Sozialparadies, keine Diktatur. *SpiegelOnline*, 25. Juli 2008; Jonas Leppin: Hitler oder Honecker? Mir doch egal! *SpiegelOnline*, 27. Juni 2012.

3 | Vgl. Ulrich Arnswald: Zum Stellenwert der DDR-Geschichte in schulischen Lehrplänen. *Aus Politik und Zeitgeschichte. Beilage zur Wochenzeitung Das Parlament*, Nr. 41-42/2004, S. 28-35; Ulrich Arnswald, Ulrich Bongertmann, Ulrich Mählert (Hrsg.): DDR-Geschichte im Unterricht. Schulbuchanalyse – Schülerbefragung – Modellcurriculum. Berlin 2006; Gerhart Neuner: Eine „Fußnote der Geschichte"? Das DDR-Bild in heutigen Schulbüchern. *Utopie kreativ*, Nr. 108 (Oktober 1999), S. 31-40.

4 | Werner Weidenfeld: Was ist nationale Identität? In: Gerd Langguth (Hrsg.): Die Intellektuellen und die nationale Frage. Frankfurt/Main 1997, S. 45-62, hier S. 47.

wie Gerhard Mayer-Vorfelder in der Öffentlichkeit folgerichtig eher Spott ernten mit der Forderung, Spieler auszuschließen, die partout nicht die Hymne mitsingen wollen.[5] Werner Weidenfeld hat dieses Argument allerdings umgedreht: Gerade weil die Welt „immer komplizierter" werde, brauche „der Einzelne Halt und Gewissheit" sowie eine „plausible Definition seiner Identität": „Woher kommen wir? Wohin gehen wir? Wer und was sind wir?"[6]

Anthony Giddens hat „Self-Identity" als kontinuierlich ablaufenden reflexiven Prozess beschrieben, als ein Projekt, für das jeder selbst verantwortlich sei – im Unterschied zu unseren Vorfahren, denen religiöse Bindungen, lokale Gemeinschaften und Verwandtschaftsbeziehungen Sicherheit gegeben hätten. Wenn Zeit und Raum neu organisiert werden und alles Wissen nur noch Hypothese ist, wenn Autoritäten aller Art keine Lebensstilentscheidungen mehr vorgeben (können) und traditionelle Identitätsattribute wie Herkunft, Status, Geschlecht oder Lebensphase an Bedeutung verlieren, dann müsse der Mensch Umweltereignisse genau wie Reaktionen seiner Mitbürger ständig in die Erzählung über sich selbst integrieren und dabei (zumindest interpretativ) biografische Kontinuität herstellen, um Selbstwert und Identitätsgefühl zu schützen.[7] Dieser Ansatz erklärt, warum die DDR „eigentlich" erst in den 1990er Jahren entstanden ist („nach ihrem staatlichen Verschwinden", als den Ostdeutschen klar wurde, dass sie diese Zeit von anderen Menschen unterscheidet), warum die Erinnerung nach wie vor „Konjunktur hat"[8], warum jeder „seine" DDR im Kopf hat[9] und warum dieses Bild sowohl von der persönlichen Lebenssituation beeinflusst wird als auch von dem, was man für den gesellschaftlichen Konsens hält.

Dass zu der „Erzählung über sich selbst" (so oder so) eine nationale Komponente gehört, liegt auf der Hand. Man muss nicht gleich Samuel Huntington folgen, der mit Blick auf den 11. September 2001 nach gemeinsamen Helden und Widersachern fahndete und die „mythischen Seiten der Erinnerung" beschwor, um die Seele der Nation zu retten (in diesem Fall natürlich:

5 | Wer die Hymne nicht mitsingt, muss rausfliegen. *Bild-Zeitung* vom 19. Juli 2012.

6 | Werner Weidenfeld (wie Anm. 4).

7 | Anthony Giddens: Modernity and Self-Identity. Self and Society in the Late Modern Age. Cambridge 1991.

8 | Klaus Christoph: „Ostalgie" – was ist das eigentlich? *Deutschlandarchiv* 2006, S. 681-689, hier S. 681.

9 | Heinz Niemann: Hinterm Zaun. Politische Kultur und Meinungsforschung in der DDR – die geheimen Berichte an das Politbüro der SED. Berlin 1995, S. 45f.

die US-amerikanische),[10] sicher ist aber Klaus Schroeder zuzustimmen, wenn er erstens annimmt, dass kollektive Identität „im persönlichen Bewusstsein vieler Menschen" existiere, und wenn er zweitens neben Sprache, Religion oder politischen Auffassungen auch die Geschichte benennt, auf die sich diese Idee der Gemeinsamkeit beziehen könne.[11] In Sachen DDR gibt es einen solchen Konsens nicht. Annette Leo hat das Geschichtsbewusstsein Ost- und Westdeutscher schon vor mehr als zehn Jahren auf den Punkt gebracht: „nicht vereinigt".[12] Während es bei ihren Interviews mit Arbeitnehmern Mitte der 1990er Jahre im Osten vor allem um den Alltag von einst ging, um Vollbeschäftigung und soziale Sicherheit, stand im Westen genau wie bei Menschen, die sich zur DDR-Opposition zählten, die fehlende Freiheit im Vordergrund.[13] Dass sich aus dieser Konstellation ein ungezwungenes Tischgespräch über dieses Thema entwickeln könnte, ist nicht anzunehmen. Für den Smalltalk taugt die jüngere Vergangenheit bis heute nicht. Auch wenn die Aufregung um die Ostalgie-Welle, die zu Beginn des Jahrtausends bis ins öffentlich-rechtliche Fernsehen schwappte,[14] inzwischen verpufft scheint, sind die Gräben zwischen den „Erinnerungsgemeinschaften" geblieben.[15] Der Historiker Martin Sabrow hat 2009 sogar von einem „Kampfplatz der Erinnerungen" gesprochen. Da das Bild der DDR, das aus der „Flut von gespeicherten Überresten und Erfahrungen" hervortrete, „denkbar zerklüftet" sei, habe „die deutsche Variante des europäischen Kommunismus ganz

---

10 | Samuel P. Huntington: Who Are We? The Challenges to America's National Identity. New York 2004, S. 425. – Vgl. Klaus Schroeder: Die veränderte Republik. Deutschland nach der Wiedervereinigung. München 2006, S. 619f.

11 | Ebenda, S. 620.

12 | Annette Leo: Nicht vereinigt. Studien zum Geschichtsbewusstsein Ost- und Westdeutscher. In: Heidi Behrens, Andreas Wagner (Hrsg.): Deutsche Teilung, Repression und Alltagsleben. Erinnerungsorte der DDR-Geschichte. Leipzig 2004, S. 58-68.

13 | Annette Leo: Das Bild der DDR und des realen Sozialismus aus Sicht ehemaliger DDR-Bürger/aus der Sicht der Bürger der alten Bundesrepublik. In: Bernd Faulenbach, Annette Leo, Klaus Weberskirch (Hrsg.): Zweierlei Geschichte. Lebensgeschichten und Geschichtsbewusstsein von Arbeitnehmern in West- und Ostdeutschland. Essen 2000, S. 260-290.

14 | Vgl. Thomas Ahbe: Ostalgie. Zum Umgang mit der DDR-Vergangenheit in den 1990er Jahren. Berlin 2005.

15 | Heidi Behrens: Nicht vereinigt. West- und ostdeutsche Erinnerungsgemeinschaften als Herausforderung für die politische Bildung jenseits der Schule. *Deutschlandarchiv* 2005, S. 843-852.

offenbar noch keine eindeutig markierte Position im kulturellen Gedächtnis gefunden" – „anders als die andere diktatorische Großordnung des 20. Jahrhunderts in Gestalt von Faschismus und Nationalsozialismus".[16]

DIE DDR IN DEN MASSENMEDIEN

In diesem Buch wird ein Grund für diesen Unterschied herausgearbeitet. Auch wenn sich die Studie „nur" mit der DDR beschäftigt, zeigt sie, wie das kollektive Gedächtnis einer Gesellschaft funktioniert, wie sich die Erinnerung mit dem Generationengefüge verändert und welche Rolle dabei die Massenmedien spielen. Schon in der Ostalgiedebatte ist auf diesen Faktor hingewiesen worden. Folgt man Thomas Ahbe, dann wurde die öffentliche Debatte in den 1990er Jahren von zwei Gruppen dominiert: von Westdeutschen sowie von Ostdeutschen, die sich vor dem Mauerfall an den Herrschenden gerieben hatten und nun auch deshalb zu den „neuen politischen Eliten gehörten". Beide Gruppen hätten die gleiche Rechnung aufgemacht: DDR, das war eine „verbrecherische Diktatur" plus eine „marode Wirtschaft", Punkt.[17] Genau wie Ahbe hat auch Klaus Christoph im *Deutschlandarchiv* Ostalgie als Reaktion auf diesen Medientenor interpretiert und die „westdeutsche Mehrheit" aufgefordert, ostdeutsche Akteure in aller Öffentlichkeit ungezwungen über die „kollektiven Enttäuschungen und Kränkungen" sprechen zu lassen, die mit dem Transformationsprozess zusammenhängen.[18] Eine Reaktion auf die damit verbundenen Vorwürfe an Verlage und Rundfunkveranstalter ist die Studie „Mediale Vereinigungsbilanzen". Gefördert vom MDR und drei ostdeutschen Aufsichtsbehörden wurde hier zunächst gefragt, wie das Fernsehen 2009/10 die Jahrestage von Mauerfall, friedlicher Revolution und Vereinigung behandelt hat. Da solche Medienevents außerhalb der normalen journalistischen Routinen laufen, gibt es eine zweite Studie, die den „Fernsehalltag" beschreibt: Wie berichten ARD, ZDF, SAT.1, RTL und der MDR in Nachrichten und Infotainmentsendungen über Ostdeutschland? Wichtigster Befund: Das Fernsehen ist nicht schuld an irgendwelchen Ossi-Wessi-Kontroversen, es tut aber auch wenig für das Zusammenwachsen der beiden

16 | Martin Sabrow: Die DDR erinnern. In: Martin Sabrow (Hrsg.): Erinnerungsorte der DDR. München 2009, S. 11-27, hier S. 14-16.

17 | Thomas Ahbe (wie Anm. 14), S. 64f.

18 | Klaus Christoph (wie Anm. 8), S. 688.

Landesteile – abgesehen von den großen Jahrestagen, wo Ost- und Westdeutsche miteinander in Talkshows und auf Quizbühnen reden oder spielen und wir daheim das Einheitsglück von einst erneuern können: mit den immer gleichen Bildern (Demo in Leipzig, Brandenburger Tor, Schabowski, Grenzanlagen, Jubel), untermalt von der immer gleichen Musik (*Über sieben Brücken musst Du gehen, Wind of Change, Freiheit*).[19]

In der internationalen Literatur war man sich vielleicht auch deshalb früh einig, dass die Entstehung einer neuen „Ostidentität" nicht nur mit den Erinnerungen an die SED-Herrschaft zu erklären ist, sondern vor allem mit der Erfahrung, in den Medien plötzlich zu den „Anderen" zu gehören[20] und in der Realität auf einmal wieder überall Azubi zu sein.[21] Zu dieser „Transformation von außen" (Claus Offe) gehört, dass das „Diktaturgedächtnis" im Zentrum des öffentlichen Gedenkens steht: Unterdrückung, Bespitzelung und, wichtig, mutige Revolutionäre, die all dem ein Ende setzten. Dieses „Erzählmuster" konzentriert sich auf den „Täter-Opfer-Gegensatz" sowie auf „Verbrechen, Verrat und Versagen", zeichnet die DDR als „Kontrastbild" zu „rechtsstaatlichen Normen und Freiheitstraditionen" und geht folgerichtig davon aus, „dass zum Verständnis der DDR die Stasi wichtiger sei als die Kinderkrippe". Das „Arrangementgedächtnis" dagegen, das auch „von alltäglicher Selbstbehauptung unter widrigen Umständen" erzählt sowie vom „Stolz auf das in der DDR Erreichte" und nicht nur von der MDR-Assistentin Heike hochgehalten wird, sowie das „Fortschrittsgedächtnis", das die DDR als gleichrangige und legitime Alternative zur kapitalistischen Bundesrepublik

---

19 | Werner Früh, Hans-Jörg Stiehler, Hannah Früh, Claudia Böttcher: Mediale Vereinigungsbilanzen. Ost- und Westdeutschland im Fernsehen: Event- und Alltagsberichterstattung. Berlin 2011.

20 | Thomas Ahbe, Rainer Gries, Wolfgang Schmale (Hrsg.): Die Ostdeutschen in den Medien. Das Bild von den Anderen nach 1990. Leipzig 2009.

21 | Vgl. exemplarisch Claus Offe: Varieties of Transition: The East European and East German Experience. Cambridge 1996; Dominic C. Boyer: On the Sedimentation and Accreditation of Social Knowledges of Difference: Mass Media, Journalism, and the Reproduction of East/West Alterities in Unified Germany. *Cultural Anthropology* Vol. 15 (2000), S. 459-491; Patricia Hogwood: After the GDR: Reconstructing Identity in Post-Communist Germany. *Journal of Communist Studies and Transition Politics* Vol. 16 (2000), No. 4, S. 45-67.

sieht und nachzulesen ist in den Memoiren vieler alter Parteifunktionäre,[22] stehen offenkundig „im Schatten der öffentlichen Wahrnehmung".[23]

EGON KRENZ, UDO LINDENBERG UND NOAM CHOMSKY. ODER: JOURNALISTEN ALS GATEKEEPER

Die Untersuchung, die in diesem Buch präsentiert wird, zeigt, welche Folgen dies hat. Ausgangspunkt ist dabei die Annahme, dass Journalisten im Prozess des kollektiven Erinnerns eine Schlüsselrolle spielen.[24] Sie setzen die Themen, auf die wir uns in Gesprächen beziehen, liefern dafür Begriffe sowie, oft damit verbunden, bestimmte Deutungsmuster und entscheiden, wer in der Öffentlichkeit wie sprechen darf. Was immer etwa Egon Krenz, um nur einen Fall herauszugreifen, heute gern über den Auftritt Udo Lindenbergs im Palast der Republik am 25. Oktober 1983 erzählen möchte (oder, weiter gefasst, über die Jugendpolitik der SED in den 1980er Jahren): Fernsehjournalist Reinhold Beckmann hat sich mehr als ein Vierteljahrhundert später entschieden, einen Film über *Die Akte Lindenberg* zu machen (Untertitel: „Udo und die DDR"), und Krenz dann vor allem nach dem Stasi-Einsatz gegen Fans gefragt, die keine Karte bekommen hatten und ihr Idol trotzdem sehen wollten.[25] Das Beispiel stützt zwar die Behauptung, dass öffentliches Erinnern an die DDR und Diktaturgedächtnis Synonyme sind, es erklärt aber noch nichts. Warum hat sich Beckmann nicht für die FDJ-Funktionäre interessiert, die im Saal saßen, für die einheimischen Bands, die auf der Bühne standen, oder für das Echo in den westdeutschen Zeitungen, die Lindenberg seinerzeit unter anderem als „gefallenen Friedensengel" brandmarkten und ihm nach seinem Ost-Gastspiel außerdem „totale Gesinnungsaufgabe" vor-

22 | Vgl. exemplarisch Klaus Huhn: Auch dem Papst half ich mal aus der Klemme: Episoden eines bewegten Lebens. Berlin 2011. – Huhn war lange Jahre Sportchef des SED-Zentralorgans *Neues Deutschland*.

23 | Martin Sabrow (wie Anm. 16), S. 18-20.

24 | Vgl. Barbie Zelizer: Why Memory's Work on Journalism does not reflect Journalism's Work on Memory. *Memory Studies* Vol. 1 (2008), S. 79-87; Barbie Zelizer: „Covering the body": The Kennedy Assassination, the Media and the Shaping of Collective Memory. Chicago 1992.

25 | Reinhold Beckmann, Falko Korth: Die Akte Lindenberg: Udo und die DDR. TV-Dokumentation. Erstausstrahlung in der ARD am 13. Januar 2011 um 23.30 Uhr.

warfen (wie *Die Welt* am 25. Oktober 1983[26])? Warum macht das öffentlich-rechtliche Fernsehen heute aus Udo einen Helden (wenigstens im Spätprogramm) und aus Krenz einen Buhmann? Warum gibt es dort kein Stück über den Alltag in einem Braunkohletagebau oder, noch abenteuerlicher, über Parteiversammlungen in der DDR?

Abbildung 4: Egon Krenz mit Harry Belafonte und Udo Lindenberg (1983)

Quelle: BArch, Bild 183-1983-1025-028 (Bernd Settnik)

Noam Chomsky hat den Medien vorgeworfen, das Spektrum der Möglichkeiten einzuschränken, die wir für realistisch halten, und uns außerdem wie einst der römische Zirkus abzulenken. Da die Industrie auch Unterhaltungssendungen und Werbung mit ideologischen Botschaften spicke (etwa: Markenklamotten sind wichtig und Einkaufen macht glücklich), sei es kein Wunder, wenn niemand gegen die herrschende Ordnung aufbegehre. Chomskys Beispiele stammen zwar allesamt aus den USA und behandeln zum Teil längst vergessene Kriege und Personen (Grenada, Nikaragua, Arafat), zumindest hier kann er aber eine Fülle von empirischen Belegen für seine These vorlegen, dass die Medien nur das berichten, was den Eliten aus Wirtschaft und Politik in die Karten spielt, dass Verbrechen der eigenen Seite ganz anders behandelt werden als Verbrechen der Feinde und dass

26 | Michael Rauhut: Schalmei und Lederjacke. Udo Lindenberg, BAP, Underground: Rock und Politik in den achtziger Jahren. Berlin 1996, S. 88.

Diskussionen oder Kritik nur im Rahmen von gemeinsamen Machtinteressen stattfinden. Folgerichtig spricht Chomsky auch dann von „Propaganda", wenn es nicht um die sozialistischen Staaten Osteuropas geht, sondern um den „freien Westen" und um einen Journalismus, der sich selbst für unabhängig und objektiv hält und glaubt, bei der Nachrichtenauswahl ausschließlich professionelle Kriterien umzusetzen. Da es in den USA weder ein Politbüro gibt noch eine Zensurbehörde, argumentiert Chomsky strukturell: Medienunternehmen müssten Gewinn machen, würden von Werbung leben und kämen schon deshalb nicht auf die Idee, andere Firmen zu kritisieren oder Gesetze anzugreifen, die das Geldverdienen einschränken. Regierung und Wirtschaft würden außerdem mit unglaublichem Aufwand das Rohmaterial für den Journalismus bereitstellen (Nachrichten, Experten). Wenn die Berichterstattung aus irgendwelchen Gründen trotzdem nicht ins Konzept passe, gebe es entweder direkten Druck (einen Anruf aus dem Weißen Haus) oder professionelle Medienkritik, die ebenfalls von den Mächtigen gesponsert werde. Dass dieses Propaganda-Modell in den 1980er Jahren entwickelt wurde, erklärt, warum hier außerdem die „Ideologie des Antikommunismus" als „Filter" benannt wurde, den Nachrichten passieren müssten, bevor sie in die Medien kommen, und warum nicht stattdessen irgendeine zeitgemäße Bedrohung die Rolle des „ultimate evil" übernimmt.[27]

Egal ob Kommunismus, Terrorismus, Cyberkriminelle oder russische Oligarchen: Der Udo-Film von Reinhold Beckmann fügt sich nur bedingt in dieses Schema. Öffentlich-rechtliche Rundfunkanstalten sind (zumindest auf dem Papier) keine Sklaven auf dem Zuschauer- und Werbemarkt. Natürlich könnte man mit Chomsky argumentieren, dass ein negatives DDR-Bild ostdeutsche Biografien entwertet und so die Herrschaft westdeutscher Eliten zementiert. Ein Blick in die Redaktionen würde noch Wasser auf solche Mühlen gießen. Das DDR-Mediensystem wurde nach 1990 komplett auf Weststandards umgestellt (Besitzverhältnisse, Angebote, journalistische Qualitätskriterien).[28] Schätzungen gehen davon aus, dass drei Jahre nach dem

27 | Noam Chomsky: Media Control. Wie Medien uns manipulieren. Hamburg 2003; Edward S. Herman, Noam Chomsky: Manufactoring Consent. The Political Economy of the Mass Media. With a new introduction by the authors. New York 2002.

28 | Vgl. John Sandford: The German Media. In: Derek Lewis, John McKenzie (Hrsg.): The New Germany: Social, Political, and Cultural Challenges of Unification. Exeter 1995, S. 199-219; Heinz Pürer, Johannes Raabe: Presse in Deutschland. Konstanz 2007, S. 211-269.

Mauerfall nur noch jeder zweite DDR-Journalist im Beruf war und im Jahr 2000 sogar nur noch jeder dritte.[29] Viele Chefredakteure und Abteilungsleiter kamen aus dem Westen, sahen ihren neuen Job eher als Buschposten und konnten zunächst weder mit dem Publikum noch mit den Kollegen vor Ort viel anfangen.[30] Das Standardwerk *ABC des Journalismus* lieferte 1994 eine passende Begründung: Ostdeutsche Redakteure würden zwar die Region und die Gefühlslage „der dort lebenden Menschen" besser kennen, hätten aber „Defizite bei der Nachrichtenbearbeitung, bei der Recherche und im wettbewerbsorientierten Denken" und wüssten auch deutlich weniger.[31] Die Folgen dieses Images hat der US-Ethnologe Dominic Boyer nach zahlreichen Redaktionsbesuchen in der zweiten Hälfte der 1990er Jahre dokumentiert. Seine ostdeutschen Interviewpartner beklagten damals eine „Ghettoisierung" (keine große Politik und keine Leitartikel, sondern vor allem lokale Themen) und versuchten, ihre Herkunft zu vertuschen, obwohl die Lage aus Sicht von Boyer eigentlich ausweglos war: Wer still bleibe, gelte einfach als funktionierendes Rädchen, das immer noch mache, was man ihm sage. Wenn man dagegen wie die neuen Kollegen aus dem Westen auftrete und andauernd alles in Frage stelle, werde einem vorgeworfen, mit der Demokratie nicht klarzukommen und den Sozialismus zurückhaben zu wollen.[32]

Interessanter als die persönlichen Dramen, die man in einer solchen Zwickmühle erleben kann, sind die Folgen für die Medieninhalte. Dominic Boyer hat gefragt, ob die bekannten Stereotype nicht einfach eine Funktion westdeutscher Hegemonie im Vereinigungsprozess seien. Bei seiner Feldarbeit in Deutschland fand Boyer zahlreiche Ost-West-Gegensatzpaare: formelhaft vs. kreativ, konsens- vs. konfliktorientiert, pessimistisch vs. optimistisch, rückständig vs. kosmopolitisch, erotisch vs. unerotisch, herzlich vs. nüchtern oder idealistisch vs. pragmatisch. Fast immer seien die Ostdeutschen hier nicht nur „anders" (zum Beispiel stärker an der lokalen Gemeinschaft orientiert und weniger flexibel), sondern letztlich auch unzulänglich.[33] Reinhold Beckmann würde eine solche Argumentation trotzdem, nicht ganz

29 | Dominic Boyer: Spirit and System. Media, Intellectuals, and the Dialectic in Modern German Culture. Chicago 2005, S. 195; Dominic Boyer (wie Anm. 21), S. 471.

30 | Dominic Boyer (wie Anm. 21), S. 471.

31 | Claudia Mast: ABC des Journalismus. 10. Auflage. Konstanz 1994, S. 81.

32 | Dominic Boyer (wie Anm. 21), S. 473-477.

33 | Ebenda, S. 464, 468.

zu Unrecht, vermutlich für eine Verschwörungstheorie halten,[34] und das nicht nur, weil sein Regisseur Falko Korth eine DDR-Biografie hat und noch 1988 an der Hochschule für Film und Fernsehen in Babelsberg zu studieren begann.[35] Beckmann war 1983 bei Lindenbergs Auftritt als Tonassistent für den WDR dabei und hat so mit dem Film auch seine ganz persönliche Berufsgeschichte aufgearbeitet. Solche Entscheidungen von Journalisten passieren bei Chomsky in einer Black Box, in der es offenbar weder die Dauerbeobachtung durch die Kollegen gibt (es ist bekannt, dass der beste Kunde des Journalisten ein Journalist ist) noch den Wunsch, sich von den anderen durch exklusive (und damit „andere") Geschichten abzuheben.[36] Durch die Brille des Propaganda-Modells sieht die Medienwelt ganz einfach aus: auf der einen Seite bestimmte (kapitalistische) Medienstrukturen und auf der anderen bestimmte Inhalte (die scheinbar den Mächtigen nutzen, aber vom Publikum auch gegen den Strich gelesen werden können). Wie aus dem einen das andere wird (und ob an irgendeiner Stelle Alternativen denkbar wären), bleibt in dieser Theorie mehr als vage. So lobt Chomsky Journalisten zwar pauschal für ihren Mut, stellt aber zugleich den Vorwurf in den Raum, dass nur diejenigen Karriere machen und subjektiv tatsächlich „frei" arbeiten können, die den Elitekonsens von Kindesbeinen an verinnerlicht und sich später in den Redaktionen dann konform verhalten haben.[37]

Der Weg zu den Beckmanns in Chomskys Black Box führt in diesem Buch über die „Werkzeugkisten" von Michel Foucault.[38] Dieser französische Soziologe hat wie Chomsky intensiv Kommunikationsprodukte analysiert, sich dabei aber nicht für die Grenzen interessiert, die ein gewinngetriebenes Öffentlichkeitssystem mit sich bringt, sondern für die Scheuklappen, die uns

---

34 | Dies ist einer der zentralen Vorwürfe gegen Chomsky, den er selbst mit dem Argument zurückgewiesen hat, dass sein Propagandamodell nah am „freien Markt" sei und seine Kritiker ihn schon deshalb nicht verstehen könnten, weil sie die Welt durch die gleiche Brille wie Regierung und Unternehmen sehen würden. Vgl. Herman & Chomsky (wie Anm. 27), S. 2.

35 | Zur Berufsbiografie von Falko Korth vgl. http://www.krfilm.de/Website/Wir.html (abgerufen am 21. August 2012).

36 | Vgl. Michael Meyen: Das journalistische Feld in Deutschland. Ein theoretischer und empirischer Beitrag zur Journalismusforschung. *Publizistik* 54. Jg. (2009), S. 323-345.

37 | Herman & Chomsky (wie Anm. 27), S. 304f.

38 | Reiner Keller: Wissenschaftssoziologische Diskursanalyse. Grundlegung eines Forschungsprogramms. 3. Auflage. Wiesbaden 2008, S. 129.

Diskurse aufsetzen. Dieser Begriff ist erklärungsbedürftig, da er dem gängigen Verständnis (man spricht miteinander und handelt womöglich etwas aus) widerspricht. Foucault nimmt an, dass unser gesamtes Verhalten „von einer theoretischen Struktur gesteuert" wird, „von einem System", das zwar an unterschiedlichen Orten zu verschiedenen Zeiten jeweils anders aussehen kann, aber als Prinzip überall präsent ist und das „freie" Denken und Handeln einzäunt: „Wir denken stets innerhalb eines anonymen, zwingenden Gedankensystems, das einer Zeit und einer Sprache angehört".[39] Die Regeln, die bestimmen, was von wem wo und wie gesagt werden kann (und was eben auch nicht), und die folglich auch definieren, ob und wie eine Aussage wirkt, nennt Foucault „diskursive Praxis".[40] Wenn Reinhold Beckmann nach der Stasi fragt und Egon Krenz mit westlichen Politikern antwortet, die bei Anti-Gipfel-Demonstrationen auch nicht im Detail wüssten, was ihre Polizei gerade macht, dann sind beide auch (aber natürlich nicht nur) „Opfer" solcher „Struktureffekte", die den „Spielraum des Sagbaren" einschränken.[41]

Diskursive Formationsregeln als Analysekategorien

Eine Diskursanalyse nach Foucault, wie sie hier präsentiert wird, geht davon aus, dass solche diskursiven Praktiken „systematisch die Gegenstände bilden, von denen sie sprechen".[42] Auf das Thema dieses Buches gemünzt: Die DDR gibt es nur in Diskursen – in der „Menge von Aussagen", die „zur selben diskursiven Formation gehören", sich also „auf ein und dasselbe Objekt beziehen". Untersuchungsgegenstand ist folglich (zumindest theoretisch) „die Gesamtheit aller effektiven Aussagen" über die DDR. „Ob sie gesprochen oder geschrieben worden sind, spielt dabei keine Rolle".[43] Diskurse müssen keineswegs die Form von Rede und Gegenrede haben und sind auch

39 | Michel Foucault: Gespräch mit Madeleine Chapsal. In: Daniel Defert, Francois Ewald (Hrsg.): Michel Foucault. Schriften in vier Bänden. Band 1: 1954-1969. Frankfurt/Main 2001, S. 664-670, hier S. 666.

40 | Michel Foucault: Archäologie des Wissens. Frankfurt/Main 1981, S. 171.

41 | Reiner Keller (wie Anm. 38), S. 128.

42 | Michel Foucault (wie Anm. 40), S. 74.

43 | Ebenda, S. 41, 49, 170.

nicht, wie etwa bei Jürgen Habermas,[44] ethisch zu bewerten. Ob man seine Ideen gut begründet hat, auf alle anderen eingegangen und dabei auch noch nett geblieben ist, spielt hier folglich keine Rolle.

Bei Foucault geht es vielmehr um die „Wahrheitsspiele" innerhalb einer Gesellschaft: Nach welchen Regeln werden bestimmte „Fakten" und Wissensbestände zum Thema DDR „wahr" und andere gleichzeitig „falsch"? Die *Süddeutsche Zeitung* konnte sich nach den Olympischen Sommerspielen in London leicht über die Zielvereinbarung zwischen Sport und Bundesinnenministerium mokieren: „86 Medaillen? So ein Ergebnis hatte der deutsche Sport zuletzt 1992 in Barcelona erreicht. Damals machten allerdings noch viel weniger Nationen die Siege unter sich aus. Und damals stand das deutsche Team noch unter dem Einfluss des DDR-Sports, dessen Methoden, wie man heute weiß, eher selten den Regeln entsprachen."[45] Woher „weiß" man das? Woher „weiß" es SZ-Sportredakteur Claudio Catuogno? Was genau meint er, wenn er von den „Methoden" des DDR-Sports spricht? Das Spartakiadesystem, die unzähligen ehrenamtlichen Übungsleiter, die Traditionspflege? Die Sichtung und Förderung von Talenten in Kinder- und Jugendsportschulen? Die Glückwunschtelegramme der SED-Spitze an Medaillengewinner? Die Bilanz von Barcelona als Maßstab zu nehmen, hielt die *Süddeutsche Zeitung* in diesem Beitrag für aberwitzig: „Leiden die deutschen Sportfunktionäre unter Realitätsverlust?" Hätte man nach London nicht umgedreht geradezu nach den Erfahrungen des DDR-Sports rufen müssen? Foucault würde hier fragen: „Wie kommt es, dass eine bestimmte Aussage erschienen ist und keine andere an ihrer Stelle?"[46] Damit nicht nur die *Süddeutsche Zeitung* am Pranger steht: Wie kommt es, dass ARD und ZDF bei den Übertragungen aus London ausführliche Porträts von chancenlosen Endlaufteilnehmern aus den USA senden, während sich selbst eine Fernseheule nach 14 Tagen verwundert fragen dürfte, wie Nordkorea am Ende auf vier Goldmedaillen kam? Und warum steht in deutschen Medien nach jedem chinesischen Olympiasieg heute automatisch ein Fragezeichen (wenn denn über ihn berichtet wird)?

---

44 | Jürgen Habermas: Theorie des kommunikativen Handelns. Zwei Bände. Frankfurt/Main 1981.

45 | Claudio Catuogno: Vorsprung durch Vielfalt. Olympiabilanz aus deutscher Sicht. *Süddeutsche Zeitung* vom 13. August 2012, S. 2.

46 | Michel Foucault (wie Anm. 40), S. 42.

Abbildung 5: 1. Kreisspartakiade in Berlin-Köpenick (1965)

Quelle: BArch, Bild 183-D0625-0001-001 (Wendorf)

Da jede mögliche „Wahrheit" anderen gesellschaftlichen Gruppen hilft (indem sie zum Beispiel Karriereoptionen für Menschen mit bestimmten Biografien ermöglicht oder einschränkt), ist Macht an Diskurse gebunden. Foucaults „Werkzeugkisten" helfen bei der Untersuchung, weil man dort auch „Formationsregeln" findet, mit denen sich Diskurse beschreiben lassen:[47]

- *Themen und Gegenstände*: Worüber wird gesprochen, wenn es um die DDR geht? Welche Beziehungen gibt es zwischen diesen Themen und Gegenständen und in welchen Kontexten werden sie erwähnt?
- *Äußerungsmodalitäten*: Wer (gesellschaftlicher Status, persönlicher Hintergrund) spricht wo (in welcher Zeitung auf welcher Seite, in welchem Fernsehprogramm zu welcher Zeit) aus welcher Perspektive (fragend, betrachtend, anklagend)?
- *Begriffe*: In welcher Abfolge und mit welcher Rhetorik (etwa: als Aufzählung oder als Beweiskette) wird gesprochen und mit welchen Belegen gearbeitet (Zitate von Referenzpersonen oder aus Referenztexten, Statistiken, wissenschaftliche Studien)?
- *Strategien*: Welche Theorien werden eingesetzt, welche Beziehungen gibt es zu benachbarten Diskursen (die sich möglicherweise im Zeitverlauf auch verändert haben), wer kann so für sich beanspruchen, ein legitimer

47 | Ebenda, S. 48-103.

Sprecher zu sein und wer ist dies folglich nicht? Welche Funktionen hat der Diskurs in den verschiedenen Bereichen der Gesellschaft – bei der DDR zum Beispiel nicht nur bei der Sportförderung, sondern auch in der Politik, im Erziehungssystem oder auf dem Arbeitsmarkt?

Foucault hat selbst eingeräumt, dass es für eine solche Diskursanalyse und hier vor allem für den letzten Punkt („Strategien") kein Generalrezept gebe. In seinen eigenen Untersuchungen habe er sich den „verschiedenen diskursiven Gebieten" vielmehr „auf sehr tastende Weise genähert" und dabei versucht, „die diskursive Formation in all ihren Dimensionen und gemäß ihrer eigenen Charakteristika zu beschreiben".[48] Zu dem hier angedeuteten Problem, das vor allem das wissenschaftliche Qualitätskriterium intersubjektive Nachvollziehbarkeit berührt, kommt eine zweite Schwierigkeit. Selbst im Zeitalter der Gemeinschaftsforschung ist es schlicht unmöglich, einen Diskurs („die Gesamtheit aller effektiven Aussagen") in seiner ganzen Komplexität zu erfassen.

Sowohl Chomsky als auch Foucault bieten für die nötige Auswahl einen Anknüpfungspunkt: das Konzept der Zentralität. Noam Chomsky stützt seinen Vorwurf, dass die Massenmedien die Interessen der Eliten aus Politik und Wirtschaft bedienen, auf Material – aus den Medien! Seine Auflösung dieses Widerspruchs: Dass die Medien auch Fakten veröffentlichen würden, die ein Kritiker wie er nutzen könne, sage überhaupt nichts über die Qualität der Berichterstattung. Erstens werde vieles trotzdem unterdrückt, und zweitens müsse man lange suchen, zum Teil auf irgendwelchen hinteren Seiten. Entscheidend sei schließlich die Aufmerksamkeit, die ein „Fakt" bekomme: seine Platzierung, der Tonfall, die Zahl der Wiederholungen und der Präsentationsrahmen. All dies produziere Bedeutung und schließe Verstehen oft aus. Wenn man zum Beispiel ausschließlich die Opfer des Kommunismus thematisiere, dann würde dies helfen, die Öffentlichkeit von der Bösartigkeit des Gegners zu überzeugen und den Boden für Aufrüstung, Krieg und alle nur vorstellbaren Zersetzungstaktiken zu bereiten.[49]

Auch bei Foucault sind „Diskurse mit Ermächtigungs- und Ausschlusskriterien verkoppelt" und „Verknappungsprozessen unterworfen" – etwa „Ritualen der Qualifikation, Kommentierungen, die den Stellenwert von Aussagen im Diskurs bewerten" oder „Wahr-Falsch-Urteilen, die bewah-

48 | Ebenda, S. 95.

49 | Edward S. Herman, Noam Chomsky (wie Anm. 27), S. LXII-LXIII.

renswerte ‚Ergebnisse' selektieren".[50] Die Entscheidung, welcher Diskurs als „wahr" akzeptiert wird, fällt in diesem Theoriegebäude zwar in einem etwas komplizierteren Prozess als bei Chomsky (der ja einfach von der Dominanz der Eliten-Interessen ausgeht), die Beteiligten sind aber auch bei Foucault bekannt. Er nannte zunächst das „Wahrheitsbedürfnis sowohl der ökonomischen Produktion als auch der politischen Macht", die Wissenschaft, das Erziehungssystem und „ideologische Kämpfe", „Wahrheit" wird bei Foucault aber auch unter der „überwiegenden Kontrolle einiger großer politischer und ökonomischer Apparate" hergestellt und verteilt – „Universität, Armee, Presse, Massenmedien".[51]

Die „diskursive Formation" DDR ist natürlich nicht nur in den zentralen Medien zu finden und hier wiederum nicht nur in Leitartikeln und Aufmachern zu Jubiläen (Mauerbau und Mauerfall, 17. Juni, Tag der Deutschen Einheit), politischen Weichenstellungen (Solidarpakt, Stasi-Unterlagen-Gesetze, Abriss des Palasts der Republik), wichtigen Roman- und Kinopremieren oder anderen herausgehobenen Ereignissen (etwa: runde Geburtstage von früheren Prominenten). Man könnte zuerst leicht auf die Bücher und Filme selbst verweisen. Nach der Wahl von Joachim Gauck zum Bundespräsidenten klagte Matthias Platzeck, seit 2002 Ministerpräsident von Brandenburg, über das Bild, das die Menschen im Westen „vom Leben in der DDR haben." Die meisten würden ihn dort fragen, „ob wir überhaupt lachen und ruhig schlafen konnten, mit all der Stasi. Ob die nachts kamen, mit schwarzen Mänteln und Schlapphüten." Schuld seien Filme wie *Das Leben der anderen* oder *Barbara*. „Gute Filme, sehr gute. Aber welche DDR wird da präsentiert? Immer ist es düster und grau, überall sitzt ein Stasi-Mann. Das hat es sehr wohl gegeben. Schlimm genug. Aber für viele Ostdeutsche spiegelt das nicht ihr wahres Leben wider, während man im Westen glaubt, das war der ganze Alltag. Jochen Gauck, der weltgewandt und klug auftritt, bei dem denken viele Westdeutsche: Könnten die drüben nicht alle so sein"?[52] Gauck hat selbst Memoiren vorgelegt,[53] zweifellos genauso ein Teil

50 | Reiner Keller (wie Anm. 38), S. 137.

51 | Michel Foucault: Dispositive der Macht. Über Sexualität, Wissen und Wahrheit. Berlin 1978, S. 51.

52 | „Zwei an der Spitze sind klasse, aber nicht der Trend". Brandenburgs Ministerpräsident Matthias Platzeck über Ostdeutsche in Führungspositionen und seine Erwartungen an Bundespräsident Joachim Gauck. Interview von Nico Fried und Susanne Höll. *Süddeutsche Zeitung* vom 26. März 2012, S. 5.

53 | Joachim Gauck: Winter im Sommer, Frühling im Herbst. München 2009.

des DDR-Diskurses wie das Interview der *Süddeutschen Zeitung* mit Platzeck. Dazu kommen unzählige Museen (vor allem im Osten Deutschlands) und die Begleittexte, die es dort zu den Ausstellungen gibt,[54] Schulbücher,[55] wissenschaftliche Untersuchungen und mehr oder weniger private Seiten im Internet.[56]

Die Auswahl der Texte für die Diskursanalyse, die im Ergebnisteil dieses Buchs nachzulesen ist, wird zwar in Kapitel 3 noch ausführlich diskutiert, bereits an dieser Stelle sei aber die überragende Bedeutung der Massenmedien hervorgehoben und hier vor allem der Zeitungen und Zeitschriften am Machtpol des journalistischen Feldes.[57] Man muss dazu gar nicht den berühmten ersten Satz aus Luhmanns Buch *Die Realität der Massenmedien* zitieren („Was wir über unsere Gesellschaft, ja über die Welt, in der wir leben, wissen, wissen wir durch Massenmedien").[58] Schon für Tageszeitungen und Zeitschriften (egal auf Papier oder im Netz) sowie TV- und Radioangebote ganz allgemein gilt, dass sich nur bei diesen Angeboten allgemeiner Zugang unterstellen lässt. Nur hier kann man also davon ausgehen, dass die anderen die Botschaft tatsächlich wahrgenommen haben. Dies wird bei der *Süddeutschen Zeitung* oder dem Nachrichtenmagazin *Der Spiegel* noch einmal potenziert – durch ökonomische und intellektuelle Ressourcen und durch die (damit zusammenhängende) Qualität des Leserkreises (Entscheidungsträger in Politik, Wirtschaft und Kultur sowie andere Journalisten, die hier Orientierung suchen), die diesen Leitmedien Aufmerksamkeit und Einfluss sichern.[59]

---

54 | Vgl. exemplarisch Dokumentationszentrum Alltagskultur e.V. (Hrsg.): Alltag DDR. Geschichte, Fotos, Objekte. Berlin 2012 und zusammenfassend Wolfgang Benz: Die DDR als Museumsobjekt. *Zeitschrift für Geschichtswissenschaft* 59. Jg. (2011), S. 995-1007.

55 | Vgl. Ulrich Arnswald (wie Anm. 3), Gerhart Neuner (wie Anm. 3).

56 | Vgl. exemplarisch http://www.heimat-ddr.de oder http://www.kost-the-ost.de.

57 | Vgl. Michael Meyen, Claudia Riesmeyer: Diktatur des Publikums. Journalisten in Deutschland. Konstanz 2009.

58 | Niklas Luhmann: Die Realität der Massenmedien. 3. Auflage. Wiesbaden 2004, S. 9.

59 | Vgl. Wolfgang Eichhorn: Agenda-Setting-Prozesse. Eine theoretische Analyse individueller und gesellschaftlicher Themenstrukturierung. München 2005, S. 159.

KOLLEKTIVES GEDÄCHTNIS

Wulf Kansteiner hat in einem Literaturüberblick schon vor gut einem Jahrzehnt kritisiert, dass sich die Forschung über kollektives Erinnern oft auf psychologische und psychoanalytische Gedächtniskonzepte beschränke, die Rezipientenseite vergesse und nicht verstehe, dass sie von den Methoden der Medien- und Kommunikationsforschung profitieren könne. Nicht nur wegen dieses letzten Hinweises folgt die vorliegende Untersuchung seinem Gegenvorschlag. Bei Kansteiner ist kollektives Erinnern das Ergebnis eines Interaktionsprozesses, bei dem drei Typen historischer Faktoren zusammenspielen:

- die intellektuellen und kulturellen Traditionen, die all unsere Bilder von der Vergangenheit formen (in diesem Buch repräsentiert durch das, was Michel Foucault „Diskurs“ genannt hat),
- die Erinnerungsarbeiter, die diese Traditionen selektiv aufnehmen und verarbeiten (hier: Massenmedien und Journalisten), und, nicht zuletzt,
- die Erinnerungskonsumenten, die Medienangebote genau wie alle anderen Artefakte, die die Vergangenheit thematisieren, entsprechend den eigenen Interessen nutzen, ignorieren oder anpassen.[60]

Dass Gedächtnis kein individuelles Phänomen ist, steht seit den Arbeiten von Maurice Halbwachs außer Frage.[61] Der französische Soziologe sprach schon in den 1920er Jahren von „kollektiver Erinnerung“, da das Gedächtnis einen „sozialen Rahmen“ habe – die Menschen um uns herum, die uns anregen oder helfen, bestimmte Begebenheiten aus der Vergangenheit wachzurufen, sowie die kognitiven Schemata in unseren Köpfen, die ebenfalls nicht ohne gesellschaftlichen Kontext zu verstehen sind. „Auch die scheinbar noch so persönlichste Erinnerung“ wird so zu einem kollektiven Phänomen. Inzwischen ist bekannt, dass der soziale Kontext bereits darüber entscheidet, was von der Fülle an Eindrücken und Ereignissen überhaupt gespeichert wird. So konnten sich Kinder nach Ausstellungsbesuchen später nur an die Details

---

60 | Wulf Kansteiner: Finding Meaning in Memory: A Methodological Critique of Collective Memory Studies. *History and Theory* Vol. 41 (2002), S. 179-197.

61 | Vgl. Maurice Halbwachs: Les cadres sociaux de la memoire. Paris 1925; Maurice Halbwachs: La mémoire collective. Paris 1950.

erinnern, über die sie mit ihren Müttern gesprochen hatten.[62] Bei Maurice Halbwachs zielen die Begriffe „kollektives Erinnern“ oder „kollektives Gedächtnis“ (*mémoire collective*) aber noch auf etwas anderes – auf die „Bilder von einer gemeinsamen Vergangenheit“, die in sozialen Klassen, religiösen Gemeinschaften oder Nationen konstruiert werden und Identität stiften.[63]

Das Beispiel von Heike, der MDR-Assistentin, zeigt, dass dies in der Theorie einfacher ist als in der Realität. Die Gesprächsrunde über die DDR eröffnete sie mit einem Gläschen Sekt: „Jetzt können wir anstoßen. Auf die schöne Zeit, die wir erleben durften!“ Am Tisch saßen ein Tischler, ein Bauingenieur, eine Finanzbeamtin und eine Grundschullehrerin (nach Halbwachs: der „soziale Rahmen“, der die Erinnerung stimuliert und lenkt), alle in den 1960er Jahren geboren, alle längst angekommen im größeren Deutschland, aber trotzdem voller Erinnerungen an eine „behütete Kindheit“ und ein „geselliges Leben“, an Nachbarn, die gegrüßt haben und sich außerdem noch trauten, Kindern etwas zu sagen (die Lehrerin), an „kleine Freuden im Alltag“ (die Finanzfrau) und an die „Kreativität“ von Leuten, die „aus nichts etwas machen“ konnten (der Ingenieur). Von hier aus scheint der Weg zu „Deutschland, einig Vaterland“, zu einer nationalen Identität, weit, zumindest wenn man nach Bayern schaut, zu Manfred, Uwe und Willi, alle Mitte 40 und Chemiewerker in Bayern, sowie Ludwig, gut zehn Jahre älter und Berufsberater. Für diese Gruppe begannen mit dem Mauerfall die Probleme. „Ich habe schnell begriffen, dass uns das einen Haufen Geld kosten wird“, sagte Ludwig, der schon 1989 an seine Rente dachte und an den Stress, der im Arbeitsamt jetzt auf ihn zukommen würde. Bis auf Manfred, der vier Jahre in Sachsen auf Montage war, hat keiner der vier den Osten bereist (weder vor 1989 noch danach). Die DDR, das sind hier „der sächsische Dialekt“ und Honecker, die Russen und die Stasi, der Soli und der „Abbau West“ sowie die „Kindertagesstätten und all die Sachen, die sich langsam bei uns breit machen“.

Die Metapher vom „kollektiven Gedächtnis“, die Halbwachs damals in Abgrenzung von Psychologie und Psychoanalyse entwickelt hat, ist nicht nur wegen solcher Klüfte in den Erinnerungslandschaften bis heute umstritten,

---

62 | Harald Welzer: Das kommunikative Gedächtnis. Eine Theorie der Erinnerung. München 2002, S. 98.

63 | Astrid Erll: Erinnerungskultur und Medien. In: Albert Drews (Hrsg.): Zeitgeschichte als TV-Event. Erinnerungsarbeit und Geschichtsvermittlung im deutschen Fernsehen. Rehburg-Loccum 2008, S. 9-27, hier S. 12f.

obwohl in den Geistes- und Sozialwissenschaften spätestens seit den 1980er Jahren ein regelrechter „Memory Boom" zu beobachten ist.[64] Wie bei einem solchen Boom üblich, sind für die Erinnerungen, die eine Gruppe teilt, zahlreiche Bezeichnungen vorgeschlagen worden. Neben der Unterscheidung zwischen „Gedächtnis" oder „Erinnerung" und dem „Sich-Erinnern" ist dabei auch das Adjektiv umstritten (öffentlich, gesammelt, kulturell, sozial, kollektiv).[65]

Abbildung 6: Palast der Republik (1976)

Quelle: BArch, Bild 183-R0421-038 (Ulrich Kohls)

Ganz unabhängig von solchen Spitzfindigkeiten ist an dieser Stelle wichtig, dass es sich beim „kollektiven Gedächtnis" um keinen festen Wissensbestand handelt (nichts, was man wie das Werk eines Historikers einfach in den Schrank stellen oder gar auswendig lernen könnte), sondern um einen Kommunikationsprozess, zu dem Vergessen genauso gehört wie bestimmte Orientierungspunkte, auf die sich das Gespräch beziehen kann[66] – Jahrestage mit Feiern oder Paraden (je nachdem), Mythen, Museen, Denkmäler und Rituale, Gebäude (etwa das Leipziger Zentralstadion) und Institutionen (das

64 | Barbara Misztal: Memory and Democracy. *American Behavioral Scientist* Vol. 48 (2005), S. 1320-1338.

65 | Vgl. Piotr Szpunar: Collective Memory and the Stranger: Remembering and Forgetting the 1918 Finnish Civil War. *International Journal of Communication* Vol. 6 (2012), S. 1200-1221, hier S. 1202.

66 | Ebenda, S. 1203. – Vgl. Barbie Zelizer: Reading the Past against the Grain: The Shape of Memory Studies. *Critical Studies in Mass Communication* Vol. 12 (1995), S. 214-239; James Wertsch, Henry Roediger: Collective Memory: Conceptual Foundations and Theoretical Approaches. *Memory* Vol. 16 (2008), S. 318-326.

Bundesverfassungsgericht), Filme, Songs und andere Medienangebote. Da sich die „Sitten, Werte und Ideale“ einer sozialen Gruppe (wie Patrick Hutton „kollektives Gedächtnis“ definiert hat[67]) an solchen „Erinnerungsorten“[68] gewissermaßen materialisieren, wird um Straßennamen gestritten, um Statuen und Staatsakte und natürlich auch über die Frage, ob man heute noch SED-Abzeichen und Honecker-Bilder in der Öffentlichkeit zeigen darf. Die Junge Union beantragte zum Beispiel auf dem CDU-Bundesparteitag im November 2011 in Leipzig nicht nur, die Verbreitung und Verwendung von Symbolen aus der Zeit der DDR analog zu rechtsradikalen Symbolen strafbar zu machen, sondern auch zu prüfen, ob „die Verherrlichung der DDR“ durch Ostalgie-Produkte ebenfalls verboten werden könne.

Abbildung 7: Strandpromenade in Warnemünde (1969)

Quelle: BArch, Bild 183-H0630-0301-001 (Hubert Link)

In der kulturwissenschaftlichen Gedächtnisforschung dominiert im Moment die Begrifflichkeit von Aleida und Jan Assmann, die den Ansatz von Maurice Halbwachs durch Überlegungen zu den Medien, den Zeitstrukturen und den

67 | Patrick Hutton: History as an art of memory. Hanover 1993, S. 78.

68 | Dieses Konzept geht auf Pierre Nora zurück. Vgl. Pierre Nora, Étienne François: Erinnerungsorte Frankreichs. München 2005; Martin Sabrow (Hrsg.): Erinnerungsorte der DDR. Berlin 2009.

Funktionen des sozialen Gedächtnisses differenziert haben.[69] In der Theorie der Assmanns lebt die gemeinsame Vergangenheit zunächst im „kommunikativen Gedächtnis“[70] – in den Erinnerungen, die wir mit unseren Zeitgenossen teilen und die mit uns „leise und unmerklich“ vergehen.[71] Wenn die MDR-Assistentin Heike gestorben ist, werden ihre Kinder und vielleicht noch ihre Enkel die Geschichten von den Lagerfeuern in sozialistischen Ferienlagern kennen, aber es kommt der Tag, an dem sie das für sich behalten werden, weil sich niemand mehr etwas darunter vorstellen kann. Mit dieser Studie ist Heikes Erzählung allerdings in das „kulturelle Gedächtnis“ übergegangen, das in Gedenkstätten und Museen, in Büchern, Filmen oder Archiven aufbewahrt wird und schon deshalb weit über Heikes Leben hinausreicht. Wie bei den meisten wissenschaftlichen Untersuchungen dürfte dieses Buch dabei Teil des „Speicher-Gedächtnisses“ werden: verfügbar wie Romane, Kunstwerke, Akten oder Gegenstände in Museumsspeichern, aber nicht wirklich präsent und damit zu unterscheiden vom „Funktions-Gedächtnis“, das zwar in den gleichen Medien und mit ganz ähnlichen Inhalten überliefert werden kann, aber gewissermaßen im Dauergebrauch ist und strategisch genutzt wird, um unsere Gegenwart mit der Vergangenheit zu verbinden (vgl. Abbildung 8). Immerhin: was im Speicher ist, kann jederzeit ausgegraben und an die Oberfläche geholt werden.

Was bei Halbwachs noch ganz allgemein „kollektives Gedächtnis“ hieß, haben die Assmanns also gleich mehrfach aufgebrochen und problematisiert. In dieser Theorie, entwickelt von zwei Ägyptologen, werden vor allem die Speichermedien zum Thema. Welche Folgen hatte zum Beispiel der Wechsel von mündlicher zu schriftlicher Überlieferung für das kollektive Gedächtnis und was passiert, wenn Medienrevolutionen nicht nur die Art der Aufzeichnung ändern, sondern vielleicht auch alte Träger von Erinnerungen unleserlich machen?

---

69 | Aleida Assmann, Jan Assmann: Das Gestern im Heute. Medien und soziales Gedächtnis. In: Klaus Merten, Siegfried J. Schmidt, Siegfried Weischenberg (Hrsg.): Die Wirklichkeit der Medien. Opladen 1994, S. 114-140, hier S. 119.

70 | Aleida Assmann: Erinnerungsräume. Formen und Wandlungen des kulturellen Gedächtnisses. München 1995; Jan Assmann: Collective Memory and Cultural Identity. *New German Critique* 65 (1995), S. 125-133.

71 | Aleida und Jan Assmann (wie Anm. 69), S. 120.

Abbildung 8: Kollektives Gedächtnis (Assmann und Assmann)

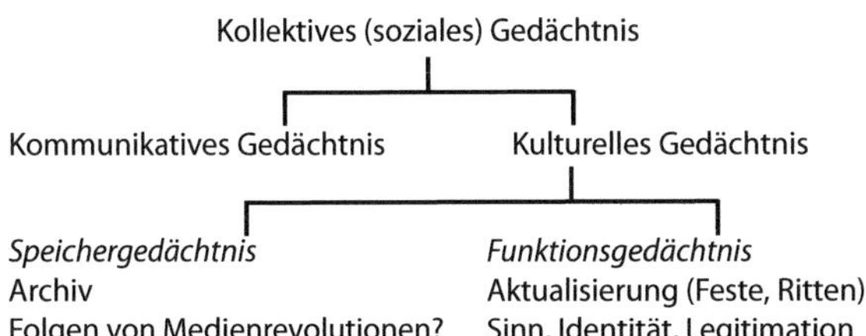

Quelle: eigene Darstellung

MASSENMEDIEN UND KOLLEKTIVES GEDÄCHTNIS

Der in der gerade skizzierten Theorie verwendete Medienbegriff hat wenig mit dem zu tun, was Kommunikationswissenschaftler normalerweise umtreibt. Bei den Assmanns geht es um die Speicherfunktion, um das „Erinnerungspotenzial" und um die Frage, wie „identitätsstabilisierende Langzeitkommunikation" gesichert werden kann.[72] Untersuchungsgegenstände sind folglich die Epen Homers, die Bibel und der Koran sowie die Hochliteratur, aber nicht die modernen Massenmedien, denen das Assmann-Paar allerhöchstens eine Art „Erinnerungs-Auftrag" zubilligt. Die Verbrechen Stalins zum Beispiel könnten natürlich von der Literatur verarbeitet werden (wie in Solschenizyns *Archipel Gulag*) und von Historikern, da es aber für die „Eintreibung von Erinnerungsschulden" kein Monopol gebe, falle das Ressort Erinnerung eigentlich auch in den „gesetzlich verankerten Programmauftrag" (hier vermutlich des öffentlich-rechtlichen Rundfunks).[73] Auch jüngere Geisteswissenschaftler sehen das nicht viel anders. Die Anglistin Astrid Erll zum Beispiel hat Geschichtsfilmen maximal die Rolle von „cues" zugebilligt (mediale Hinweis oder Reize). So könnten Massenmedien zum Beispiel „Diskussionen über Geschichte und Gedenken anregen und prägen" („auf kollektiver Ebene") und Ressourcen bereitstellen, die helfen, uns die Vergangenheit vorzustellen („auf individueller Ebene").[74] Zeitungsartikel,

72 | Astrid Erll (wie Anm. 63), S. 17.

73 | Aleida und Jan Assmann (wie Anm. 69), S. 140.

74 | Astrid Erll (wie Anm. 63)

TV-Dokus oder Kinoproduktionen wie *Der Untergang* sind bei Erll „Zirkulationsmedien“ (im Unterschied zu den Speichermedien der Assmanns), die zwar bestimmte Informationen zeitgleich an viele Empfänger verteilen, aber schon deshalb nicht viel mit dem kollektiven Gedächtnis zu tun haben können, weil „sie schnell durch aktuellere Medienangebote ausgetauscht werden“.[75]

Dahinter steht eine (hier durch die akademische Sozialisation bedingte) rein mechanische Sicht auf die moderne Massenkommunikation. Zugespitzt: Medien transportieren Inhalte wie die Post Weihnachtspakete, die woanders eingepackt wurden und hoffentlich unversehrt ankommen. Diese Vorstellung widerspricht nicht nur der oben skizzierten Bedeutung von Journalisten in diskursiven Prozessen, sondern auch der Strukturationstheorie von Anthony Giddens, der für diese Studie das Konzept „Self-Identity“ entnommen wurde (Identität als ständig zu bearbeitende „Erzählung über sich selbst“). Bei Giddens beziehen sich Menschen (etwa: die Produzenten eines Films) zwar auf Regeln (zum Beispiel auf Diskurse) und Ressourcen (Fördergelder, Schauspieler, Sendeplätze) und reproduzieren solche Strukturen dabei, zugleich aber können sie Regeln und Ressourcen durch ihre Handlungen verändern (allerdings je weniger, desto weiter Strukturprinzipien in Raum und Zeit ausgreifen und vielleicht sogar zu Institutionen geworden sind wie die Ehe zwischen Mann und Frau, die erst durch zahllose gleichgeschlechtliche Paare und Lebensgemeinschaften ohne Trauschein langsam ihre handlungsleitende Kraft verliert).[76] Um beim Beispiel Film zu bleiben: Nach dem *Untergang* mit Bruno Ganz muss die Geschichte des Dritten Reichs anders erzählt werden als vorher, und das nicht nur im Kino.

Dies gilt erst recht für aktuelle Medienangebote. Zeitungen, Zeitschriften und Fernsehsendungen sind hier nicht einfach Träger des kulturellen Gedächtnisses, sondern zugleich seine Produzenten. Barbie Zelizer hat sich gewundert, dass die Gedächtnisforschung den Journalismus oft nicht einmal als Quelle nutze, obwohl Journalisten wie Historiker an Fakten interessiert seien und sich hier wie Spürhunde verhalten würden, da die Vergangenheit Vergleiche erlaube, Analogien, Erklärungen und Nostalgie.[77] Ihre Schülerin

75 | Astrid Erll: Kollektives Gedächtnis und Erinnerungskulturen. Stuttgart, Weimar 2005, S. 138.

76 | Anthony Giddens: Die Konstitution der Gesellschaft. Frankfurt/Main 1995.

77 | Barbie Zelizer: Why Memory's Work on Journalism does not reflect Journalism's Work on Memory. *Memory Studies* Vol. 1 (2008), S. 79-87, hier S. 80-82.

Carolyn Kitch hat, um nur ein Beispiel aus der Forschungsliteratur zu zitieren, Zelizers Idee vom Journalismus als „Interpretationsgemeinschaft"[78] aufgegriffen und am Beispiel von Generationsbezeichnungen (Generation X, Babyboomer) gezeigt, wie die Nachrichtenmagazine *Time* und *Newsweek* in den USA kulturelle Stereotype schaffen und Gruppen, Ereignisse und Phänomene definieren[79] – Diskurse und damit Regeln, die Handlungen in der Terminologie von Giddens sowohl ermöglichen (hier: weil sie uns Begriffe bereitstellen, mit denen wir eine Menschengruppe beschreiben können) als auch einschränken (weil man an den gleichen Begriffen kaum vorbeikommt).

Abbildung 9: Massenmedien und kollektives Gedächtnis

Kommunikatives Gedächtnis
Familien, Umfeld: Großeltern, Eltern, Nachbarn, Freunde
Schule und andere Bildungseinrichtungen: Lehrer, Peers

Massenmedien
Leitmedien: *Der Spiegel*, FAZ, SZ, *Die Zeit*
Andere Medien (Internet, TV, Kinofilme)

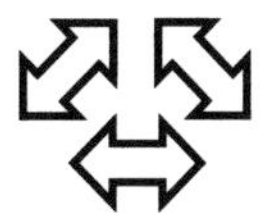

Assmanns Medien des kulturellen Gedächtnisses
Akademische Literatur
Mussen, Denkmale, Erinnerungsorte, Gedenkfeiern, Rituale
Lehrbücher, Romane, Aktenbestände

Quelle: eigene Darstellung

In diesem Buch wird deshalb davon ausgegangen, dass Journalisten (wie schon beschrieben) erstens bestimmen, was in der Öffentlichkeit über die DDR erzählt wird und was nicht, und dass sie damit zweitens sowohl die Erinnerungen von denen beeinflussen dürften, die dabei waren (in der Assmann-Sprache: das kommunikative Gedächtnis), als auch andere Erinnerungsarbeiter: Wissenschaftler und Romanautoren, Museumsleiter, Aus-

---

78 | Barbie Zelizer: Journalists as Interpretive Community. In: Dan Berkowitz (Hrsg.): Social Meanings of News. Thousand Oaks 1997, S. 401-419.

79 | Carolyn Kitch: Generational Identity and Memory in American Newsmagazines. *Journalism* Vol. 4 (2003), S. 185-202.

stellungsmacher sowie nicht zuletzt Lehrer und damit jene Menschen, die die Generationen der Nachgeborenen prägen. Abbildung 9 zeigt diese Zusammenhänge und stellt dabei noch einmal die besondere Rolle heraus, die Leitmedien in diesem Prozess spielen. Die vorliegende Untersuchung konzentriert sich dabei auf den Pfeil zwischen Massenmedien und kommunikativem Gedächtnis: Wie sieht das kulturelle DDR-Gedächtnis aus, das die Massenmedien produzieren, und wie beeinflussen diese Bilder der Vergangenheit das, was man sich in Deutschland heute über dieses Thema erzählt? Woher haben Heike und die bayerischen Chemiewerker ihre Vorstellungen über die DDR? Aus den Gesprächen mit Verwandten und Bekannten, aus dem *Spiegel*, aus der *SuperIllu*? Wie sieht dieses Bild bei anderen aus – bei denen, die noch das Dritte Reich erlebt haben, bei denen, die aus der DDR geflohen sind oder dort vor 1989 sehr oft zu Besuch waren, und bei den ganz Jungen, die das alles nur vom Hörensagen kennen? Was erfährt man überhaupt, wenn man sich nur aus „zweiter Hand" kundig machen kann? Anders gefragt: Was wird von der DDR im kollektiven Gedächtnis bleiben, wenn Heike und ihre Freunde nicht mehr unter uns weilen?

3. Untersuchungsdesign: Diskursanalyse und Gruppendiskussionen

„Ich hätte nie gedacht, dass die Erinnerungen noch so intensiv sind. Meine Kindheit. Ich bin richtig überrascht."
Petra, Anfang 50, Erzieherin in Ulm, 1972 im Urlaub auf Rügen

„Das hat mich jetzt doch angeregt, mehr über die DDR zu lesen. Nicht nur Mauer und so. Das mit dem Betreuungssystem, das wusste ich gar nicht."
Katharina, 20, Studentin in Erfurt

Der Aufbau dieser Studie ergibt sich gewissermaßen von selbst. Wenn nach dem DDR-Bild gefragt wird, das die Massenmedien verbreiten, sowie nach dem Einfluss, den diese Form des kulturellen Gedächtnisses auf das kommunikative Gedächtnis der Deutschen hat, dann müssen die Medieninhalte genauso untersucht werden wie das, was sich die Menschen über die Vergangenheit erzählen. Natürlich könnte man dies auch in Einzelgesprächen herausbekommen, aus der Sozialpsychologie ist aber bekannt, dass wir uns leichter erinnern, wenn die Umstände so ähnlich sind wie damals beim Speichern.[1] Wer je auf einem Klassentreffen war, wird das bestätigen. Namen und Gesichter, die man längst vergessen hatte, Geschichten aus einer fernen Welt. In diesem Forschungsprojekt wurden allerdings keine alten Schulkameraden

1 | Vgl. Harald Welzer: Das kommunikative Gedächtnis. Eine Theorie der Erinnerung. München 2002, S. 37f.

zusammengeführt (was organisatorisch kaum zu bewerkstelligen wäre) und auch keine Familientreffen veranstaltet, obwohl man dort vielleicht studieren könnte, wie Ideen und Vorstellungen von Generation zu Generation weitergegeben werden. Eine Schneiderin aus Meiningen, fast 80 Jahre alt, sagte in einem Kreis von Rentnern zunächst, dass ihre Tochter nicht bereuen würde, in der DDR aufgewachsen zu sein („sie hat ruhig gelebt, und wir hatten es schön"). Nach einer Weile kam die junge Frau dann dazu und musste das noch einmal bestätigen: „Stimmt's, Steffi, Du sagst immer, dass Du das nicht bereust?" Solche persönlichen Verbindungen und erst recht Hierarchien, wie sie in Familien üblich sind, erschweren dem Interviewer das Leben. Er bekommt eine Version, die dem kleinsten gemeinsamen Nenner entspricht und so die Beziehungen zwischen den Befragten nicht zerstört.

Das dürfte zwar auch für die (wenigen) Ehepaare gelten, die zu den Terminen erschienen, ansonsten wurde aber versucht, Menschen zusammenzubringen, die sich ähnlich waren (Alter, Milieu) und sich vorher entweder gar nicht kannten oder bisher wenigstens nicht miteinander über die DDR gesprochen hatten. Dass Heimattreffen Ost und Kameradschaftsabende West Vorteile haben, zeigen die Zitate im zweiten Kapitel. MDR-Assistentin Heike dürfte weder mit Kindern und Eltern noch mit Westdeutschen auf „die schöne Zeit" anstoßen wollen, die sie in der DDR „erleben durfte", und die bayerischen Chemiewerker um Manfred und Willi hätten sich in Sachen Soli und „Abbau West" vermutlich stärker zurückgehalten, wenn Landsleute aus dem Osten dabei gewesen wären. Das kommunikative Gedächtnis einer Gesellschaft, das Aleida und Jan Assmann beschrieben haben, funktioniert aber nicht nur zwischen Verwandten, Bekannten und Gleichgesinnten. Petra etwa, die Erzieherin aus Ulm, wurde schnell zum Mittelpunkt ihrer Fünfer-Runde – nicht weil sie am stärksten für die sozialistische Utopie schwärmte („ohne dass ich mich jetzt als Kommunistin bezeichnen würde") oder weil die übrigen Teilnehmer vor 1989 gar nicht oder selten in der DDR waren. Petra hatte Geschichten, die die anderen fesselten: eine Rügen-Reise von 1972, bei der die damals Zwölfjährige schon am Grenzbahnhof erschrocken beobachtete, wie „ganz viele Vopos" einen Rentner mitnahmen, der zu viel Schokolade im Gepäck hatte. „Das war richtig unangenehm, bedrohlich, traumatisch". Auch der Alltag im Osten hat Spuren hinterlassen. Petra erzählte von einem Zaun, der nur bis zur Hälfte des Dorfes gestrichen war, weil die Farbe offenbar nicht länger gereicht hatte, von einem Einkaufsversuch ihrer Mutter, die ohne Tomaten und Kondensmilch zurückkam, weil die Tante vergessen hatte, eine Vollmacht mitzugeben, die der Laden bei solchen Raritäten offenbar verlangte, und vom Abreisetag, an dem plötzlich der Wartburg nicht ansprang, der die Familie zum Zug bringen sollte. „Das hätte einen Rattenschwanz nach sich gezogen, wenn wir den nicht gekriegt hätten. Das Visum. Wir mussten an dem Tag über die Grenze. Das war ein Tohuwabohu. Das ganze Dorf war in Bewegung. Jeder hat organisiert. Wer hat eine Idee? Wer könnte fahren? Am Ende kam jemand aus dem Nachbarort, der mit dem Fahrrad benachrichtigt worden war. Das sind so diese Kleinigkeiten. Dieser Reichtum Mensch, der geht bei uns verloren, in unserem System, wo nur die Leistung zählt und das Geld, das man im Hintergrund hat."

Petra konnte gar nicht aufhören, als das Mikrofon nach anderthalb Stunden abgeschaltet wurde. Beim Essen ging es weiter um ihre Ostverwandten, und die Runde löste sich erst drei Stunden später auf. Einige andere Gruppen haben sich sogar zu einem zweiten Treffen verabredet, privat und ohne Fragekatalog. Die meisten Interviewer, Studentinnen und Studenten, die in einem Projektseminar auf diese Aufgabe vorbereitet wurden und dann jeweils eine Diskussionsrunde zusammenstellten und moderierten, haben von anfänglichen Vorbehalten berichtet, die sich dann aber schnell aufgelöst hätten. „Nach dem Gespräch wirkten die Damen fröhlich und befreit", schrieb Svenja Gohlke in ihrem Bericht, nachdem sie fünf Frauen zwischen Mitte 40 und Ende 70 in einem Berliner Fitness-Studio befragt hatte. „Sie waren erstaunt und auch beeindruckt, was die anderen alles erlebt hatten". Obwohl sich diese Gruppe seit Jahren regelmäßig zum Training trifft, war die ganz persönliche Vergangenheit bisher nie auf den Tisch gekommen.

Dass das „kommunikative Gedächtnis" der Deutschen ganz offensichtlich gestört ist und wie diese Fehlfunktion mit dem kulturellen Gedächtnis zusammenhängt, das sich in den Massenmedien manifestiert, wird im Ergebnisteil noch ausführlich diskutiert. An dieser Stelle soll mit diesem Beispiel nur begründet werden, warum es gut war, nicht nur homogene Gruppen zu haben. Während ganz junge Leute (unter 30) oft (verständlicherweise) einsilbig blieben, wenn sie mit Älteren zusammensaßen, haben besonders die „Ost-West-Mischungen" die Theorie der Assmanns mit Leben gefüllt. Dies meint gar nicht so sehr die 89er Fluchtgeschichten, die in Bayern bis heute bestaunt werden, oder die Studentin Katharina, die in der Nähe von Frankfurt am Main groß geworden ist und mit drei Kommilitonen aus Nordhorn, Karlsruhe und Zwickau in Erfurt zusammensaß, um über eine Zeit zu sprechen, in der alle vier noch nicht geboren waren. Besonders interessant wurde es immer dann, wenn Lebenswege aufeinandertrafen, die sich sonst eher nicht kreuzen. Ein Auszug (leicht gekürzt) aus einer Diskussion in München, wo vier Frauen, die schon immer hier wohnen, mit Kathleen sprachen, Anfang 40, die in Dresden Informatik studiert hat:

> *Kathleen*: „Ich war damals total musikbegeistert. Da gab es richtige Untergrundbands. Das kann man sich als Westdeutscher wahrscheinlich gar nicht vorstellen. Da lief so viel. Die Leute haben versucht, ihre Grenzen auszuloten. Wenn ich heute in die arabischen Länder schaue, entdecke ich Gemeinsamkeiten. Wenn ich zum Beispiel einen Film aus dem Iran sehe und denke, die sind ja doch fortschrittlich. Die holen sich ihre Freiheit schon irgendwie.
>
> *Marion*: Aber ihr wusstet ja gar nicht, was Freiheit ist. Subjektiv mag das für Euch vielleicht Freiheit gewesen sein, was ihr Euch da geholt habt, quasi. Kann man das so sagen?
>
> *Kathleen*: Es wollten ja viele ausreisen. Es ist nicht so, dass alle der gleichen Meinung waren.
>
> *Marion*: Bei Euch in der Familie, hat man sich da unterhalten? Oder war das alles kein Thema?
>
> *Kathleen*: Wir waren eher linientreu.
>
> *Marion*: Man unterhält sich ja nur, wenn man was anderes kennt. Wenn alle so leben, dann spricht man nicht drüber. Das ist bei uns ja auch so.
>
> *Kathleen*: Wir hatten doch Filme aus allen Ländern der Welt. Man wollte schon ein anderes Leben, aber nicht unbedingt so wie im Westen. Wir hätten nicht ausreisen wollen. Es war ja auch die Zeit von Glasnost und Perestroika. Klar hat man da geredet. Mehr als hier. Die Menschen haben damals viel mehr diskutiert.
>
> *Marion*: Ihr wolltet nicht ausreisen, weil Euch das die Medien und die Politik so vermittelt hatten. Warum will man nicht in den Westen, wenn man ihn gar nicht kennt?
>
> *Kathleen*: Bei mir war das so. Ich kann ja nur von mir reden. Ich fand das Ideal vom Sozialismus schon erstrebenswert. Ich habe Bücher ge-

> lesen über Lateinamerika und den Freiheitskampf. So etwas. Die BRD, das war für mich der Feind. Das war nicht das Land, in dem ich leben wollte. (…)
>
> *Heike*: Man darf nicht nur über die DDR erzählen, wenn man mit den Kindern über diese Zeit spricht. Auch Westdeutschland war damals ganz anders. Westberlin zum Beispiel. Ich war da oft. In den 1970er Jahren musste man dahin gehen, wenn man den Wehrdienst verweigern wollte. Hier ging das nicht. Westberlin war wie ein Schlupfloch. Wie ein Ausnahmezustand. Besetzte Häuser. Da waren auch welche dabei, die Sozialismus wollten, nur nicht zu DDR-Bedingungen.
>
> *Irene*: Ich weiß noch, wie wir in der Schule einen Film gesehen haben, einen DDR-Propagandafilm. Der Kommentar dazu war, dass das alles schlecht ist. Man muss das alles verteufeln. Ganz astrein war das bei uns im Westen auch nicht.
>
> *Marion*: Natürlich sind wir negativ beeinflusst worden. Positives gab es da nicht. *Zu Kathleen*: Nichts von dem, was Sie gerade erzählt haben oder was meine Arbeitskollegin immer sagt. Der Zusammenhalt war größer und es gab keinen Neid. Für uns war damals klar, dass es da nichts Positives gibt.
>
> *Anneliese*: Das mit dem Zusammenhalt verstehe ich nicht. Wie sich mir die DDR darstellt, wurde da nur bespitzelt. Wie soll man da denn noch zusammenhalten?
>
> *Kathleen*: Eine Freundin haben sie mit 16 oder 17 angeworben. Ich weiß nicht, was sie von mir hätte berichten können. Der Zusammenhalt, das war eher so notgemeinschaftsmäßig. Dass sich alle bespitzeln, das wusste ja keiner. Wer offen bei der Staatssicherheit war, bei dem wusstest Du das. Das war halt ein Beruf. Mit denen hattest Du ja nicht unbedingt was zu tun."

Dieses Gespräch wurde hier so ausführlich dokumentiert, weil es zeigt, dass die Methode Gruppendiskussion in der Praxis genauso funktioniert wie die theoretische Idee vom „sozialen" oder „kommunikativen" Gedächtnis – zumindest, wenn ein Interviewer mit einem Tonband vorbeischaut und die

Deutschen zwingt, sich über ihre Vergangenheit zu unterhalten. Auch wenn die Erfahrungswelten so weit auseinander lagen wie bei Kathleen und den vier Münchener Frauen, ist es nie laut oder unangenehm geworden. Mehr als zwei Jahrzehnte nach der Wiedervereinigung scheint man sich an die Spannbreite der Lebensentwürfe und das dazugehörende Bewertungsspektrum gewöhnt zu haben. Einzige Ausnahme war bezeichnenderweise eine andere Münchener Runde, bei der ein Gast dabei war, Pawel, ein Pole, in den 1970er Jahren geboren, als Kind mit seinen Eltern in Afrika und in der Schweiz und jetzt mit einer Kulturwissenschaftlerin aus Görlitz verheiratet, die er zum Gespräch begleitet hatte. Nachdem Pawel eigentlich die ganze Zeit still war, fing er plötzlich an, über die Aufarbeitung des Nationalsozialismus in Deutschland zu schimpfen. Während im Westen Zehntausende „Massenmörder und Verbrecher nie zur Rechenschaft gezogen" worden seien, habe es so etwas im Osten nicht gegeben. Da die Schriftform keinen Laustärkeregler kennt, lässt sich das anschließende hitzige Gefecht mit einem anderen Teilnehmer in einem Buch nur unzureichend protokollieren. Der Moderator hatte jedenfalls erhebliche Mühe, die Streithähne zu trennen und zur DDR zurückzukommen.

Auch dieses Thema barg bei der Zusammensetzung der Runde eigentlich Konfliktpotenzial. Am Tisch saßen unter anderem ein Journalist, der aus der sowjetischen Besatzungszone in den Westen gegangen war, ein Botschaftsflüchtling, ein Künstler, für den die DDR bis 1989 „ein namenloses, feindliches Ausland" war („ein Staat wie Nordkorea; genauso weit weg, genauso uninteressant") und zwei Frauen, jetzt Mitte 30, die in SED-Haushalten großgeworden sind, aber seit den 1990er Jahren in Bayern leben. Nach mehr als zwei Stunden war man bei Begriffen wie „Unrechtsstaat" oder „Zone" angekommen, die sich „langfristig im kulturellen Gedächtnis einer Nation festsetzen" (der Künstler), bei der Mauer in den Köpfen („für ehemalige Schulfreunde bin ich jetzt die West-Tussi"), bei den Boulevardmedien („wer seine Sicht aus der *Bildzeitung* bezieht, kann das Ganze wirklich nicht gut beurteilen"), bei den Neonazis im Osten und vor allem bei Zweifeln über die Aussagekraft eines solchen Gesprächs unter vergleichsweise Gebildeten. Der Künstler: „Wir sind leider alle nicht repräsentativ, weder ihr für die Ostler noch wir für die Westler."

Solche Zweifel werden im zweiten Teil dieses Kapitels diskutiert (und hoffentlich ausgeräumt). Vorher wird erläutert, wie der Mediendiskurs über die DDR untersucht wurde. Diese Reihenfolge entspricht dem Ablauf des Forschungsprojekts, in dem zunächst der „Input" umrissen werden sollte:

Welche Inhalte gibt es überhaupt, die sich auf das kommunikative DDR-Gedächtnis ausgewirkt haben könnten und auf die man folglich in den Gruppendiskussionen achten musste? Dieser Untersuchungsschritt hatte zugleich einen didaktischen Effekt. Da die Interviewerinnen und Interviewer in der Regel Mitte 20 waren und auch die etwas älteren von ihnen bestenfalls verschwommene eigene Erinnerungen an die Zeit der deutschen Teilung hatten, sollten sie durch die intensive Presselektüre zu „Experten" werden (soweit das im Laufe eines Semesters möglich ist) – zu Moderatorinnen und Moderatoren, die von Zeitzeugen ernst genommen werden, weil sie wissen, wer den Film *Sonnenallee* gedreht hat, was aus Trabant und Palast der Republik geworden ist und welchen Platz Sigmund Jähn im kollektiven Gedächtnis beanspruchen könnte.

DISKURSANALYSE I: DAS DDR-BILD IN DER DEUTSCHEN PRESSE SEIT 1990

Der Zwischentitel mag auf den ersten Blick irritieren. Warum nicht das Fernsehen, warum nicht Kino, Internetseiten oder Romane, obwohl in diesem Buch bisher doch ganz allgemein von Angeboten der öffentlichen Kommunikation die Rede war und das Modell des kollektiven Gedächtnisses, das im zweiten Kapitel entwickelt wurde,[2] solche Beschränkungen ebenfalls nicht kennt? Übersieht man so nicht einen Film wie *Good Bye, Lenin!* (Premiere im Februar 2003, mit über sechs Millionen Zuschauern auch ein Kassenschlager), der in der Literatur als „Tabu- oder Eisbrecher" bezeichnet wurde und in dieser Lesart nicht nur den Weg zu den Ostalgie-Shows im Fernsehen geöffnet haben soll, sondern auch ganz generell für einen „Durchbruch bei der DDR-Darstellung" in der Öffentlichkeit steht?[3] Und was ist mit *Das Leben der Anderen*? Dem Oscar-Gewinner wurde zwar vorgeworfen, die Ähnlichkeiten zwischen Drittem Reich und DDR zu betonen (Gestapo und Stasi)[4], nur Täter und Opfer zu kennen (und nichts dazwischen), ein unrealistisches Bild von der Geheimdienstarbeit zu zeichnen, sich auf Ausnahmen

2 | Vgl. S. 41.

3 | Thomas Ahbe: Ostalgie. Zum Umgang mit der DDR-Vergangenheit in den 1990er Jahren. Berlin 2005, S. 59.

4 | Timothy Garton Ash: The Stasi on Our Minds. *The New York Book Review*, May 9, 2007.

zu konzentrieren (auf einen Schriftsteller und einen Renegaten) und das Politische vollkommen zu unterschätzen (weil die Motive der Handelnden allzu menschlich sind),[5] zugleich aber steht gerade dieser Film für den Veränderungsdruck, den Kunst und Literatur ausüben, weil er, so sah es zumindest die US-Germanistin Mary Beth Stein, die Motive Selbstheilung und Versöhnung in den Diskurs eingeführt habe und so „die historische Aufarbeitung" der ostdeutschen Vergangenheit aus der Schwarz-Weiß-Rhetorik der 1990er Jahre befreien konnte.[6]

Die beiden genannten Filme gehören zweifellos zur „diskursiven Formation" DDR sowie zum kulturellen Gedächtnis (in der Terminologie der Assmanns sicher sogar eher zum Funktions- als zum Speichergedächtnis) und werden so noch im kollektiven Gedächtnis sein, wenn alle Teilnehmer der Gruppendiskussionen längst nicht mehr sprechen können. Dies gilt natürlich auch für Werke der Bildenden Kunst oder Romane, obwohl davon offenbar fast ausschließlich Akademiker erreicht werden. Selbst die Gewinner des Deutschen Buchpreises, *In Zeiten des abnehmenden Lichts* von Eugen Ruge (2011) und *Der Turm* von Uwe Tellkamp (2008), wurden jedenfalls in den Befragungsrunden nur selten erwähnt – und selbst da keineswegs mit der Begeisterung, die Kinogänger ausstrahlen. Heinrich, Ende 40, Forstamtsleiter in Sachsen: „Ich habe den *Turm* nur zu Ende gelesen, weil ich wissen wollte, über was da alle reden. Ich habe da nichts mitnehmen können. Ich kannte das ja alles". Anneliese aus München, Anfang 60 und pensionierte Lehrerin: „Ich habe es nicht gelesen, aber davon gehört." Und Antje, Mitte 30, die schon erwähnte Kulturwissenschaftlerin aus Görlitz: „Ich habe mich durch den *Turm* gequält und habe immer noch keine Meinung dazu. Ich kann das nicht wirklich empfehlen." *Das Leben der Anderen* und *Good Bye, Lenin!* hatte dagegen buchstäblich jeder Teilnehmer gesehen (wenigstens im Fernsehen). Warum also, die Frage sei zugespitzt, verzichtet das vorliegende Buch auf eine Analyse dieser beiden Filme?

Die Antwort führt zurück zu den theoretischen Annahmen, auf die sich diese Studie stützt, und hier vor allem zur überragenden Bedeutung der Leitmedien, die von Entscheidungsträgern in Politik, Wirtschaft und Kultur (und damit auch von den Menschen, die über die Filmfördertöpfe wachen) genauso gelesen werden wie von Journalistenkollegen und Künstlern und so

---

5 | Vgl. Mary Beth Stein: Stasi with a Human Face? Ambiguity in "Das Leben der Anderen". *German Studies Review* Vol. 31 (2008), S. 567-579, hier S. 568-570.

6 | Ebenda, S. 577.

nicht nur dafür sorgen, dass Heinrich, Anneliese und Antje wissen, welche Bücher man gelesen haben sollte, sondern auch den diskursiven Rahmen abstecken, in dem sich Schriftsteller wie Eugen Ruge oder Uwe Tellkamp und Regisseure wie Florian Henckel von Donnersmarck oder Wolfgang Becker bewegen. Das bedeutet keineswegs, dass Filme und Romane, Musikstücke und Gemälde keinen eigenständigen Beitrag zu einer „diskursiven Formation" leisten können. Die vier prominenten Beispiele belegen geradezu das Gegenteil. Wie hoch die Druckauflagen und die Einnahmen an der Kinokasse aber auch sein mögen: Allgemeine Aufmerksamkeit können nur die aktuellen Medien garantieren, die außerdem, das ist ein weiteres Argument für die Untersuchung von Tages- und Wochenblättern, ein Deutungsangebot liefern für das, was Künstler produziert haben. Ob dies dann tatsächlich so (oder anders) im kommunikativen Gedächtnis ankommt, war Thema der Gruppendiskussionen. Da dort immer auch nach den Quellen für das ganz persönliche DDR-Bild gefragt wurde und nach Wegen, auf denen sich Nachgeborene Wissen aneignen könnten, ging es zwangsläufig auch um Filme, Bücher oder Museen. Die Tipps führten dabei zum Teil weit weg vom Mainstream. So lobte die MDR-Assistentin Heike, Ende 40, die mit Sekt auf ihre DDR-Jugend anstieß und von Lagerfeuern schwärmte, neben TV-Dokumentationen, durch die sie erfahren habe, „was damals alles so passiert ist", auch das Buch *Macht aus dem Staat Gurkensalat*, in dem vier Gleichaltrige schildern, wie sie in den 1980er Jahren in Weimar als Punks in das Visier der Staatssicherheit gerieten.[7] Auf diese Weise konnte die „diskursive Formation" DDR tiefer ausgelotet werden als es bei einem flüchtigen Blick auf die Materialgrundlage für die Diskursanalyse scheint.

Die Auswahl der Medienangebote hat sich am Wissen über das journalistische Feld in Deutschland orientiert.[8] Der Macht- und Deutungspol wird dort von den Nachrichtenmagazinen okkupiert (vor allem *Der Spiegel*, aber auch *Focus*), von den überregionalen Tageszeitungen (*Süddeutsche Zeitung*, *Frankfurter Allgemeine Zeitung*, *Bild*, *Die Welt* sowie, mit den Abstrichen, die ein Spezialpublikum mit sich bringt, *Handelsblatt*, *Tagesspiegel* und *tageszeitung*), von den großen Wochenzeitungen (*Die Zeit*, *Welt am Sonntag*),

7 | Rüdiger Haufe, Ulrich Jadke, Holm Kirsten, Jörn Luther, Thomas Onißeit: Macht aus dem Staat Gurkensalat: Eine andere Jugend. Weimar 1979-1989. Berlin 2011.

8 | Michael Meyen, Claudia Riesmeyer: Diktatur des Publikums. Journalisten in Deutschland. Konstanz 2009.

einigen Zeitschriften für Politik, Wirtschaft und Kultur (etwa: *Cicero*) sowie von einigen öffentlich-rechtlichen TV-Magazinen.

Das Fernsehen steht ganz bewusst am Ende dieser Aufzählung. Die Position im journalistischen Feld hängt vom ökonomischen und journalistischen Kapital ab, über das eine Medienorganisation verfügt und das ihr nicht nur hilft, Exklusivnachrichten zu produzieren (das, worum es im Feld geht), sondern auch Angriffe auf ihre Autonomie abzuwehren, die von Werbetreibenden und Publikumswünschen ausgehen können (ökonomische Logik) oder von anderen sozialen Feldern (etwa von der Politik). Natürlich hat der öffentlich-rechtliche Rundfunk in Deutschland Geld und gute Journalisten, von Autonomie kann aber nur bedingt die Rede sein. Die Politik legt nicht nur fest, wie hoch die Gebühren sind, sondern sitzt auch in den Aufsichtsgremien, die das Spitzenpersonal auswählen, und die Einschaltquote entscheidet schon deshalb über das Wohl und Weh der meisten Sendungen, weil sie besser für die Legitimationsdebatte taugt als „Anspruch“ und „Qualität“, die sich kaum messen lassen. Dass die Eliten nicht (mehr) vor der Glotze sitzen, ist spätestens seit der Debatte über das „Unterschichtenfernsehen“ allgemein bekannt. Wer je in einem Büro war, in dem Pressespiegel verteilt werden, weiß, dass *Panorama* oder *Günther Jauch* auch dort nicht auftauchen – es sei denn, die großen Blätter haben darüber berichtet. Für die These, dass selbst die Politik- und Geschichtssendungen dem DDR-Diskurs eher folgen als ihn zu prägen, spricht auch die Mitarbeiterstruktur des öffentlich-rechtlichen Rundfunks: einige (wenige) festangestellte Redakteure beauftragen Produktionsfirmen und Freiberufler, die nach einer anderen Logik arbeiten (müssen) als Chefredakteure und Leitartikler.[9] Wie eintönig das DDR-Bild selbst in großen Jubiläumssendungen ist, wurde bereits im zweiten Kapitel erwähnt.[10] Warum gerade die immer gleichen Filmschnipsel für das kollektive Gedächtnis trotzdem wichtig sind, wird im zweiten Ergebnisteil gezeigt.

Im Gegensatz zum Fernsehen wäre es kaum begründbar, bei der Diskursanalyse auf genuin ostdeutsche Medienangebote zu verzichten. Die Wiedervereinigung ist am Macht- und Deutungspol des journalistischen Feldes fast spurlos vorübergegangen. Auf den Punkt gebracht: Abgesehen

9 | Vgl. Michael Meyen, Nina Springer in Kooperation mit dem Deutschen Fachjournalisten-Verband: Freie Journalisten in Deutschland. Ein Report. Konstanz 2009.

10 | S. 22. – Vgl. Werner Früh, Hans-Jörg Stiehler, Hannah Früh, Claudia Böttcher: Mediale Vereinigungsbilanzen. Ost- und Westdeutschland im Fernsehen: Event- und Alltagsberichterstattung. Berlin 2011.

von Webangeboten wie *Spiegel Online* dominieren dort heute die gleichen Medienorganisationen wie vor 25 Jahren, ohne dabei allerdings im Osten Deutschlands auch nur annähernd solche Reichweiten zu erzielen wie im Westen (vgl. Abbildung 10).

Abbildung 10: Printmedien-Reichweiten (Auswahl, 2012)

	Ost	**West**
FAZ	0,1	0,6
Süddeutsche Zeitung	0,1	1,1
Die Welt	0,1	0,4
Welt am Sonntag	0,4	0,8
Bild-Zeitung	7,5	9,1
Der Spiegel	2,0	3,9
Focus	1,6	2,3
Stern	1,3	4,4
Die Zeit	0,8	1,4
SuperIllu	9,5	0,4
Sport-Bild	2,5	2,5
Bunte	0,5	1,5
Brigitte	0,7	1,1

Kernleser im weitesten Leserkreis, Angaben in Prozent. Gesamtbevölkerung ab 14 Jahren, ohne Berlin. N=30.848. *Quelle: VerbraucherAnalyse 2012 (Auszählung über www.pz-online.de).*
Kernleser sind Menschen, die mit hoher Wahrscheinlichkeit fast jede Ausgabe der entsprechenden Zeitung oder Zeitschrift lesen (mindestens zehn von zwölf aufeinanderfolgenden Ausgaben). Zum weitesten Leserkreis (mindestens eine von zwölf Nummern) der *SuperIllu* gehören dann im Osten zum Beispiel 38,8 Prozent der Erwachsenen.

Umgekehrt werden Angebote, die den Umbruch des Mediensystems nach 1990 überlebt haben oder dort von westdeutschen Verlagen implantiert wurden, mit einem Schmuddel-Vorbehalt versehen – beim *Neuen Deutschland*, das aus dem SED-Zentralorgan hervorgegangen ist, und der *jungen welt*, die sich in der Tradition des (fast) gleichnamigen FDJ-Blattes sieht, aus politischen Gründen und bei Burdas *SuperIllu* wegen der Inhalte, die das Illustrierten-Format offenbar (auch) verlangt.

Die Reichweitendaten in Abbildung 10 zeigen, wie tief der Medien-Graben nach wie vor ist. Was dort in Prozentangaben ausgedrückt wird, lässt sich leicht in absolute Zahlen übersetzen. Während im Westen zum Beispiel jeden Tag 640.000 Menschen die *Süddeutsche Zeitung* lesen und 350.000 die *Frankfurter Allgemeine*, sind es im Osten jeweils nicht einmal 20.000. Burdas *SuperIllu* dagegen kennt dort jedes Kind und im Westen offenbar fast niemand. Da sich die Mediennutzung auch jenseits dieser Beispiele deutlich unterscheidet,[11] wurden nicht nur (gesamtdeutsche) Leitmedien in die Diskursanalyse einbezogen, sondern auch Regionalangebote Ost. Wie sonst wollte man für diesen Teil des Landes die Frage beantworten, ob und, wenn ja, wie kommunikatives und kulturelles Gedächtnis miteinander zusammenhängen?

Die konkreten Auswahlentscheidungen lassen sich nicht mit Zahlen oder Daten begründen (was perfekt wäre) und sind so natürlich angreifbar. Neben der Verfügbarkeit der Ausgaben (in der Bibliothek oder online) hießen die wichtigsten Kriterien Zentralität und Reichweite (*Der Spiegel* und nicht *Focus*, das *Neue Deutschland* und nicht die *junge welt*) sowie Ausgewogenheit (möglichst alle politischen Lager und Perspektiven). Untersucht wurden

- die Tageszeitungen *Süddeutsche Zeitung* und *Frankfurter Allgemeine Zeitung*, die Wochenzeitung *Die Zeit* und das Nachrichtenmagazin *Der Spiegel* (Leitmedien) sowie
- die vor allem im Osten Deutschlands verankerten Medien *SuperIllu*, *Neues Deutschland*, *Leipziger Volkszeitung* und *Berliner Zeitung*.

Für die zwei zum Schluss genannten Tageszeitungen haben vor allem der Erscheinungsort (Städte mit einer besonderen politischen, wirtschaftlichen und kulturellen Bedeutung), der eigene Anspruch („Stimme des Ostens“) sowie die Vermutung gesprochen, das mit diesen beiden Faktoren ein besonderes intellektuelles (diskursprägendes) Potenzial verbunden sein könnte. Ohne

11 | Vgl. Olaf Jandura, Michael Meyen: Warum sieht der Osten anders fern? Eine repräsentative Studie zum Zusammenhang zwischen sozialer Position und Mediennutzung. *Medien & Kommunikationswissenschaft* 58. Jg. (2010), S. 208-226.

den Ergebnissen vorgreifen zu wollen, kann schon hier festgestellt werden, dass diese Erwartungen enttäuscht wurden. Beide Blätter haben nur einen zweiten Aufguss des DDR-Diskurses aus den Leitmedien geliefert – weniger differenziert und schlechter geschrieben. Das Publikum und die Ressourcen von regionalen Abonnementzeitungen setzen hier offenbar Grenzen – ein Befund, der die Argumentation in Sachen Leitmedien noch einmal untermauert.

Der Untersuchungszeitraum beginnt 1990 und endet heute. Selbst bei einer Beschränkung auf nur acht Medienangebote ist es selbstredend nicht möglich, alle Beiträge mit DDR-Bezug zu untersuchen. Auswahlkriterien waren erneut Zentralität und Vielfalt (oder Ausgewogenheit). Noam Chomsky und Michel Foucault haben begründet, warum der Stellenwert von Aussagen in einem Diskurs ganz entscheidend von der Aufmerksamkeit abhängt, die sie bekommen – von der Platzierung (Titelseite, Leitartikel), vom Anlass (an Feiertagen oder „einfach so"), vom Umfang, von der Prominenz des Autors oder von der Bedeutung des Gegenstandes, der behandelt wird. Die Suche nach Texten wurde folglich vom politischen Kalender geleitet (möglichst verschiedene Zeitpunkte) sowie vom Wunsch, die Bereiche Wirtschaft, Kultur, Sport, Alltag und Tradition dabei nicht zu vernachlässigen. Insgesamt wurden mehr als 160 (zum Teil sehr lange) Artikel einbezogen. Berichterstattungsgegenstand waren folgende Ereignisse und Themen:

- die Nationalfeiertage 1991 (das erste Jahr nach der Wiedervereinigung und mithin Anlass für eine vorläufige Bilanz), 1995 und 2010 („runde" Geburtstage, die nicht nur im Privatleben immer mehr Aufmerksamkeit auf sich ziehen als gewöhnliche Jubiläen),
- die Mauerjahrestage am 9. November 1990 (ein Jahr nach dem Fall) und am 13. August 2011 (50 Jahre nach dem Bau),
- der 50. Jahrestag des Aufstandes am 17. Juni 1953 (2003),
- der 30. Jahrestag der Ausbürgerung Wolf Biermanns (2006),
- die Schülerstudie der FU Berlin (2008),
- die Debatte um den Abriss des Palastes der Republik (eingeweiht 1976 in Berlin, wegen Asbestverseuchung kurz nach der Wiedervereinigung geschlossen und nach endlosem öffentlichen Hickhack 2006 vom Bundestag für den Abriss freigegeben),
- die Verabschiedung des Stasiunterlagen-Gesetzes sowie die Wechsel an der Spitze der entsprechenden Behörde,
- die Solidarpaktverhandlungen,

- runde Geburtstage oder andere Anlässe, bei denen über das DDR-Auto Trabant (von 1957 bis 1991 auf dem Markt und in vielerlei Hinsicht ein Symbol für diesen Staat) und Ost-Prominente wie Sigmund Jähn (1978 als erster Deutscher im Weltall), Katarina Witt (1984 und 1988 Olympiasiegerin im Eiskunstlauf und 2011 Gesicht der Münchener Olympiabewerbung) und Heike Drechsler (1983 und 1993 Weltmeisterin sowie 1992 und 2000 Olympiasiegerin im Weitsprung und damit eines der ersten gesamtdeutschen Idole) berichtet wurde, sowie
- Premieren und Rezensionen von Filmen und Romanen mit DDR-Bezug, die beim Publikum und bei der Kritik Erfolg hatten: *Sonnenallee* (1999), *Good Bye, Lenin!* (2003), *Das Leben der Anderen* (2006), *Der Turm* (2008) und *In Zeiten des abnehmenden Lichts* (2011).

DISKURSANALYSE II: ANALYSE DER PRESSETEXTE

Ist schon eine solche Stichprobe angreifbar (wie jede Stichprobe), gilt dies erst recht für die Auswertung. Wie schafft man es, Lektüreeindrücke, die ja zunächst immer ganz persönlich sind und vom Vorwissen des Lesers genauso abhängen wie von seinen gerade aktuellen Befindlichkeiten, am Ende so zu verallgemeinern, dass mehr entsteht als private Lobgesänge oder Schimpftiraden? In der Literatur zur qualitativen empirischen Sozialforschung heißt das Zauberwort „intersubjektive Nachvollziehbarkeit" – nicht „Überprüfbarkeit", da andere mit den gleichen Instrumenten schon deshalb nicht zwangsläufig zu den gleichen Ergebnissen kommen müssen, weil interpretative Methoden nicht ohne die Persönlichkeit des Wissenschaftlers zu denken sind.[12] Karl Mannheim ging in seiner „Theorie von der Seinsverbundenheit des Wissens" davon aus, dass Denkinhalte durch den sozialen Standort der Denkenden beeinflusst werden, durch den Beruf und die Religion, durch das Geschlecht, den Familienstand und die Generationserfahrungen.[13] Wenn Mannheim Recht hat (und dies wird in diesem Buch angenommen), dann lässt sich kein kontextfreies Wissen mehr denken und folglich auch

---

12 | Vgl. Michael Meyen, Maria Löblich, Senta Pfaff-Rüdiger, Claudia Riesmeyer: Qualitative Forschung in der Kommunikationswissenschaft. Eine praxisorientierte Einführung. Wiesbaden 2011, S. 29-52.

13 | Karl Mannheim: Wissenssoziologie. In: Alfred Vierkant (Hrsg.): Handwörterbuch der Soziologie. Stuttgart 1931, S. 659-680.

kein übergreifender Evaluationsmaßstab. Der Meister selbst hat vorgeschlagen, dieses „Relativismusproblem" zu lösen, indem man die verschiedenen Sichtweisen „übersetzbar" macht und nach einer „Formel für die Umrechenbarkeit" sucht: Warum stellt der eine den Gegenstand so dar und der andere anders?[14]

Diese Idee führt direkt zu den Qualitätskriterien für Forschungsberichte jeder Art. Ganz oben steht dort die Forderung, das eigene Verhältnis zum Untersuchungsgegenstand offen zu legen (gerade bei einem Thema, das sich so als „Kampfplatz" eignet wie das DDR-Gedächtnis[15]). Also: Michael Meyen, geboren 1967 in Bergen auf Rügen. Mutter bis 1985 Lehrerin für Russisch und Geschichte und SED-Mitglied. Vater Ingenieur für Wasserbau und, so glaube ich zumindest, es damals von ihm gehört zu haben, „Genosse ohne Parteibuch" (weil sein Aufnahmeantrag offenbar nicht bearbeitet wurde, um die Dominanz der Arbeiterklasse in der Partei nicht zu gefährden). Früher Berufswunsch: Sportreporter (Vorbild: Heinz Florian Oertel). Ab den späten 1970er Jahren erste Schreibversuche als Volkskorrespondent der *Ostsee-Zeitung* (unter anderem mit regelmäßigen Berichten über Sportakrobaten und Kuchenbasare für die Lokalredaktion Rügen). 1985 dort zwei Monate Volontariat. Anschließend freiwillig drei Jahre Wehrdienst, dabei Aufnahme in die SED. 1988 Beginn eines Journalistik-Studiums an der Karl-Marx-Universität Leipzig. 1992 Diplom, 1995 Promotion, 2001 Habilitation (alles in Leipzig). Seit 2002 Professor für Kommunikationswissenschaft an der Universität München.

Welches Verhältnis zur DDR ergibt sich aus einem solchen Lebenslauf? Ein nostalgisches, das die Ideale aus Kindheit und Jugend verklärt und bis heute verstehen kann, warum jemand selbst dann noch Parteijournalist werden wollte, als andere längst öffentlich feststellten, dass „die Kommunikation zwischen Staat und Gesellschaft offensichtlich gestört"[16] war? Oder das andere Extrem, das die eigene Biografie verdammt und mit dem DDR-Jour-

14 | Vgl. Bettina Heintz: Wissenschaft im Kontext. Neuere Entwicklungstendenzen der Wissenschaftssoziologie. *Kölner Zeitschrift für Soziologie und Sozialpsychologie* 45. Jg. (1993), S. 528-552, hier S. 532.

15 | Martin Sabrow: Die DDR erinnern. In: Martin Sabrow (Hrsg.): Erinnerungsorte der DDR. München 2009, S. 11-27, hier S. 16.

16 | Nachzulesen im Gründungsaufruf des Neuen Forums vom 10. September 1989. Vgl. Michael Meyen: Öffentlichkeit in der DDR. Ein theoretischer und empirischer Beitrag zu den Kommunikationsstrukturen in den sozialistischen Staaten Osteuropas. *Studies in Communication / Media* 2011, S. 3-69, hier S. 3.

nalismus sowie vor allem mit sich selbst so hart ins Gericht geht wie Hans-Dieter Schütt, der seine Zeit bei der *Jungen Welt*, wo er von 1984 bis 1989 Chefredakteur war, in acht Worte fasst: „Ein Arbeitsleben umsonst, Punkt. So lautet die Wahrheit"?[17]

Um solche subjektiven „Wahrheiten" in wissenschaftlichen Arbeiten zu vermeiden, bietet die Methodenliteratur mehrere Strategien und Kriterien, mit deren Hilfe der Leser zugleich „gute" von „schlechter" Forschung trennen und die Befunde einordnen kann:[18]

- *Selbstreflexion*: Welche Annahmen haben die Studie geleitet? Wer ist der Forscher? Welche Interessen könnte er haben, welche Vorurteile, welche Befangenheiten?
- *Reflexion der Entstehungsbedingungen*: Welche Ressourcen standen zur Verfügung, in welchem Umfeld ist die Studie entstanden, wer hatte Interesse an dem Thema und hat möglicherweise sogar Geld gegeben?
- *Dokumentation des Forschungsprozesses*, abhängig vom Format.

Zu diesem letzten Punkt gehört, die einzelnen Untersuchungsschritte zu erläutern und zu begründen (was in diesem Kapitel geschieht), das Material so ausführlich wie möglich selbst „sprechen" zu lassen (um anderen ein eigenes Urteil zu erlauben) und, vielleicht am wichtigsten, die theoretische Perspektive offen zu legen. Plakativ formuliert: Nicht der Forscher bestimmt, wie ein Text gelesen und interpretiert wird, sondern die Theorie. Dieses Axiom löst Karl Mannheims „Relativismusproblem" natürlich nicht wirklich (weil die Entscheidung für eine bestimmte Theorie ebenfalls immer subjektiv gefärbt ist[19]), es hilft aber, die Lektüre der Zeitungs- und Zeitschriftenartikel sowie nachher auch der Transkripte aus den Gruppendiskussionen nachvollziehbar zu machen. Die Lesebrille bestand dabei aus zwei Gläsern, die im zweiten Kapitel geschärft wurden – aus den diskursiven Formationsregeln nach Michel Foucault und den drei Typen des DDR-Gedächtnisses, die der Historiker Martin Sabrow beschrieben hat.

Die Unterscheidung von Diktatur-, Arrangement- und Fortschrittsgedächtnis steckt dabei, wenn man so will, einen „Raum der Möglichkeiten"

---

17 | Hans-Dieter Schütt: Glücklich beschädigt. Republikflucht nach dem Ende der DDR München 2009, S. 41.

18 | Vgl. Michael Meyen et al. (wie Anm. 12), S. 47f.

19 | Ebenda, S. 34.

ab: Was könnte überhaupt über die DDR gesagt werden? Um das Prinzip zu verdeutlichen und ohne dabei einen Anspruch auf Vollständigkeit erheben zu wollen, lassen sich Themen, Bewertungen und Begriffe den drei Erinnerungslandschaften zuordnen, die seit den frühen 1990er Jahren das in der DDR propagierte „Traditionsgedächtnis" genauso abgelöst haben wie das im Westen zunächst „allgemein verbreitete Empörungsgedächtnis" und das dort später entstandene „Akzeptanzgedächtnis":

- *Diktaturgedächtnis* („Unterdrückungscharakter der SED-Herrschaft und ihre mutige Überwindung in der friedlich gebliebenen Revolution von 1989/90"): Stasi, Unrechtsstaat, Parteiherrschaft, Eiserner Vorhang, Mauerschützen, Doping (im Sport), „Verbrechen, Verrat und Versagen", „Leid, Opfer und Widerstand", kommunistischer Terror (von den sowjetischen Lagern in der Besatzungszeit über Schauprozesse und Militäraktionen in ganz Osteuropa bis zu den Gefängnissen und Methoden des DDR-Geheimdienstes), Missachtung von Menschenrechten und politischer Freiheit, Zwangsadoptionen, Zensur und Medienlenkung, Bürgerrechtler, Demonstrationen und Runde Tische;
- *Arrangementgedächtnis* (Verknüpfung von „Machtsphäre und Lebenswelt"): Freude und Leid im Alltag, Stolz auf das Erreichte (persönlich und im Betrieb, aber auch in der Gesellschaft insgesamt, gerade mit Blick auf die Bedingungen im Kalten Krieg), Zwang zur Anpassung und Ohnmacht des „kleinen Mannes";
- *Fortschrittsgedächtnis* (Festhalten an der „Idee einer legitimen Alternative zur kapitalistischen Gesellschaftsordnung"): „moralische und politische Gleichrangigkeit der beiden deutschen Staaten", kommunistische Ideale wie die Brechung des Bildungsmonopols der besitzenden Klassen, die Gleichstellung der Geschlechter, Arbeit und Wohlstand für alle, Nahrung und bezahlbaren Wohnraum sowie eine Welt, in der der Mensch sich und seine Arbeitskraft nicht verkaufen muss, keinen materiellen Reichtum begehrt und keine Kriege führt.[20]

Ein solcher „Raum der Möglichkeiten" erlaubt zugleich, in den Artikeln auch das zu sehen, was dort nicht steht, und damit Foucaults Frage zu beantworten, wer was wo und wie sagen kann und wer was eben auch nicht.

---

20 | Vgl. Martin Sabrow (wie Anm. 15), S. 16-20.

Im zweiten Kapitel ist bereits erwähnt worden, dass es Michel Foucault selbst schwer gefallen ist, sein Vorgehen beim Studium diskursiver Formationen transparent zu machen.[21] Dieses Problem gibt es auch bei Frame- oder „Rahmenanalysen", die in der Literatur als Königsweg zur Beschreibung von politischen Diskursen gehandelt werden.[22] Frames sind dabei im Wortsinn „Rahmen": Interpretationsschemata, die uns helfen, „die Welt da draußen" zu deuten, indem sie Objekte, Situationen, Ereignisse, Erfahrungen oder Handlungen mit etwas verbinden, was wir bereits kennen.[23] Diktatur-, Arrangement- und Fortschrittsgedächtnis sind solche Deutungsmuster, weil sie „Fakten, Ursachen und Folgen" enthalten, weil sie Aspekte, die nicht in das jeweilige Schema passen, entweder ausklammern oder anpassen, und weil sie keineswegs komplett ausgebreitet werden müssen, um verstanden zu werden.[24] Wenn Claudio Catuogno nach den Olympischen Sommerspielen 2012 in der *Süddeutschen Zeitung* von den „Methoden" des DDR-Sports spricht,[25] schiebt er das Publikum sofort in den Rahmen „Diktaturgedächtnis", ohne alle anderen Bestandteile erwähnen zu müssen. Dass man Kultur als ein „Reservoir" von Frames betrachten kann[26] und die jeweiligen Deutungsrahmen dem Forscher folglich genauso bekannt sein müssten wie Journalisten und Zeitungslesern, setzt der Willkür bei der Interpretation solcher Texte Grenzen.

Wie findet man die „zentralen, organisierenden Ideen" der Berichterstattung[27] – die Frames, über die sich die „diskursive Formation" DDR erfassen lässt und die idealerweise auch noch einen Link zu dem „anonymen, zwingenden Gedankensystem" setzen, das Foucault zufolge unser Denken

21 | Vgl. Michel Foucault: Archäologie des Wissens. Frankfurt/Main 1981, S. 95.

22 | Vgl. Paolo R. Donati: Die Rahmenanalyse politischer Diskurse. In: Reiner Keller, Andreas Hirseland, Werner Schneider, Willy Viehöfer (Hrsg.): Handbuch sozialwissenschaftliche Diskursanalyse. Band 1: Theorien und Methoden. Opladen 2001, S. 145-175.

23 | Vgl. Robert Benford, David Snow: Framing Processes and Social Movements: An Overview and Assessment. *Annual Review of Sociology* Vol. 26 (2000), S. 611-639.

24 | Paolo R. Donati (wie Anm. 22), S. 150f.

25 | Claudio Catuogno: Vorsprung durch Vielfalt. Olympiabilanz aus deutscher Sicht. *Süddeutsche Zeitung* vom 13. August 2012, S. 2. – Vgl. Kapitel 2.

26 | Paolo R. Donati (wie Anm. 22), S. 150.

27 | William Gamson, Andre Modigliani: The Changing Culture of Affirmative Action. In: Richard Braungart, Margaret Braungart (Hrsg.): Research in Political Sociology. Greenwich 1987, S. 137-177, hier S. 143.

und Handeln bestimmt[28] und damit auch den DDR-Diskurs? Wie kommt man zum Beispiel dazu, einen Text dem Diktaturgedächtnis zuzuordnen und nicht dem Arrangementgedächtnis? Um dies konkreter zu machen: Was für *Das Leben der Anderen* noch relativ leicht zu sein scheint, könnte bei *Good Bye, Lenin!* oder *Sonnenallee* zum Problem werden. Zu welcher der drei Erinnerungslandschaften gehören diese beiden Filme? Paolo Donati hat auf vier Schwierigkeiten aufmerksam gemacht, die diese Fragen eher noch verschärfen als sie zu beantworten – erstens auf die Effekte, die von „rhetorischen Figuren und Stilen" ausgehen (Konnotationen, Metaphern, Metonymien, Symbole), zweitens auf unterschiedliche Lesarten (so könne ein Bild von New York sowohl für eine Metropole stehen als auch für die Idee des Wolkenkratzers), drittens auf den Kontext, ohne den keine „angemessene Interpretation" möglich sei, und viertens auf die Benennung („labeling") von Deutungsrahmen („keineswegs (…) ein sekundäres Problem", weil Sinn erst über die Bezeichnung entstehe).[29]

Obwohl Foucault in diesem Aufsatz nicht zitiert wurde, geht es auch bei solchen „Rahmenanalysen" um „Wahrheitsspiele". Donati zum Beispiel spricht von einem „symbolischen Kampf" oder „Deutungskämpfen", in denen Frames als „Werkzeuge oder gar Waffen" eingesetzt werden und bei denen folglich gefragt werden kann, „*warum* jemand *für* oder *gegen* etwas sein mag" und wie er über rhetorische Mittel „bestimmte Aspekte betont und andere verbirgt oder unterdrückt".[30] Für den Forscher ergibt sich daraus die Aufgabe, die Argumentationsstruktur zu rekonstruieren. In der vorliegenden Untersuchung liefern Foucaults diskursive Formationsregeln dafür die Kategorien:[31]

- *Themen und Gegenstände*: Worüber wird gesprochen? Welche Beziehungen gibt es zwischen diesen Themen und Gegenständen und in welchen Kontexten werden sie erwähnt?
- *Äußerungsmodalitäten*: Wer spricht wo aus welcher Perspektive?
- *Begriffe*: Mit welchen rhetorischen Mitteln und Belegen wird gearbeitet?

28 | Michel Foucault: Gespräch mit Madeleine Chapsal. In: Daniel Defert, Francois Ewald (Hrsg.): Michel Foucault. Schriften in vier Bänden. Band 1: 1954-1969. Frankfurt/Main 2001, S. 664-670, hier S. 666.

29 | Paolo R. Donati (wie Anm. 22), S. 159-161.

30 | Ebenda, S. 152, 164, 170.

31 | Vgl. S. ??.

- *Strategien*: Welche Theorien werden eingesetzt, welche Beziehungen gibt es zu benachbarten Diskursen, wer kann so für sich beanspruchen, ein legitimer Sprecher zu sein, und welche Funktionen hat der Diskurs in den verschiedenen Bereichen der Gesellschaft?

Wie diese Kategorien die Untersuchung der Pressetexte geleitet haben, wird (hoffentlich) im nächsten Kapitel klarer werden. An dieser Stelle muss ein Beispiel genügen – der Leitartikel der *Süddeutschen Zeitung* am 13. August 2011 von Heribert Prantl, von dem hier nur die Überschrift und der Teaser zitiert werden sollen (vgl. Abbildung 18):

> **Eingemauert in Ruinen**
>
> Vor genau 50 Jahren wurde der SED-Staat zu einem deutsch-sozialistischen Reservat: Der Bau der Berliner Mauer hat aus DDR-Bürgern Menschen in Sicherungsverwahrung gemacht, das Gerede vom „antifaschistischen Schutzwall" war dumm-dreistes Parteichinesisch. Die Mauer hielt die DDR noch für 28 Jahre am Leben und besiegelte doch ihren Untergang: Sie ist die in Beton gegossene Niederlage einer Utopie – des Kommunismus.

Keine Angst: Wenn dieser Auszug jetzt im Detail gedeutet wird, dann soll dies nicht davon abhalten, das erste Ergebniskapitel zu lesen. Dort muss schon deshalb eine ganz andere Brennweite genutzt werden, weil sehr viel mehr Material zu verarbeiten war als diese acht Zeilen. Das Beispiel soll das Prinzip der Analyse verdeutlichen (Stichwort „intersubjektive Nachvollziehbarkeit"), auch wenn einige von Foucaults Kategorien hier nicht gefüllt werden können. Belege etwa gibt es weder im Teaser noch im Rest dieses Leitartikels, und über die Funktion in der Gesellschaft kann bestenfalls das Zusammenspiel verschiedener Texte Auskunft geben.

Dass der Leitartikel das Diktaturgedächtnis bedient, steht dabei außer Frage – schon nach der Überschrift, die mit der Nationalhymne der DDR spielt. Hatte Johannes R. Becher den neuen Staat seinerzeit mit Optimismus begrüßt („Auferstanden aus Ruinen und der Zukunft zugewandt"), macht Heribert Prantl mit drei Worten klar, was seiner Meinung nach daraus geworden ist: Die Ruinen sind geblieben (weil, so lässt sich das leicht weiterspinnen, die Wirtschaft nicht konkurrenzfähig war, dem Land die Bürger wegliefen und Menschen an der Macht waren, die nicht nur „dumm" waren, sondern auch noch „dreist"). Die Zukunft war Prantl zufolge eigentlich schon Anfang der 1960er Jahre zu Ende, wenn die herrschende Partei („SED-Staat“) aus dem kleinen Land kein großes Gefängnis gemacht hätte. Die Metaphern des Leitartiklers gehen sogar noch ein Stück weiter. Die Begriffe „Reservat“ und „Sicherungsverwahrung“ verweisen nicht nur auf Indianer und Schwerverbrecher, sondern auch auf eine unwirtliche Umgebung, maximal eingeschränkte Freiheit, Zwangserziehung und Hoffnungslosigkeit. Der promovierte Jurist Prantl weiß natürlich, dass eine Sicherungsverwahrung zunächst einmal unbefristet ist und nur dann aufgehoben wird, wenn vom Delinquenten keine Gefahr für die Allgemeinheit mehr auszugehen scheint (sprich: wenn er nicht mehr in den Westen will).

Die Analyse konnte gleich mit Foucaults Kategorien „Begriffe“ und „Strategien“ beginnen, weil sich „Thema“ und „Äußerungsmodalitäten“ im Grunde schon aus der Wahl des Textes ergeben. Hier spricht einer der führenden Journalisten der Bundesrepublik (Ressortleiter Innenpolitik bei der *Süddeutschen Zeitung* und dort auch Mitglied der Chefredaktion) an zentraler Stelle (Leitartikel zum 50. Jahrestag des Mauerbaus, für den es in Berlin eine Gedenkfeier mit der kompletten Politik-Elite des Landes gab) in der Diktion eines Geschichtsschreibers: Das, liebe Leserin und lieber Leser, ist von der DDR zu halten. Prantl konstruiert sich dabei selbst als legitimer Sprecher, indem er schon im Teaser allen Gegenargumenten eine Abfuhr erteilt („Gerede“, „dumm-dreistes Parteichinesisch“). Im Text passiert das später dann auch denen, die die Entscheidung damals lobten oder heute schreiben, dass die Aktion keineswegs von allen Zeitgenossen abgelehnt wurde. Die Zustimmung von „vielen Intellektuellen“ heißt bei Prantl einfach „pflichtgemäß“ und der Mauerbau „kriminelle Schweinchen-Schlau-Aktion, zugleich ein Akt der Konkursverschleppung“. Diese Begriffe führen in eine Märchenwelt (Schweinchen Schlau, wobei der Wolf ja in der Realität am Ende keineswegs tot war und das Steinhaus auch nicht hielt) sowie zum Rechtsstaat-Diskurs und zum Politbüroprozess („kriminell“). Die Systemkonkurrenz in der Zeit des Kalten Krieges reduziert Heribert Prantl auf ihren wirtschaftlichen Aspekt („Konkursverschleppung“). Wie könnte die sozialistische Idee (über die er nichts Konkretes schreibt) auch attraktiv gewesen sein (wenigstens für Teile der Bevölkerung in Ost und West), wenn sich ihre führenden Repräsentanten in der DDR nicht einmal verständlich machen konnten („Parteichinesisch“)?

Was hier exemplarisch durchexerziert wurde, ist so für jeden der mehr als 160 ausgewählten Artikel gemacht worden. Auch wenn die theoretisch abgeleiteten Analysekategorien genau wie das „Reservoir“ an Frames, das unsere Kultur ausmacht und das folglich Journalisten, Forscher und Leser dieses Berichts teilen, die Subjektivität der Interpretation einschränken, wurde die Möglichkeit genutzt, auf unabhängig entstandene Deutungen zurückzugreifen. Zum einen haben die Teilnehmer des Projektseminars in kleinen Gruppen jeweils Teile des Materials analysiert (etwa: die Rezensionen), und zum anderen hat Sonja Egger im Rahmen eines Praktikums alle Texte gelesen – eine Studentin aus dem Speckgürtel von München, geboren Mitte der 1980er Jahre, die zwar vor dem gleichen theoretischen Hintergrund gearbeitet hat, aber schon qua Herkunft eine andere Persönlichkeit mitbringen sollte.

Gruppendiskussionen

Um diesen Untersuchungsteil gleich vom Ende her aufzurollen: Die Transkripte der 27 Gruppendiskussionen (wortwörtliche Protokolle, in denen auch Pausen, Störungen oder Besonderheiten festgehalten wurden wie das Auftauchen von Tochter Steffi in der Meininger Rentner-Runde) sind im Prinzip genauso analysiert worden wie der DDR-Diskurs in den Massenmedien. Auch hier haben die drei Erinnerungslandschaften, die Martin Sabrow beschrieben hat, und Foucaults diskursive Formationsregeln die Lektüre geleitet, und auch hier konnten drei Interpretationen zusammengeführt werden, die zunächst unabhängig voneinander entstanden waren. Die Studentinnen und Studenten haben die Diskussion, die sie selbst organisiert und moderiert haben, jeweils in einer Hausarbeit ausgewertet, und Sonja Egger hat das Material während ihres Praktikums gelesen.

Erstes Ziel waren dabei Porträts von jedem einzelnen Teilnehmer: Wie sieht sie oder er die DDR heute? Woher kommt dieses Bild (aus persönlicher Anschauung, aus Gesprächen, aus der Schule und Museen, aus den Massenmedien?) und wie wichtig ist dieses Thema für die eigene Identität? Um die Unterschiede, die es dabei zwangsläufig gibt, erklären zu können, wurde sowohl nach der Biografie der Teilnehmer gefragt als auch nach ihrer Lebenssituation heute: Wo (natürlich geografisch, aber auch in welcher sozialen Position) und wie hat sie oder er die Zeit der deutschen Teilung erlebt? Welche Erlebnisse sind damit verbunden und welche Informationsquellen standen damals zur Verfügung (bei Westdeutschen etwa: Ostverwandte, Besucher aus der DDR, eigene Reisen, Studium)? Wie hat sich der Platz in der gesellschaftlichen Hierarchie seit der Wiedervereinigung verändert – subjektiv und objektiv?

Wer noch kein Protokoll einer solchen Gruppendiskussion gesehen hat, mag es verwunderlich finden, daraus gleich ein „Porträt" der Befragten ableiten zu wollen. Schon der kurze Auszug aus der Münchener Runde mit der ostdeutschen Informatikerin Kathleen, die aus einer „linientreuen" Familie kam und in den 1980er Jahren trotzdem „Untergrundmusik" mochte, sollte allerdings zeigen, dass dieser Anspruch nicht vermessen ist. Kathleens Erzählung passt zu dem, was Martin Sabrow als Arrangementgedächtnis bezeichnet hat. Obwohl es ihr heute offenkundig gut geht (sie hat Karriere gemacht und wohnt im reichen München) und der Kontakt in die alte Heimat zumindest schwierig ist („West-Tussi"), wehrt sie sich gegen den Druck in Richtung Diktaturgedächtnis, der vor allem von Marion und Anneliese ausgeht („Das kann man sich als Westdeutscher gar nicht vorstellen. Da lief so viel. (...) Die Menschen haben damals viel mehr diskutiert"). Kathleen hat dabei auch keine Probleme, sich deutlich ins Abseits zu stellen („Die BRD, das war für mich der Feind"). Während Anneliese mit der DDR nur Bespitzelung verbindet und Marion mit Kathleen spricht wie mit einem Kind, das schon wegen der Dauerbeschallung mit Propaganda gar nicht wissen kann, was „Freiheit" ist, erinnert sich Heike an Jugendausflüge nach Westberlin und tippt dabei das Fortschrittsgedächtnis an (ein „Schlupfloch" ohne Wehrdienst und mit besetzten Häusern sowie Menschen, „die Sozialismus wollten").

Dieses Beispiel verweist zugleich aus das zweite Ziel der Auswertung: Es sollte studiert werden, wie das kommunikative Gedächtnis bei den Deutschen funktioniert, welchen Stellenwert die DDR dort hat, welche Beziehungen es zu den unterschiedlichen Formen des kulturellen Gedächtnisses gibt, die im zweiten Kapitel vorgestellt wurden, und welche Rolle die Angebote der Massenmedien im Prozess des Erinnerns spielen. Ohne dies hier schon ausargumentieren zu wollen: Heike, Marion, Anneliese und Irene werden durch die Begegnung mit Kathleen dazu gebracht, ihr Bild von der Vergangenheit zu differenzieren und mit Episoden anzureichern, die vermutlich lange tief geschlummert hatten. Aus westlicher Perspektive scheint die DDR vor allem dann nicht sehr interessant zu sein, wenn man damit keine persönlichen Erfahrungen verbindet. Anneliese jedenfalls bleibt nicht nur im oben dokumentierten Auszug ziemlich einsilbig. Woher sie ihr Bild auch haben mag, Medienangebote, Museen und Schule stehen offenbar unter einem generellen Beeinflussungsverdacht – im Gegensatz zu Augenzeugen wie Kathleen und Marions „Arbeitskollegin", die ihr vom „Zusammenhalt" im Osten erzählt hat und davon, dass es dort „keinen Neid" gegeben habe.

Mag alles sein, denkt der Kritiker, aber wie lässt sich das verallgemeinern, was fünf Frauen da in netter Atmosphäre geplaudert haben? Die Auswahl der Befragten ist die größte Angriffsfläche, die solche Projekte aus dem Bereich der qualitativen Sozialforschung bieten. Dies beginnt schon bei der vergleichsweise kleinen Zahl der Teilnehmer (hier: 122, vgl. Abbildung 11) und endet nicht bei den Persönlichkeitseigenschaften, die man für ein solches Interview (egal ob allein oder in der Gruppe) mitbringen muss und die bestimmte gesellschaftliche Gruppen von vornherein ausschließen – auf der einen Seite die Vielbeschäftigten und auf der anderen zum Beispiel Menschen, die wenig Kontakt mit Akademikern und ihrer Arbeit haben. Als die Moderatorin Anna Kümpel in einem Dorf im einstigen Grenz-Sperrgebiet Heinrich, Mitte 70, als letzten in der Gruppe um seine Lebensgeschichte bat, reagierte der sehbehinderte Masseur entsetzt: „Ich auch noch gleich? Oh Gott. Ich weiß nicht, ob Du das alles behältst." Während dieses Problem mit einem Hinweis auf das Tonband, das mitten auf dem Tisch stand, schnell gelöst war (Heinrichs Frau: „Hat sie doch gesagt!"), waren die Vorbehalte von Anita, Anfang 70 und früher Buchhalterin, schwerer aufzubrechen. Diese Frau wunderte sich, warum Anna Kümpel nicht einfach mit ihren Eltern oder Großeltern redet, wenn sie etwas über die DDR wissen will („Ich wollte deshalb eigentlich gar nicht kommen"), gab gleich zu Beginn ein Statement ab („Wir waren alle nicht bei der Stasi") und wunderte sich dann, was ein „kleines Licht" wie sie überhaupt zu diesem Thema beitragen könne.

Dass die Rekrutierung hier über die Oma der Interviewerin lief (die praktischerweise auch gleich noch ihr Wohnzimmer zur Verfügung stellte), dürfte die Hürden für die Teilnahme gesenkt haben. Repräsentativität ist auf diesem Weg natürlich nicht zu erreichen, da nicht jeder Deutsche die gleiche Chance hatte, in die Stichprobe zu kommen (was, nebenbei bemerkt, eigentlich auch für alle Befragungsarten aus dem Bereich der quantitativen empirischen Sozialforschung gilt). Da die Wahrscheinlichkeitstheorie und das Gesetz der großen Zahl nicht anwendbar sind, scheiden Angaben zu Verteilungen und Größenordnungen genauso aus wie statistische Auswertungsverfahren. Wer in diesem Buch nach „Beweisen" sucht, die dieser Logik folgen (etwa zum Einfluss von Merkmalen der Persönlichkeit und der sozialen Situation auf das DDR-Bild), oder nach Prozentangaben (Wie viele Deutsche ticken eigentlich ostalgisch?), muss deshalb enttäuscht werden.

Abbildung 11: Teilnehmer an den Gruppendiskussionen (n=122)

	Ost (30)	**O-W** (30)	**W-O** (3)	**West** (59)	**Summe**
Frauen	18	17	1	24	60
Männer	12	13	2	35	62
Abitur	11	17	3	24	55
Kein Abi	19	13		35	67
< 30	6	10	3	15	34
31-50	7	12		18	37
51-70	6	7		20	33
71+	11	1		6	18

O-W: Umzug von Ost nach West, W-O: von West nach Ost.

Um trotzdem verallgemeinern zu können, sind die Teilnehmer nach dem Verfahren der theoretischen Sättigung ausgewählt worden.[32] Dieses Verfahren geht davon aus, dass es nicht unendlich viele Spielarten des DDR-Bildes gibt. Um das kommunikative Gedächtnis der Deutschen in all seinen Facetten beschreiben zu können, müssen die Befragten für möglichst unterschiedliche Varianten stehen, wobei die Annahmen, die die Auswahl bestimmen, so lange ergänzt und angepasst werden, bis die „neuen" Fälle tatsächlich keine zusätzlichen Informationen mehr liefern.[33] Die Rekrutierungskriterien wurden dabei zunächst so einfach wie möglich gehalten (Ost und West, Stadt und Land, unterschiedliche Generationen und unterschiedliche Bildungsniveaus). Die Studenten konnten auf dieser Basis Vorschläge machen, wobei besonders nach Ostdeutschen gesucht wurde, die heute im Westen leben, weil zu vermuten war, dass sich diese Menschen von den Landsleuten unterscheiden, die in ihrer Heimatregion geblieben sind. Dass dadurch (manchmal zufällig) auch Menschen zusammenkamen, die im Alltag eher nicht miteinander reden, hat sich als schöner Nebeneffekt erwiesen.

---

32 | Vgl. Werner Fuchs-Heinritz: Biographische Forschung. Eine Einführung in Praxis und Methoden. 4. Auflage. Wiesbaden 2009, S. 240-242; Michael Meyen et al. (wie Anm. 12), S. 67-73.

33 | Vgl. Michael Meyen: Denver Clan und Neues Deutschland. Mediennutzung in der DDR. Berlin 2003, S. 16.

Eine Auswertung der ersten 19 Gruppendiskussionen ergab dann zwei Auffälligkeiten: einen besonders kleinen Medieneinfluss bei denen, die lange in der DDR gelebt hatten, und einen besonders großen bei Menschen ohne sehr viel Ostkontakt (entweder weil sie zu jung sind oder wenig reiselustig). In diesen beiden Bereichen wurde anschließend gezielt nachrekrutiert. Mit Blick auf Abbildung 11 mag man beklagen, dass der Akademikeranteil und die Zahl der Ostdeutschen etwas hoch sind und dass vor allem die Leihbeamten und Glücksritter fehlen, die nach 1990 vom Westen in den Osten zogen. Nicht zu sehen ist hier eine andere Lücke: DDR-Spitzenfunktionäre und andere Personen in herausgehobenen Positionen, die zwar im Visier der Studenten standen, aber bis auf wenige Ausnahmen nicht gewonnen werden konnten. Dass dies auch mit dem kulturellen Gedächtnis zusammenhängen dürfte, das die Massenmedien repräsentieren, wird im Ergebnisteil ausführlich erklärt.Um sicherzustellen, dass tatsächlich über die DDR geredet wird (was nicht nur beim Polen Pawel schwierig war, der lieber über die NS-Zeit sprechen wollte und über deren Aufarbeitung in Deutschland), sind die Diskussionen mit einem Leitfaden strukturiert worden.

Die Frageliste, die in Abbildung 12 dokumentiert wird, ist dabei nicht als Dogma zu verstehen. Die Moderatoren wurden dazu angehalten (und haben dies im Seminar auch entsprechend trainiert), nachzuhaken, ihre eigenen Erfahrungen einzubringen und die Teilnehmer vor allem miteinander sprechen zu lassen. Die konkreten Formulierungen operationalisieren das Forschungsinteresse, wobei versucht wurde, möglichst einfach, alltagsnah und offen zu fragen, um Befangenheiten bei „kleinen Lichtern" wie Anita abzubauen und die Teilnehmer zum Sprechen zu animieren. Während die meisten mit den Ostalgie-Shows, die offenbar schon zu lange zurück liegen, wenig anfangen konnten, haben drei Fragen besonders gut funktioniert: Woran denken Sie als erstes, wenn Sie das Wort DDR hören? Was würde Ihrer Meinung nach unbedingt in ein DDR-Museum gehören? Können wir heute irgendetwas von der DDR lernen? Hier dürfte zugleich die Idee der Operationalisierung deutlich werden: Es ging bei der Studie natürlich weder um einen Museumsplan noch um den Umbau des heutigen Sozialstaates, sondern um die Bewertung der DDR und um die Bedeutung, die das Thema für die Befragten hat. Der Abgleich mit den Befunden der Diskursanalyse sollte dann zeigen, wo kommunikatives und kulturelles Gedächtnis übereinstimmen und wo sie sich unterscheiden.

Abbildung 12: Leitfaden für die Gruppendiskussionen

I. Begrüßung und Vorstellung (Alter, Beruf, DDR-Erfahrung)

Zu Beginn würde ich Sie bitten, sich vorzustellen. Können Sie bitte kurz sagen, wie Sie heißen, wie alt Sie sind, was Sie beruflich machen (je nach Teilnehmern: was Sie studieren, was Sie einmal werden möchten, wo Sie zuletzt gearbeitet haben) und vielleicht auch, wie Sie den Fall der Berliner Mauer erlebt haben (Teilnehmer unter 30 Jahren: wann Sie das erste Mal davon gehört haben).

- Westdeutsche: Haben Sie die DDR vor dem Mauerfall besucht? Wenn nein: Und seitdem?
- Ostdeutsche: War Ausreise für Sie damals ein Thema? (bei Flucht oder Übersiedlung: Geschichte erzählen lassen)
- Studenten: Hatte Ihre Familie Ostverwandte?
- *wichtig*: neben dem beruflichen Status sollte eine erste Idee zum DDR-Bezug da sein

II. Kommunikatives DDR-Gedächtnis (persönlicher Bezug zur DDR, Stellenwert des Themas, DDR-Bild: Diktatur, Arrangement-, Fortschrittsgedächtnis, Bewertungen)

- Woran denken Sie als erstes, wenn Sie das Wort DDR hören?
- Können Sie Menschen in Ost und West verstehen, die die Mauer wiederhaben wollen?
- Ist die DDR ein Thema, über das Sie in Ihrer Familie oder mit Ihren Freunden oft sprechen?
    - Wenn ja: mit wem? Themen?
    - War das in den ersten Jahren nach der Wende anders?
- Nehmen wir an, dass unsere Runde ein Museum für die DDR planen und bauen müsste. Was würde Ihrer Meinung nach unbedingt in so ein Museum gehören?
- Können wir heute irgendetwas von der DDR lernen?
- Gibt es noch eine Mauer in den Köpfen?

III. Quellen des DDR-Gedächtnisses

- Gibt es Bücher, Filme oder auch Museen, die man Ihrer Meinung nach unbedingt gelesen oder gesehen haben sollte, wenn man sich mit der DDR beschäftigt?
    - Was hat Ihnen in diesem Museum (Buch, Film) besonders gefallen?
    - Für wen ist dieses Museum (Buch, Film) Ihrer Meinung nach besonders geeignet?
    - Nachfrage: Gab es in jüngster Zeit irgendeine Fernsehsendung, einen Film oder ein Buch zum Thema, die Ihnen besonders aufgefallen sind?
- Was würden Sie einem Jugendlichen raten, wenn er sich über die DDR informieren möchte?
- In unserem Seminar haben wir Leute interviewt, die ganz bewusst alle Sendungen oder Artikel vermeiden, die sich mit dem Thema DDR beschäftigen. Können Sie solche Menschen verstehen?
- Vor allem das Privatfernsehen ist für Ostalgie-Shows kritisiert worden. Warum hatten solche Sendungen Ihrer Meinung nach trotzdem Erfolg?
- Kritik gibt es auch an immer wiederkehrenden Berichten über Mauertote, Stasi und Unrechtsstaat. Sollten die Zeitungen und das Fernsehen Ihrer Meinung nach damit nicht langsam aufhören?

IV. Schluss

Jetzt haben wir lange über die DDR geredet. Gibt es etwas, was wir vergessen haben und was Sie vielleicht ergänzen wollen?

4. Die DDR in der deutschen Presse

„Ich wusste damals, als die Mauer fiel, nichts über die Menschen im Osten, und sie interessierten mich auch nicht. (...) Die DDR war Ausland, weit entfernt, ausländischer ging es kaum. (...) Ich habe feststellen können, dass sich Interesse erlernen lässt. Am Ende ist die Einheit auch eine Frage des Fleißes."
Markus Feldenkirchen: Wir Westalgiker, Der Spiegel*, Nr. 40 vom 4. Oktober 2010, S. 42-43.*

„Der Westen ist nicht mehr so arrogant wie früher – auch das eine Befreiung, schließlich hat auch der Arrogante unter seiner Arroganz zu leiden."
Bernd Ulrich: Danke! Die Zeit*, Nr. 40 vom 30. September 2010.*

Anstrengend ist sie, die Einheit, zumindest für westdeutsche Journalisten. Eine Mischung aus Fleiß und Leiden. „Ich verstand die Euphorie dieser Menschen nicht, der Funke wollte nicht überspringen", hat Markus Feldenkirchen, 1975 in Bergisch-Gladbach geboren, seit 2004 beim Nachrichtenmagazin *Der Spiegel* und für seine Arbeit dort mehrfach preisgekrönt, zum 20. Jahrestag der Wiedervereinigung geschrieben. Feldenkirchen beklagte im Oktober 2010 zwar, dass seine Generation ihren „großen historischen Moment" verpasst habe, führte dafür aber „mildernde Umstände" ins Feld – „eine vollkommen ostfreie Jugend" mit „Rheinischem Sauerbraten und

Rheinischem Kapitalismus", den Blick nur „gen Westen" gerichtet, Rico, einen Lehrling im Geschäft seines Onkels, der kurz vor dem Mauerfall aus Sachsen kam und schwer zu verstehen war („wenn er mal sprach"), und einen Geschichtsunterricht, in dem es monatelang um die athenische Demokratie, das Stadtrecht im Mittelalter und den deutschen Vormärz ging, aber kaum um die Zeit nach dem Zweiten Weltkrieg. „Wir wussten alles über die Goldene Bulle, aber nichts über die Stasi."

Diese Lücke dürfte inzwischen geschlossen sein. Wie gleich noch zu zeigen sein wird, hat Anita, die Rentnerin aus dem einstigen Sperrgebiet an der Grenze, auf den Medientenor reagiert, als sie sich zu Beginn der Gruppendiskussion von jeder Spitzelei distanzierte („Wir waren alle nicht bei der Stasi"). Vieles von dem, was die Ostdeutschen sonst noch in diesen Runden erzählten, lässt sich leicht als Ruf nach Aufmerksamkeit deuten: Hört her, liebe Leute, auch wir haben Geschichten, die ihr noch nicht kennt – zumindest nicht, wenn ihr nur Zeitung lest! Markus Feldenkirchen immerhin, Wächter an einer der mächtigsten Schleusen zur deutschen Öffentlichkeit, hat sich nach 20 Jahren einig Vaterland Asche aufs Haupt gestreut und Besserung gelobt: „Jetzt also ist es Zeit, Verantwortung zu übernehmen. Ich bekenne mich schuldig der Ignoranz: in wiederholter und schwerwiegender Form." Noch immer habe nur jeder fünfte Westdeutsche Freunde im Osten und auch ihm, Feldenkirchen, würde das vielleicht bis heute so gehen, wenn er in seiner „Provinz geblieben wäre" und nicht Geschichte studiert hätte („in Bonn, aber diesmal mit DDR").

Der *Spiegel*-Reporter, der im Jahr 2000 nach Berlin zog und seitdem nicht nur beruflich permanent im Osten unterwegs ist, steht mit seiner Sicht auf die Dinge, die in diesem Kapitel zu behandeln sind, nicht allein. Ein Nachbar in der Meinungsführerriege, die Wochenzeitung *Die Zeit*, rief zum Einheitsjubiläum 2010 sehr laut „Danke!", Untertitel: „Warum der Westen vom Osten profitiert hat". Die Auflösung von Bernd Ulrich, 15 Jahre älter als Kollege Feldenkirchen, in den 1980er Jahren Mitarbeiter der Grünen im Bundestag, dann Journalist und seit 2003 stellvertretender Chefredakteur in Hamburg: Man habe gelernt, dass Wohlstand nicht nur ein „verdienter Lohn" sei („Es war auch viel Glück dabei"), sei auf Menschen getroffen, „die schon mal alles verloren haben" („entsprechend gering ist ihre Ehrfurcht vor allem Bestehenden"), und könne in der Politik zwischen „echten Alternativen" wählen (Joachim Gauck, damals noch Zählkandidat gegen Christian Wulff).

Demut und Dank: Diese beiden Artikel vom Herbst 2010 könnten fast als Antithese zu dem durchgehen, was die deutschen Leitmedien seit mehr als 20 Jahren über die DDR schreiben. Wenn jetzt die Ergebnisse der Diskursanalyse präsentiert werden, dann sollten Leserin und Leser trotzdem die wichtigste Prämisse im Hinterkopf behalten: eine begrenzte Zahl von Texten aus acht Zeitungen und Zeitschriften, die bei allen guten Gründen, die unter der Überschrift „Untersuchungsdesign" für die Auswahl genannt wurden, nie und nimmer jede Nuance der Berichterstattung einfangen können. Irgendwann und irgendwo dürften Artikel erschienen sein (vielleicht nicht einmal nur auf den hinteren Seiten), die nicht ganz in das Bild passen, das in den folgenden Abschnitten gezeichnet wird, und es mag Journalisten geben, die ihre Bemühungen hier nur unzureichend wiederfinden. Für dieses Bild sprechen allerdings die Argumente Zentralität und Vielfalt, verankert in den Medien- und Diskurstheorien von Noam Chomsky und Michel Foucault: Untersucht wurden Beiträge zu herausragenden Anlässen aus einem breiten Themenspektrum, die von den Redaktionen so platziert und hervorgehoben wurden, das über ihre Bedeutung kein Zweifel bestehen kann.

Noch eine zweite Vorbemerkung: Das Medium Buch kennt weder Hypertext noch unbegrenzten Speicherplatz. Die Argumentation wird deshalb Schritt für Schritt aufgebaut, wobei am Anfang jedes Schrittes eine These steht, die die Befunde zusammenfasst und dabei zwangsläufig verkürzt. Diese These wird anschließend mit Hilfe des Materials nicht nur belegt und illustriert, sondern zugleich differenziert. Die Auswahl der entsprechenden Zitate ist natürlich subjektiv, hier gilt aber das Prinzip des pars pro toto, wenn nicht extra auf den Ausnahmecharakter hingewiesen wird (wie bei den Texten von Markus Feldenkirchen und Bernd Ulrich).

Um einem Missverständnis gleich vorzubeugen: Es geht in diesem Kapitel nicht um irgendeine Form der Schuldzuweisung. Natürlich werden Leitartikel, Titelgeschichten und Aufmacher am Ende von Menschen verfasst, die ihre Biografien mit sich herumtragen (und sei es eine Jugend im Bergischen Land) und jeweils ganz persönliche Interessen verfolgen. Erstens aber öffnet keine Redaktion der Welt ihre zentralen Plätze für Autoren, die vollkommen neben dem liegen, was andere Kandidaten aus dem gleichen Haus geschrieben hätten, und zweitens zielt eine Diskursanalyse nicht nur auf den Gegenstand, der im Diskurs gebildet wird (hier: die DDR), sondern vor allem auf das „anonyme, zwingende Gedankensystem, das einer Zeit und einer Sprache angehört"[1] – auf die Regeln, die auch bestimmen, was Markus

1 | Michel Foucault: Gespräch mit Madeleine Chapsal. In: Schriften in vier Bänden. Band 1: 1954-1969. Frankfurt/Main 2001, S. 664-670, hier S. 666.

Feldenkirchen und Bernd Ulrich im *Spiegel* und in der *Zeit* wie schreiben können (und was eben auch nicht). Wem das zu sehr nach Entlastung klingt (Motto: kein Grund, sich schuldig zu fühlen, lieber Herr Feldenkirchen) und wer Chomskys Medientheorie außerdem für zu einfach hält („Filter", die jedes Medienangebot in Propaganda verwandeln und dafür sorgen, dass nur Journalisten Karriere machen, die den Elitekonsens früh verinnerlicht und sich später in den Redaktionen dann konform verhalten haben[2]), kann hier zum Beispiel mit Anthony Giddens argumentieren:[3] Obwohl man sich selbst am Machtpol des journalistischen Feldes auf die „diskursive Praxis" in einer Gesellschaft beziehen muss und die entsprechenden Regeln so mit jedem Artikel reproduziert, haben gerade die Texte, die hier entstehen, das Potenzial, solche Strukturen auch zu verändern.

> *These 1*: Das DDR-Bild in den deutschen Medien wird seit 1990 von den Diskursen Individualismus, Zivilcourage und Vergangenheitsbewältigung bestimmt. In der Berichterstattung dominiert deshalb von Anfang an das Diktaturgedächtnis, das den „Unterdrückungscharakter der SED-Herrschaft und ihre mutige Überwindung" 1989/90 betont.[4] Dies gilt für die Themen, für die Akteure, die zu Wort kommen, und für die Sprache. Wer sich diesem Medientenor entgegenstellt, wird entweder totgeschwiegen oder delegitimiert.

Wie unter einem Mikroskop lässt sich diese diskursive Praxis in der Rede von Christian Wulff zum 20. Jahrestag der deutschen Einheit studieren, gehalten am 3. Oktober 2010 in Bremen, einen Tag später auf einer ganzen Seite von der *Frankfurter Allgemeinen Zeitung* veröffentlicht[5] und berühmt geworden vor allem wegen eines Satzes zur Integrationsdebatte („Der Islam gehört inzwischen auch zu Deutschland"). Der Bundespräsident hat in Bremen nach der kollektiven Identität der Deutschen gefragt: „Was meint ‚einig Vaterland'? Was hält uns zusammen?" Gleich zu Beginn beschwor er

---

2 | Edward S. Herman, Noam Chomsky: Manufacturing Consent. The Political Economy of the Mass Media. With a new introduction by the authors. New York 2002, S. 304f.

3 | Vgl. Anthony Giddens: Die Konstitution der Gesellschaft. Frankfurt/Main 1995.

4 | Martin Sabrow: Die DDR erinnern. In: Martin Sabrow (Hrsg.): Erinnerungsorte der DDR. München 2009, S. 11-27, hier S. 18.

5 | Christian Wulff: Vielfalt schätzen – Zusammenarbeit fördern. *Frankfurter Allgemeine Zeitung* vom 4. Oktober 2010, S. 8.

dabei die „Erinnerung an unsere gemeinsame Geschichte“. Dazu gehören für Wulff aus der jüngeren Vergangenheit genau zwei Dinge: der „Klang der Freiheitsglocke“, dem er in der Nacht vom 2. zum 3. Oktober 1990 gelauscht hat, sowie alle, die die „Einheit möglich machten“:

- an erster Stelle „die Bürgerrechtlerinnen und Bürgerrechtler, die beharrlich gegen eine Diktatur Widerstand geleistet haben“ („Ich verneige mich vor Bärbel Bohley. Ich verneige mich vor allen, die für die Freiheit gekämpft haben“),
- die Kirchen, die „dem aufbrechenden Mut zur Freiheit ein Obdach“ gegeben hätten,
- die „europäische Freiheitsbewegung“ (neben Gorbatschow, der „ungarischen Regierung, die die Grenze als erstes geöffnet hat“, und „weitsichtigen Staatsmännern“ des Westens von Adenauer bis zu Kohl und Genscher vor allem „die polnischen Arbeiter mit dem polnischen Papst im Rücken“) sowie
- die Demonstranten von Leipzig und anderswo („Sie haben sich selbst aus der Diktatur befreit – ohne Blutvergießen.“).

Um diese Melodie spielen zu können („Der Freiheitswille der Menschen war immer da – ungebrochen“), zog Wulff eine Linie vom ersten größeren Aufbegehren bis zum Mauerfall: „Was 1953 noch von Panzern niedergewalzt wurde, konnte 1989 nicht mehr aufgehalten werden“. Anschließend malte er alles, was seitdem im Osten passiert ist, in rosigen Farben: endlich nach eigenem Gusto reisen, studieren, lesen und diskutieren, Berufe wählen, Ideen verwirklichen und sich selbständig machen. „Gewiss ist auch Erhaltenswertes verloren gegangen. Unendlich Wertvolles wurde jedoch gewonnen: die Erfahrung der Menschen, dass sie mit ihrem Mut zur Veränderung ihr Leben in Freiheit gestalten konnten.“

INDIVIDUALISMUS

In der FAZ-Fassung dieser Rede taucht das Wort Freiheit zwar insgesamt 15 Mal auf, Christian Wulff bezog sich dabei aber stets auf den Individualismus-Diskurs. Die Welt anschauen, sich ungehindert eine Meinung bilden und diese Meinung dann auch angstfrei anderen mitteilen, Geld verdienen, tun und lassen, was einem in den Sinn kommt: Die (hier leicht abgewandelte)

Liste des Bundespräsidenten zielt auf ganz persönliche Wünsche, verbunden mit der (von ihm nicht ausgesprochenen) Hoffnung, dass das private Glück der vielen Einzelnen am Ende auch dem großen Ganzen zugutekommt. Zum Individualismus-Diskurs gehören dabei neben der persönlichen Freiheit auch materieller Wohlstand und Toleranz, selbst wenn diese beiden Bestandteile nicht ausdrücklich genannt werden. Jedem zumindest das Gefühl zu geben, dass er seine Bedürfnisse befriedigen und sich selbst verwirklichen kann, kostet Geld,[6] und jeder Pluralismus an Lebensstilen, politischen Einstellungen und Stimmen (die unweigerliche Folge von persönlicher Freiheit) verlangt, diese Vielfalt zumindest in einem gewissen Maß zu respektieren.

Dass „Freiheit" in der „diskursiven Praxis" DDR Individualismus meint, hat Konsequenzen für die Darstellung und die Bewertung dieses deutschen Staates. Karl Marx hatte seinen Freiheitsbegriff bewusst in Abgrenzung von bürgerlichen Vorstellungen entwickelt. Selbstverwirklichung ist zwar auch bei ihm das letzte Ziel (zu erreichen erst in der kommunistischen Gesellschaft), erstens aber geht es dabei ausschließlich um die materielle Produktion, wo Marx ein „Reich der Notwendigkeit" von einem „Reich der Freiheit" unterscheidet, in dem der Mensch sich jenseits von äußeren Zwecken entfalten kann, und zweitens ist Freiheit bei ihm ein Kind der Gemeinschaft. Danach sind wir nur zusammen mit anderen in der Lage, unser Potenzial auszuschöpfen, weil der Mensch sich am stärksten für andere Menschen interessiert und erst durch sie dazu gebracht wird, alles zu entdecken, was in ihm steckt.[7] Dieses Lob auf das Kollektiv brachte die DDR auf eine griffige Formel. Egal ob Bauern, die in den 1950er Jahren in die Genossenschaft sollten, oder Schüler, die in den 1980ern vor der Berufswahl standen: Alle wurden dazu angehalten, den „Schritt vom Ich zum Wir" zu gehen.[8] Freiheit in der DDR: dies hieß, eigene Bedürfnisse zurückzustellen, weil die Gemeinschaft für wichtiger gehalten wurde als der Einzelne, und sich zu freuen, wenn es dem Kollektiv gut ging (etwa: Freiheit von Ausbeutung und Arbeitslosigkeit, Freiheit von Hunger und Krieg).

---

6 | Vgl. Geert Hofstede: Culture's Consequences. Comparing Values, Behaviors, Institutions and Organizations Across Nations. Thousand Oaks 2001.

7 | Karl Marx, Friedrich Engels: Die deutsche Ideologie. In: Marx-Engels-Werke (MEW), Band 3. Berlin 1958, S. 74. Online-Dokument: http://www.dearchiv.de/php/dok.php?archiv=mew&brett=MEW003&fn=70-77.3&menu=mewinh (11. Oktober 2012).

8 | Vgl. exemplarisch Heinrich Opitz: In Freiheit leben. In: Der Sozialismus – Deine Welt. Berlin 1975, S. 67-71; Helmut Stolz: Der andere neben dir. Ebd., S. 445-451.

Abbildung 13: Protest gegen US-Raketen (Leipzig, 1983)

Quelle: BArch, Bild 183-1983-0727-120 (Jan Peter Kasper)

Durch die Individualismus-Brille wird daraus ein Negativ-Bild. Drei Beispiele aus Rezensionen: Wolf Biermann machte sich 1995 im Nachrichtenmagazin *Der Spiegel* über die „domestizierte Herde der DDR-Untertanen" lustig, als er Thomas Brussigs Roman *Helden wie wir* kommentierte.[9] Christiane Peitz sprach vier Jahre später nach dem Film *Sonnenallee* in der Wochenzeitung *Die Zeit* von dem „Land, in dem recht eigentlich niemand mündig werden durfte",[10] und Wolfgang Höbel erklärte Uwe Tellkamps Roman *Der Turm*, in dem das bildungsbürgerliche Milieu Dresdens aufersteht (eine Nische des Individualismus), 2008 im *Spiegel Special* zu einem „Zonenmärchen", verbunden mit der Frage: „Und was bringt die merkwürdig wolkige Schönfärberei?" Die DDR habe schließlich selbst in den Büchern ihrer eigenen Dichter „eher grau und schäbig" gewirkt – „ein Bewährungs- und Straflager in kohlenstaubverschmierter Trotzigkeit", das Heiner Müller einmal „Diktatur der Toten über die Lebenden" genannt habe.[11] Reisen, diskutieren, Ideen verwirklichen: Von der Gegenwarts-Idylle, die Christian Wulff zum

9 | Wolf Biermann: Wenig Wahrheiten und viel Witz. *Der Spiegel* Nr. 5 vom 29. Januar 1996, S. 186f.

10 | Christiane Peitz: Alles so schön grau hier. *Die Zeit* vom 4. November 1999.

11 | Wolfgang Höbel: Atlantis leuchtete am Elbstrand. *Spiegel Special* 2008, Nr. 6, S. 90f.

20. Jahrestag der Wiedervereinigung 2010 beschrieb, sind die DDR und ihre Bevölkerung in diesen Konstruktionen weit entfernt.

Das Bildungs- und das Sportsystem des untergegangenen Staates dürften die Orte gewesen sein, wo sich das „Ich“ besonders stark dem „Wir“ unterzuordnen hatte. Heute werden beide an der Freiheit gemessen, die der Individualismus verspricht. Als Marianne Birthler im Herbst des Jahres 2000 die Leitung der Stasiunterlagenbehörde von Joachim Gauck übernahm, sagte sie der *Süddeutschen Zeitung* zufolge, dass „der Flurschaden durch 40 Jahre Diktatur“ weit „über Einzelschicksale“ hinausreiche. Birthler in der Version des Blattes: „Es ist ein Verbrechen an Kultur und Zivilisation, wenn das freie Wort aus den Schulen verbannt wird und Kinder zu Lügen erzogen werden“.[12] Eins von Birthlers „Einzelschicksalen“ ist Heike Drechsler, der die gleiche Zeitung gut neun Jahre später kurz vor Beginn der Leichtathletik-Weltmeisterschaften in Berlin ein Porträt widmete. „Man hat wenig selbst entscheiden können“, wurde die Weitsprung-Weltmeisterin von 1983 und spätere Volkskammer-Abgeordnete dort zitiert. „Man hatte nur seinen Auftrag – seine Ziele zu erfüllen, zu gewinnen. In der Mannschaft war man einer von vielen.“ Den Unterschied zwischen Kollektivismus und Individualismus macht Redakteur Joachim Mölter, 1963 in Bad Kissingen geboren und nach einem Geschichts- und Politikstudium seit 1992 bei der *Süddeutschen Zeitung*, an den beiden großen Auftritten Drechslers in Stuttgart fest. 1986, bei den Europameisterschaften, wo sie die 200 Meter gewann, sei Drechsler „ein Kind der DDR“ gewesen, „ängstlich, eingeschüchtert“. Sieben Jahre später dagegen, zu den Weltmeisterschaften, sei sie „reifer, entspannter“ zurückkommen und habe einen ganz „anderen Druck als zu DDR-Zeiten“ erlebt: „1993 war ich selbst verantwortlich für das, was ich tue.“[13]

Es wird gleich noch im Detail ausgeschmückt, wie der Individualismus-Diskurs die öffentliche Darstellung der DDR seit 1990 beeinflusst – von den Gegenständen der Berichterstattung, die sich aus diesem Diskurs ergeben (an erster Stelle: Einschränkungen der persönlichen Freiheit und Eingriffe des Staats in die Privatsphäre), bis zu den Metaphern für das Land, bei de-

---

12 | Constanze von Bullion: Voll der Schmerzen. Joachim Gauck übergibt die Aufsicht über die Stasi-Akten an Marianne Birthler. *Süddeutsche Zeitung* vom 13. Oktober 2010, S. 6.

13 | Joachim Mölter: Bilder zweier Deutschlands. Heike Drechsler hat die kritische Seite ihrer DDR-Sportkarriere lange beiseite geschoben – ihr Titel von 1993 in Stuttgart war trotzdem ein Beitrag zur Einheit. *Süddeutsche Zeitung* vom 26. Juli 2009.

nen Wolfgang Höbels „Bewährungs- und Straflager“ keineswegs den Vogel abschießt. Da Erziehung und Sport im folgenden Kapitel über das kommunikative Gedächtnis eine Rolle spielen, soll hier trotzdem kurz innegehalten werden, zumal beide Themen im Theorieteil dieses Buchs schon angesprochen wurden. Individualismus ist ganz offenkundig ein Teil der „theoretischen Struktur“, die Michel Foucault zufolge unsere Wahrnehmung und unser Handeln steuert,[14] jedenfalls in dem historischen Moment, um den es bei dieser Untersuchung geht. Dies macht nachvollziehbar, warum Reinhold Beckmann in seinem Film über Udo Lindenbergs Palast-Konzert von 1983 die Stasi im Visier hat sowie Fans, die nichts sehnlicher wünschten, als ihrem Idol nah zu sein,[15] und warum Claudio Catuogno nach den Olympischen Sommerspielen von London in der *Süddeutschen Zeitung* ablehnte, die Bilanz des deutschen Sports mit dem Medaillenregen der verblichenen DDR zu vergleichen.[16] Dieses Muster lässt sich leicht auf andere (vielleicht noch nicht einmal geschriebene) Texte übertragen. In Losungsform: Keine Olympiasiege (und vermutlich auch keine Pisa-Erfolge) unter Druck und Zwang! Lieber lächelnd im Halbfinale ausscheiden und bei der Party dann gut drauf sein, als eine anonyme Nummer im kalten Spiel der Funktionäre. Zitat Heike Drechsler, so 2009 zu lesen in der *Süddeutschen Zeitung*: „Bestehen konnte man nur mit Leistung, sonst ist man untergegangen. (...) Da zählten ja leider immer nur Siege.“[17] Im Individualismus-Diskurs wird das, worum es im Sport geht (Siege), mit dem Wort „leider“ verknüpft. Hier gilt: Wenn der Junge Fußball spielen möchte, soll er Fußball spielen, auch wenn er im Kanu alles Gold der Welt gewinnen könnte, und wenn sich Töchterchen für Mode interessiert, dann soll sie das studieren dürfen, obwohl vielleicht weder das Talent da ist noch ein Arbeitsplatz. Dass die „theoretische Struktur“ Individualismus nicht nur die „diskursive Formation“ DDR beeinflusst, können Zeitungsleser jeden Tag beobachten – nicht nur, wenn chinesische Sportler etwas gewinnen, sondern zum Beispiel auch bei Wunderkindern aus dem Westen (man denke nur an die „diskursive Formation“ Steffi Graf, bevor

14 | Michel Foucault (wie Anm. 1), S. 666.

15 | Reinhold Beckmann, Falko Korth: Die Akte Lindenberg: Udo und die DDR. TV-Dokumentation. Erstausstrahlung in der ARD am 13. Januar 2011 um 23.30 Uhr.

16 | Claudio Catuogno: Vorsprung durch Vielfalt. Olympiabilanz aus deutscher Sicht. *Süddeutsche Zeitung* vom 13. August 2012, S. 2.

17 | Joachim Mölter (wie Anm. 13).

sich die Tennisspielerin mit Hilfe von Andre Agassi von ihrem Vater emanzipieren konnte[18]).

ZIVILCOURAGE

Während die politischen Institutionen der DDR, zu denen Pädagogik und Sport selbstredend gehören, vor der Individualismus-Folie negativ bewertet werden, bieten die Ereignisse vom 17. Juni 1953 und vom Herbst 1989 einen Link zum Diskurs Zivilcourage und eine Kontrastmöglichkeit, die nicht erst Christian Wulff genutzt hat. „Eine Revolte kehrt wieder" hieß 2003 ein Leitartikel in der Wochenzeitung *Die Zeit* über den „Volksaufstand", geschrieben von Robert Leicht, Jahrgang 1944, Salem-Schüler, Stipendiat der Studienstiftung des Deutschen Volkes und 1992 bis 1997 Chefredakteur in Hamburg. Leicht spielte hier beide Karten aus (die Grenzen für die Freiheit und das Anrennen dagegen): „Bis zum Sturz der SED-Herrschaft" habe es „hinter der Mauer", einerseits, „keine objektive Forschung" zu diesem Thema gegeben, „keine ehrliche historische Darstellung, keine offen erzählte Erinnerung". Andererseits aber kann auch von Robert Leicht Marianne Birthler bemüht werden, die den Ostdeutschen in diesem Text „zwei Freiheitsbewegungen" zugeschrieben hat (1953 und 1989). „Das muss uns erst einmal einer nachmachen."[19]

Dass Individualismus und Zivilcourage zwei Seiten einer Medaille sind, liegt auf der Hand. Auch eine Gesellschaft, die persönliche Freiheit für das höchste aller Güter hält, braucht Sicherungen für den Fall, dass Einzelne ihre Freiheit missbrauchen. Natürlich gibt es Polizisten, Richter, Gefängniswärter und mahnende Politiker, am besten mit dem Individualismus vereinbar aber ist die Figur des Bürgers, der mutig für die Freiheit eintritt. Menschen, die sich gegen die Verhältnisse in der DDR gewehrt haben, waren schon in den 1990er Jahren in der Öffentlichkeit präsent – und das keineswegs nur in der Debatte um das Stasiunterlagengesetz 1991. Jens Reich, einer der Aktivisten des 89er Herbstes, erinnerte sich am 9. November 1994 in der *Berliner Zeitung* an „sehr viele, die die Mauerkrankheit in der schweren Form hat-

18 | Vgl. exemplarisch Klaus Brinkbäumer, Hans Leyendecker, Heiner Schimmöller: Reiche Steffi, armes Kind. Die Akte Graf. Hamburg 1996.

19 | Robert Leicht: Eine Revolte kehrt wieder. Der späte Sieg der Geschichte über Gleichmut und Propaganda. *Die Zeit* Nr. 25 vom 12. Juni 2003, S. 1.

ten, die an den Gitterstäben rüttelten", und beklagte die „Lebenslüge" all der anderen, „die sich mit der Mauer abfanden".[20] Die *Leipziger Volkszeitung* brachte am gleichen Tag auf der Titelseite eine Meldung der *Deutschen Presseagentur*, die gleich im ersten Satz den „Mut und Freiheitswillen" betonte, für den Helmut Kohl und Roman Herzog den Ostdeutschen gedankt hätten,[21] und in der Wochenzeitung *Die Zeit* suchte Klaus Hartung kurz davor nach dem „Phantom der Freiheit, das damals aufblitzte", zitierte Bärbel Bohley und feierte den „ungeheuren Reichtum der Demokratiebewegung" sowie das „Volk, das Jahrzehnte der Stummheit und der Anpassung sprengt, mit einer neuen ungehörten Sprache die Öffentlichkeit erobert".[22]

In den Wochen um den 17. Juni 2003 ist diese Tradition verlängert worden bis in die Gründerzeit der DDR – zur Überraschung der Aktivisten von 1989, die bis dahin keine Parallelen gesehen hatten zwischen den streikenden Demonstranten von 1953, die sich zunächst gegen Normerhöhungen, schlechte Arbeits- und Lebensbedingungen sowie unfähige Funktionäre gewehrt hatten,[23] und den Intellektuellen-Milieus der späten 1980er Jahre, wo über Meinungsfreiheit, Bevormundung und den Kampf der Systeme diskutiert wurde.[24] Das Nachrichtenmagazin *Der Spiegel* hat diesen Wandel der „diskursiven Praxis" in einer Titelgeschichte zum 50. Jahrestag des 17. Juni interessanterweise gleich selbst thematisiert: „Seitdem im Land der Lichterketten Zivilcourage zur Bürgertugend schlechthin ausgerufen wurde, stehen Helden von nebenan so hoch im Kurs wie nie zuvor."[25] Es ist hier nicht der Ort, die Berichterstattung zur Anti-Atom-Bewegung, zu Stuttgart 21 oder, eine Nummer kleiner, zu Dominik Brunner zu rekonstruieren, der 2009 an den Folgen einer Schlägerei in der Münchener S-Bahn starb und nach seinem

---

20 | Jens Reich: Wir haben die Käfigtür selbst geöffnet. *Berliner Zeitung* vom 9. November 1994, S. 1.

21 | Heute vor fünf Jahren: Jubel auf dem Brandenburger Tor nach Fall der Mauer. *Leipziger Volkszeitung* vom 9. November 1994, S. 1.

22 | Klaus Hartung: Bühne des Übergangs. *Die Zeit* Nr. 45 vom 4. November 1994.

23 | Vgl. Ilko-Sascha Kowalczuk: 17. Juni 1953. Volksaufstand in der DDR. Ursache – Abläufe – Folgen. Bremen 2003; Torsten Diedrich: Waffen gegen das Volk. Der 17. Juni 1953 in der DDR. München 2003.

24 | Vgl. Detlef Pollack: Politischer Protest: Politisch alternative Gruppen in der DDR. Opladen 2000; Ilko-Sascha Kowalczuk: Endspiel: Die Revolution von 1989 in der DDR. München 2009.

25 | Uwe Klußmann, Klaus Wiegrefe: Ein deutscher Abend. *Der Spiegel* Nr. 24 vom 9. Juni 2003, S. 38-48, hier 39.

Tod zum Symbol für Zivilcourage wurde, es dürfte aber klar sein, dass dieser Diskurs keineswegs nur das DDR-Bild in den Massenmedien beeinflusst und erklärt, warum Christian Wulff zu Beginn seiner Rede „die Bürgerrechtlerinnen und Bürgerrechtler“ feierte, „die beharrlich gegen eine Diktatur Widerstand geleistet haben“ („Ich verneige mich vor Bärbel Bohley“).

Abbildung 14: Bärbel Bohley in der Stasizentrale (Berlin, 1990)

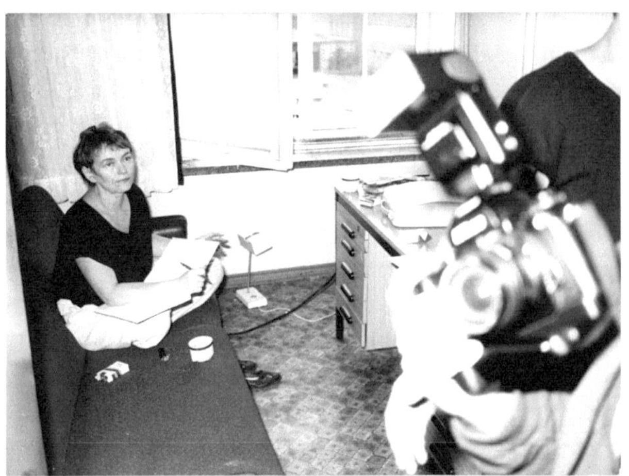

Quelle: BArch, Bild 183-1990-0905-019 (Thomas Uhlemann)

Umgekehrt ist es genauso plausibel anzunehmen (eine Vermutung, die natürlich empirisch zu prüfen wäre), dass der Diktaturgedächtnis-Diskurs, der den „Unterdrückungscharakter der SED-Herrschaft und ihre mutige Überwindung in der friedlich gebliebenen Revolution“ von 1989/90 vereint und seit 1990 die DDR-Berichterstattung bestimmt,[26] den Zivilcourage-Diskurs in den Vordergrund gerückt und so die diskursive Konstruktion anderer Gegenstände geprägt hat. Der Verstärker-Effekt, der davon wiederum für die „diskursive Praxis“ DDR ausgegangen sein dürfte, lässt sich bei den großen Jubiläen von 2003 sowie von 2009 bis 2011 verfolgen. Während sich Christian Wulff zum 20. Jahrestag der Wiedervereinigung symbolisch vor Bärbel Bohley verneigen konnte, war die Malerin 1994 bei Klaus Hartung in der *Zeit* noch halb Heldin und halb Sünderin. Zitat: „„Wir haben nur bis zur

26 | Martin Sabrow: Die DDR erinnern (wie Anm. 4).

Mauer geblickt', gesteht Bärbel Bohley in der Rückschau". Seit wann haben couragierte Bürger etwas zu „gestehen"?

Abbildung 15: FDGB-Feriendienst in Magdeburg (1951)

Quelle: BArch, Bild 183-11103-0002 (Biscan)

Der 17. Juni 1953 steht in der „diskursiven Praxis" DDR nicht nur für Zivilcourage, sondern auch für die Kontinuität der westdeutschen Nachkriegserzählung (von 1954 bis 1990 „Tag der deutschen Einheit" und gesetzlicher Feiertag).[27] Die *Frankfurter Allgemeine* sprach „zum 50. Jahrestag des Aufstandes gegen das SED-Regime" sogar von einer „Perle in einer Kette von Freiheitsbewegungen", „die von 1848 bis zum 9. November 1989 reichen soll".[28] Deutsche Geschichte als Freiheitsgeschichte. Schulkameraden von *Spiegel*-Reporter Markus Feldenkirchen hätten hier vermutlich noch das alte Griechenland ergänzt oder wenigstens die Goldene Bulle. Die Existenz des Schönheitsflecks DDR erklärt die FAZ ganz einfach – „mit Hilfe von Mauer, Stasi, Schießbefehl und sowjetischen Truppen und ohne Millionen Menschen, die von der SED systematisch aus dem Land getrieben wor-

27 | Vgl. Edgar Wolfrum: Geschichtspolitik und deutsche Frage. Der 17. Juni im nationalen Gedächtnis der Bundesrepublik (1953–89). *Geschichte und Gesellschaft* Band 24 (1998), S. 382-411.

28 | Mechthild Küpper: Keine Angst mehr vor dem Faschismusvorwurf. *Frankfurter Allgemeine Zeitung* vom 17. Juni 2003, S. 3.

den waren“. Besser lässt sich das Diktaturgedächtnis nicht verdichten. Die „Zwangsvereinigung von SPD und KPD“ folgt im nächsten Absatz, wo mit denen abgerechnet wird, die „an einer fairen Würdigung des Aufstandes“ kein Interesse haben – mit den Sozialdemokraten im Osten, die wegen ihrer Koalitionspolitik auf Landesebene schon zu jedem Jahrestag der SED-Gründung den Vorwurf ertragen müssten, „sich mit ihren Verfolgern abermals einzulassen“, und vor allem mit der Partei, „die 1989 bewusst die Erbschaft der SED übernommen“ habe und die DDR bis heute als ein Land schildern würde, das „auf die Zustimmung ‚unserer Menschen‘, wie die herrschende Klasse die Beherrschten titulierte, bauen konnte“.

Abbildung 16: „Berija-Dokument“ – KPdSU-Beschluss zur DDR (Mai 1953)

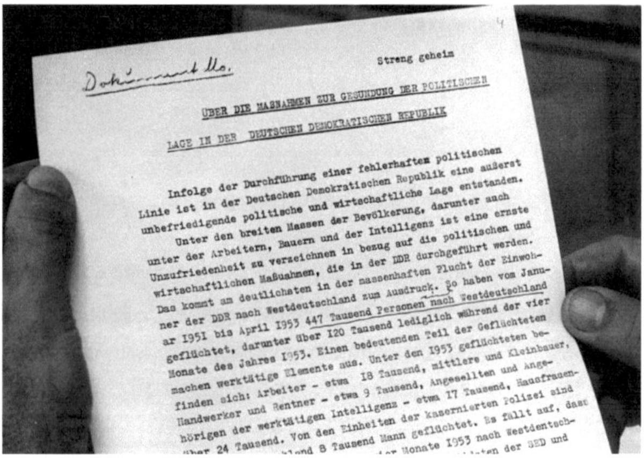

Streng geheim

UBER DIE MASNAHMEN ZUR GESUNDUNG DER POLITISCHEN

LAGE IN DER DEUTSCHEN DEMOKRATISCHEN REPUBLIK

Infolge der Durchführung einer fehlerhaften politischen
Linie ist in der Deutschen Demokratischen Republik eine äußerst
unbefriedigende politische und wirtschaftliche Lage entstanden.
Unter den breiten Massen der Bevölkerung, darunter auch
unter der Arbeitern, Bauern und der Intelligenz ist eine ernste
Unzufriedenheit zu verzeichnen in bezug auf die politischen und
wirtschaftlichen Maßuahmen, die in der DDR durchgeführt werden.
Das kommt am deutlichsten in der massenhaften Flucht der Einwoh-
ner der DDR nach Westdeutschland zum Ausdruck. So haben vom Januar 1951 bis April 1953 447 Tausend Personen nach Westdeutschland
geflüchtet, darunter über 120 Tansend lediglich während der vier
Monate des Jahres 1953. Einen bedeutenden Teil der Geflüchteten be-
machen werktätige Elemente aus. Unter den 1953 geflüchteten befinden sich: Arbeiter – etwa 18 Tausend, mittlere und Kleinbauer,
Handwerker und Rentner – etwa 9 Tausend, Angeselten und Ange-
hörigen der werktätigen Intelligenz – etwa 17 Tausend, Hausfrauen-
über 24 Tausend. Von den Einheiten der kasernierten Polizei sind
8 Tausend Mann geflüchtet. Es fällt auf, dass

Quelle: BArch, Bild 183-1990-0615-033 (Thomas Uhlemann)

Dieser Artikel macht außerdem deutlich, dass die Bezüge zu den Diskursen Individualismus, Zivilcourage und Vergangenheitsbewältigung (auf den gleich noch eingegangen wird) in der „diskursiven Formation“ DDR zusammengehören. Berlin-Korrespondentin Mechthild Küpper, Jahrgang 1954, nach einem Geschichtsstudium an der Freien Universität Berlin über die Stationen *taz, Tagesspiegel, Wochenpost* und *Süddeutsche Zeitung* 1999 zur FAZ gekommen und dort seit 2005 auch für die Linkspartei zuständig, fragt hier verwundert, warum sich die „Vertreter der Bürgerbewegung“ bei ihren Protesten Ende der 1980er Jahre „nie positiv auf die Demonstranten vom 17. Juni“ bezogen hätten. Beantworten lässt Küpper dies dann von Marianne

Birthler mit der „Furcht vor dem Faschismusvorwurf“, den die „Propaganda“ im Osten 1953 erhoben habe.

Am 17. Juni 2003 veröffentlichte die *Frankfurter Allgemeine Zeitung* noch drei weitere längere Artikel zum Thema. Direkt neben Mechthild Küpper (also an prominenter Stelle auf Seite 3) berichtete Claus Peter Müller, 1960 in Kassel geboren und nach einem Journalistikstudium in Dortmund seit 1991 bei der FAZ, von einem Streit in Jena.[29] Dort wollte ein Auswanderer einen Teil der Millionen, die er in den USA verdient hatte, in ein Denkmal für die „Verfolgten der Kommunistischen Diktatur 1945 bis 1989“ investieren und lieferte gleich einen entsprechenden Entwurf mit. Hintergrund: Der Mann war Mitte der 1950er Jahre kurz vor seiner Ausreise in die Bundesrepublik in der Berliner Stalinallee beim Kauf eines Zeiss-Fernglases festgenommen und anschließend zu sechs Jahren Zuchthaus verurteilt worden. In der FAZ beklagte er sich jetzt über Kritiker, die „nie im Gefängnis gesessen“ hätten („Hätten sie die Republikflucht gewagt?“), und über Zeitgenossen, die offenbar immer noch „brain washed“ seien, weil sie seine Haftstrafe zwar als zu hoch empfinden, aber nicht generell in Frage stellen würden. Der FAZ-Tenor war eindeutig: Der Osten brauche dieses Denkmal als „Grundstein für eine politische Bildung“, zumal sich der Stadtrat zweimal „mit breiter Mehrheit“ dazu bekannt habe und „die Vertreter der Opferverbände auf eine rasche Entscheidung und den schnellen Bau“ dringen würden.[30]

Im Feuilleton kamen an diesem Tag zwei Schriftsteller zu Wort, die in der DDR geboren wurden. Während André Kubiczek, Jahrgang 1969, dort schilderte, wie der 17. Juni in der Schule behandelt wurde („es war eines der historischen Ereignisse, bei denen man ab einem bestimmten Lebensalter instinktiv wusste, dass ihre offizielle Darstellung nicht stimmte“), und dabei gleich noch mit den Kollegen Erik Neutsch (*Auf der Suche nach Gatt*) und Stefan Heym (*Fünf Tage im Juni*) abrechnete,[31] lieferte Reinhard Jirgl,

---

29 | Claus Peter Müller: Das erste Denkmal dieser Art. *Frankfurter Allgemeine Zeitung* vom 17. Juni 2003, S. 3.

30 | Das Jenaer Denkmal wurde genau sieben Jahre später (am 17. Juni 2010) eingeweiht, allerdings an einem anderen Ort als zunächst geplant und in einer anderen Form. Zwischen Grundsteinlegung und Enthüllung kam es zum Bruch mit dem Initiator und Stifter sowie zu einem bundesweit ausgeschriebenen Künstlerwettbewerb für die Gestaltung. Die Stadt zahlte 150.000 Euro und musste eine lange öffentliche Debatte aushalten.

31 | André Kubiczek: Ein Untermieter. *Frankfurter Allgemeine Zeitung* vom 17. Juni 2003, S. 40.

Jahrgang 1953, eine Variation des Küpper-Textes und eine Matrix für die Wulff-Rede von 2010. Auch bei Jirgl stieß „der Ruf nach Freiheit und einem vereinten Deutschland gegen sowjetische Panzer“, und auch hier ist die DDR eine „Diktatur“, die sich nach ihrem Sieg von 1953 einer „ekelhaften Rhetorik“ bediente und „politisch und ökonomisch lange vor 1989“ zerbrochen war. „Welch großer Mut, welch hohes Maß an Zivilcourage gehört dazu, insbesondere in einer Diktatur, in aller Öffentlichkeit der Staatsmacht gegenüberzutreten, seine Forderungen zu erheben und im Angesicht von Polizei- und Armeebataillonen standzuhalten!“[32]

DIE OPPORTUNEN ZEUGEN DES DIKTATURGEDÄCHTNISSES

Auf den ersten Blick mag der 17. Juni 1953 ein schlechtes Beispiel sein, da das Thema der Berichterstattung genauso festzustehen scheint wie die Begrifflichkeit. Die FAZ nannte die Ereignisse von damals zum Jubiläum 2003 wahlweise „Arbeiteraufstand“ (Müller), „Volksaufstand“ (Jirgl) und „Arbeiterprotest, der innerhalb kurzer Zeit zum politischen Aufstand gegen das SED-Regime wurde“ (Küpper). Neben „SED-Regime“ (oder einfach nur „Regime“) gibt es für die DDR die Bezeichnung „Diktatur“, konkretisiert durch Hinweise auf

- die „ekelhafte Rhetorik triumphierender Staatsmacht“ (Jirgl),
- die Machtverhältnisse (wenn Küpper „herrschende Klasse“ und „Beherrschte“ unterscheidet, sich über den DDR-Ausdruck „unsere Menschen“ mokiert, das Land dabei unausgesprochen in Abgrenzung von der marxistischen Diktatur des Proletariats zu einer Fürsorgediktatur macht und kurz davor die Formel „Es war nicht alles schlecht“ als „Refrain der ihres privilegierten Status enthobenen Funktionäre, Staatsbediensteten und Intellektuellen“ denunziert), sowie
- die Themen, die außerdem zum Diktaturgedächtnis-Diskurs gehören und die Berichterstattung der Leitmedien auch zu anderen Anlässen bestimmen (vor allem: Staatssicherheit, Unrechtsstaat, Mauer, Misswirtschaft).

32 | Reinhard Jirgl: Dialektik der Courage. *Frankfurter Allgemeine Zeitung* vom 17. Juni 2003, S. 40.

Die Auswahl der Protagonisten lässt sich am besten mit dem Konzept der „opportunen Zeugen" beschreiben: Es werden Quellen zitiert oder Experten interviewt, die in die jeweilige diskursive Praxis passen.[33] In der FAZ vom 17. Juni 2003 sind „Vertreter der Bürgerbewegung" (Küpper) zu Wort gekommen, hier repräsentiert durch Marianne Birthler und von Christian Wulff 2010 als wichtigste Wegbereiter der Einheit gefeiert, Opferverbände und Opfer, Wissenschaftler (im Text von Küpper gleich drei Historiker) sowie Zeitzeugen wie die beiden Schriftsteller, wenn sie denn die Regeln des DDR-Diskurses einhalten.

Jenseits der Opferrolle (verurteilt zu sechs Jahren Zuchthaus) koppelt die FAZ-Konstruktion des verhinderten Denkmal-Stifters aus Jena die drei Diskurse Individualismus, Zivilcourage und Vergangenheitsbewältigung in einer Person: ein Mann, der den Mut aufbrachte, nicht nur aus der DDR zu fliehen (was, nebenbei bemerkt, damals nicht so schwierig war und bis 1961 immerhin drei Millionen Menschen gelang[34]), sondern gleich weiterzog in die USA, dort sein Glück machte und nun möchte, dass seine Geschichte nicht vergessen wird. Andersdenkende werden zwar erwähnt (immerhin), im gleichen Atemzug aber um jede Glaubwürdigkeit gebracht – weil sie (wie die DDR-Eliten) ihrem „privilegierten Status" nachweinen, weil sie auf dem kommunistischen Auge blind sind (wie Volkhard Knigge, Leiter der KZ-Gedenkstätte Buchenwald und Kritiker der Jenaer Pläne, dem vom Initiator vorgeworfen wurde, im Internet über das sowjetische Speziallager am gleichen Ort „nicht annähernd so ausführlich" zu berichten „wie über den nationalsozialistischen Terror dort"[35]) oder weil sie (wie offenbar viele Menschen im Osten) einfach immer noch „brain washed" sind.

Dieses Muster findet sich keineswegs nur in der *Frankfurter Allgemeinen Zeitung*. Um lediglich ein Beispiel vom anderen Ende des politischen Spektrums und aus einem anderen Jahrzehnt zu zitieren: Im Streit um das Stasiunterlagen-Gesetz pflichtete *Die Zeit* im November 1991 zunächst pauschal

33 | Vgl. Luth M. Hagen: Die opportunen Zeugen. Konstruktionsmechanismen von Bias in der Zeitungsberichterstattung über die Volkszählungsdiskussion. *Publizistik* 37. Jg. (1992), S. 444-460.

34 | Vgl. Matthias Uhl, Armin Wagner: Ulbricht, Chruschtschow und die Mauer. Eine Dokumentation. München 2003, S. 16; Hermann Weber: Die DDR 1945-1990. München 2006, S. 56-58.

35 | Claus Peter Müller (wie Anm. 29).

den „Bürgerrechtlern“ aus dem Osten bei[36] und hob nach der entsprechenden Bundestagsdebatte dann die neuen „Ichs“ hervor (gewissermaßen das Markenzeichen des Individualismus-Diskurses). „Ob es Gisela Schröter ist oder Michael Stübgen, Rainer Eppelmann oder Gerd Poppe – sie haben den Mut mitzustreiten. Aus der eigenen, ganz persönlichen Erfahrung heraus“.[37] Die DDR ist hier ein „Unrechtsregime“ und ihr Ministerium für Staatssicherheit eine „Krake“ sowie eine „terroristische Vereinigung mit Staatsauftrag“, wo „Denunzianten, Überwacher und Folterknechte“ beschäftigt waren, „die auch nach der Kapitulation noch ihre Stellung hielten“[38] – erstens ein Hinweis auf die Gefahr, die von alten Seilschaften ausgeht, und durch die Wortwahl (Denunzianten, Folterknechte und Kapitulation) zweitens eine Parallele zum Dritten Reich.

Abbildung 17: Joachim Gauck (rechts) und Peter-Michael Diestel (September 1990)

Quelle: BArch, Bild 183-1990-0928-019 (Peer Grimm)

Die untersuchten Zeitungen und Zeitschriften loben und zitieren die Wortführer des 1989er Herbstes und ihre Sprachrohre nicht nur (in der Stichprobe vor allem: Joachim Gauck, Marianne Birthler, Bärbel Bohley, Wolf Bier-

36 | Hans Schueler: Unter Ausschluss der Öffentlichkeit. Soll die Geschichte des Unrechts verschleiert werden? *Die Zeit* Nr. 47 vom 15. November 1991.

37 | gho: Lernstunde im Parlament. *Die Zeit* Nr. 48 vom 22. November 1991.

38 | Hans Schueler (wie Anm. 36).

mann, Markus Meckel, Roland Jahn, Vera Lengsfeld), sondern lassen sie gar nicht so wenige Texte gleich selbst schreiben. Marianne Birthler, seinerzeit gerade neue Bundesbeauftragte, begründete Anfang 2001 in der *Zeit*, „warum die Stasi-Abhörprotokolle in Sachen Helmut Kohl kein Staatsgeheimnis bleiben dürfen".[39] Wie schon gesagt, rezensierte Wolf Biermann im *Spiegel* den Roman *Helden wie wir* von Thomas Brussig und bejubelte dabei „des unbekannten Autors Mord an der weltbekannten DDR-Schriftstellerin Christa Wolf". Gleich zu Beginn hatte sich der Dichter dafür entschuldigt, offenbar den gleichen Buchgeschmack zu haben wie die „DDR-Nostalgiker" Günter Grass und Günter Gaus, das *Neue Deutschland* „und auch die *Zeit*", und am Schluss ordnete er ohne erkennbaren Anlass Markus Wolf in die Reihe der „hochintelligenten und effektiven Menschenverächter" ein.[40] Jens Reich verfasste in der Sonderbeilage der *Berliner Zeitung* zum fünften Jahrestag des Mauerfalls 1994 den Leitartikel,[41] und Hubertus Knabe, seit 2001 Direktor der Stasi-Gedenkstätte Berlin-Hohenschönhausen und 2009 als „einer der konsequentesten Vertreter der Interessen der Opfer der SED-Diktatur"[42] mit dem Bundesverdienstkreuz ausgezeichnet, zog in der FAZ knapp 20 Jahre nach der Verabschiedung eine überlange (kritische) Bilanz des Stasi-Unterlagengesetzes. Knabes Ansatz: Andere osteuropäische Staaten arbeiten den Kommunismus inzwischen besser auf als Deutschland, weil sie den „Kreis der Überprüfbaren" weiter ziehen, dabei auch „Partei- und Staatsfunktionen" beachten und zum Teil Bußgelder verhängen würden, wenn die alten Symbole gezeigt werden (etwa in Litauen).[43]

Christa Wolf, Stefan Heym, Erik Neutsch oder, um etwas vorzugreifen, Stephan Hermlin, die sich ganz oder zumindest phasenweise den Herrschenden in der DDR verschrieben hatten, taugen in einer diskursiven Praxis, die von den Diskursen Individualismus, Zivilcourage und Vergangenheitsbewältigung geformt wird, besonders gut als Sündenböcke. Wer sollte danach streben, ganz unabhängig von geltenden Normen und Ideologien dem eigenen

39 | Marianne Birthler: Jede Medizin hat Nebenwirkungen. *Die Zeit* Nr. 5 vom 25. Januar 2001.

40 | Wolf Biermann (wie Anm. 9).

41 | Jens Reich (wie Anm. 20).

42 | Gedenkstättenchef Hubertus Knabe erhält Bundesverdienstkreuz. *Die Welt* vom 14. November 2009.

43 | Hubertus Knabe: Der lange Schatten der Staatssicherheit. *Frankfurter Allgemeine Zeitung* vom 6. September 2011, S. 8.

Kopf zu folgen, sich selbst zu verwirklichen und mutig gegen die Verhältnisse anzugehen, wenn nicht Schriftsteller, Maler, Musiker? Wolf Biermann dagegen verkörpert dieses Ideal des Künstlers qua Lebensgeschichte genauso wie die führenden Figuren des 89er Herbstes und ist so ein mehr als „opportuner Zeuge“ des Diktaturgedächtnisses.

DELEGITIMATION VON GEGENSTIMMEN

Unvorstellbar ist in dieser „diskursiven Praxis“ das Gegenteil: der Name eines Repräsentanten von DDR oder SED in der Autorenzeile. Ausnahme von dieser Regel ist Günter Schabowski, dem die *Frankfurter Allgemeine* am Vorabend des fünften Mauerfall-Jahrestages eine ganze Zeitungsseite einräumte – für „Erinnerungen und späte Einsichten“, die mit einem Tribunal begannen, bei dem es auch um die „Missetat“ der „Maueröffnung“ ging, sowie mit Markus Wolf, der die „Pressekonferenz“ schon seinerzeit als „größten Fehler“ bezeichnet habe.[44] Dieser Artikel wurde einen Tag später vom *Neuen Deutschland* in Auszügen dokumentiert,[45] obwohl das Politbüromitglied bei den früheren Genossen auch wegen seiner selbst- und systemkritischen Bücher längst in Ungnade gefallen war.[46] Dass die „sozialistische Tageszeitung“ (Untertitel) gleich in der Überschrift eine Deutung des Mauerfalls lieferte, die dem herrschenden Diskurs vollkommen entgegenläuft, passt in das Bild, das hier später noch vom einstigen SED-Zentralorgan und der Burda-Zeitschrift *SuperIllu* gezeichnet wird. Laut ND hieß die Parole im Herbst 1989 „Rette sich, wer kann“. Im gleichnamigen sowjetischen Spielfilm von 1961, der in der DDR Kultstatus hatte, werden auf einem Transportschiff durch ein Versehen (repräsentiert durch einen Affen) die Raubtierkäfige geöffnet. Die Tiger und Löwen sorgen dann für Chaos, zunächst

---

44 | Günter Schabowski: Vor fünf Jahren barst die Mauer. Erinnerungen und späte Einsichten. *Frankfurter Allgemeine Zeitung* vom 8. November 1994, S. 13. – Schabowski, ab 1968 stellvertretender Chefredakteur und von 1978 bis 1985 Chefredakteur des SED-Zentralorgans *Neues Deutschland*, durfte im gleichen Verlag auch einen Artikel zum 60. Geburtstag des Blattes veröffentlichen (Die schärfste Lenkwaffe. *Frankfurter Allgemeine Sonntagszeitung* vom 23. April 2006).

45 | Schabowski in der FAZ zum Mauerfall: Aus Blockräson wurde „Rette sich, wer kann“. *Neues Deutschland* vom 9. November 1994, S. 3.

46 | Vgl. Günter Schabowski: Der Absturz. Berlin 1991; Günter Schabowski: Wir haben fast alles falsch gemacht. Die letzten Tage der DDR. Berlin 2009.

an Bord und schließlich auch an Land. Einzig der Affe scheint ganz gut mit der Situation klarzukommen. Was diese Überschrift über einem Schabowski-Beitrag zum fünften Jahrestag des Mauerfalls bedeutet, muss hier nicht ausargumentiert werden.

Abgesehen von Günter Schabowski werden andere SED-Größen von den Leitmedien ignoriert oder lächerlich gemacht. Als Heinz Keßler, von 1985 bis 1989 DDR-Verteidigungsminister, und Fritz Streletz, damals einer seiner Stellvertreter, 2011 bei einer Buchvorstellung in den Räumen des *Neuen Deutschland* für ihre Sicht auf den 13. August 1961 warben,[47] hat die Presse dies zwar registriert, aber eher als Freakshow aufbereitet. Jochen-Martin Gutsch, zehn Jahre nach dem Mauerbau im Osten Berlins geboren, studierter Jurist und Absolvent der Deutschen Journalistenschule in München, wunderte sich im *Spiegel* zunächst, dass die Berliner Mauer an diesem Abend „nicht so heißt". Der Moderator habe vielmehr von „Grenzsicherungsmaßnahmen" gesprochen. Es folgt eine Karikatur der beiden Buchautoren. Keßler „ist 91 Jahre alt, hat ein spitzes Greisengesicht und ist der frische Kandidat der DKP für die Abgeordnetenhauswahl in Berlin. Streletz ist sechs Jahre jünger und braungebrannt, so, als käme er gerade von einem Arbeitsbesuch auf Kuba." Dieser Mann habe dann „mit leiernder, monotoner Stimme" („man denkt an die Fernsehübertragungen von Parteitagen") von „Unannehmlichkeiten" gesprochen, die der 13. August mit sich gebracht habe („Unannehmlichkeiten. Was für ein Wort"), sowie davon, dass es „um Krieg und Frieden" gegangen sei und dass Indien später das gleiche Problem gehabt habe wie die DDR. Auch dort hätten die „jungen Leute ständig nach England oder in die USA" gehen wollen. Was bleibt: ostdeutsche Kommunisten, die sich immer noch für schlauer halten als der Rest der Welt, ein „klatschendes Publikum" und „kalte Krieger, kalte Männer", die neben ihrem „Stolz" vermutlich auch ihre „Bewunderer" bald „mit ins Grab nehmen" und damit hoffentlich auch Umfrageergebnisse, nach denen „heute jeder dritte Berliner den Bau der Mauer zumindest nicht für falsch" halte.[48]

Eine andere Form der Delegitimation von Gegenstimmen ließ sich fast zeitgleich in der *Frankfurter Allgemeinen* beobachten. Am 13. August 2011 druckte das Blatt oben auf der Titelseite ein dreispaltiges Foto mit sowje-

47 | Heinz Keßler, Fritz Streletz: Ohne die Mauer hätte es Krieg gegeben: Zeitzeugen und Dokumente geben Auskunft. Berlin 2011.

48 | Jochen-Martin Gutsch: Der Schutzwall. *Der Spiegel* Nr. 33 vom 15. August 2011, S. 59.

tischen Panzern, das die Zeitung fast auf den Tag genau 50 Jahre vorher schon einmal veröffentlicht hatte. Darunter stand in ähnlicher Größe der Aufmacher „Empörung über Linkspartei wegen Äußerungen zum Mauerbau". Gesine Lötzsch, damals Vorsitzende dieser Partei, habe „die Mauer als Ergebnis des zweiten Weltkriegs und des deutschen Überfalls auf die Sowjetunion vor siebzig Jahren gewertet". Die FAZ, hier vertreten durch Stephan Löwenstein, 1968 in München geboren und seit 1997 in der Nachrichtenredaktion („löw."), führt dagegen keineswegs nur besagtes Foto und die eigene Geschichte ins Feld, sondern auch Wortführer von „CDU, CSU und FDP", deren Vorwürfe „Verharmlosung" und „Verklärung" (was man noch als normalen parlamentarischen Schlagabtausch interpretieren könnte) sowie vor allem Wolf Biermann, der dem Leser des Blattes als moralische Autorität bekannt sein musste. „Der Poet, der den Staat stürzte" hieß die Überschrift des Dreispalters, den Jochen Hieber, Jahrgang 1951 und seit 1983 beim Feuilleton der FAZ, zum 70. Geburtstag des Dichters im November 2006 geschrieben hatte („Halb ist er Mensch, halb Mythos").[49] Im *Deutschlandfunk* hatte Biermann kein gutes Haar an Gesine Lötzsch gelassen: „Es ist dieses verkommene Pack, das uns jahrzehntelang in der DDR unterdrückt hat."[50]

Die Konstruktion der DDR

Neben diesen „harten Worten" (O-Ton FAZ) von Wolf Biermann standen gleich zwei Leitartikel zum Thema des Tages. Klaus-Dieter Frankenberger, 1955 geboren, seit 1986 in der Redaktion, dort seit 2001 verantwortlich für die Außenpolitik und vorher unter anderem zu längeren Forschungsaufenthalten in den USA, beschwor ganz in der Diktion der seinerzeit fast noch druckfrischen Wulff-Rede das „große Gut der Freiheit" und den Mut der Menschen, die dieses Gut „unter großen Gefahren" zu erringen halfen („auch ein polnischer Arbeiterführer, der ein kommunistisches Regime in die Knie zwang" – hier offenbar allein und ohne den Papst, der bei Christian Wulff noch als eine Art Schutzschild vorkam). „Mauer und Stacheldraht gingen mitten durch Deutschland und damit mitten durch Europa: Auf der einen

49 | Jochen Hieber: Der Poet, der den Staat stürzte. *Frankfurter Allgemeine Zeitung* vom 15. November 2006, S. 41.

50 | löw. (Stephan Löwenstein): Empörung über Linkspartei wegen Äußerungen zum Mauerbau. *Frankfurter Allgemeine Zeitung* vom 13. August 2011, S. 1.

Seite herrschten Unfreiheit und Diktatur, auf der anderen gediehen, bei aller Unvollkommenheit, freiheitliche Demokratien, die ihren Bürgern Wohlstand brachten.“[51]

Herausgeber Berthold Kohler, Jahrgang 1961, wie Frankenberger studierter Politikwissenschaftler mit Auslandserfahrung (an der London School of Economics sowie als FAZ-Korrespondent in Prag und Wien), fuhr anschließend alle Geschütze auf, die das Diktaturgedächtnis zu bieten hat, und lieferte dem Kollegen Prantl von der *Süddeutschen Zeitung* so ein Fernduell in Sachen Metaphorik (vgl. Abbildung 18).[52] „Nicht einmal Hitler“, beginnt Kohler seinen Kommentar, habe „eine Mauer von solcher Länge gebaut“, „ein 1378 Kilometer langes Monument des moralischen, politischen und ökonomischen Bankrotts“. Dieses „Monstrum, das nach Honecker noch in hundert Jahren, 2089, stehen sollte“, sei ein „wahrhaft eisernen Vorhang“ gewesen, der keineswegs „Panzer der Nato“ aufhalten sollte, sondern „Flüchtlinge aus der DDR“, „die die ‚Diktatur des Proletariats‘ nicht mehr ertrugen“. Schon zwölf Jahre nach der DDR-Gründung habe „die Einparteiendiktatur der SED“ ihren „Offenbarungseid“ geleistet und den „Sozialismus mit deutschem Antlitz“ als das entlarvt, „was er wirklich war: ein Volksgefängnis“. Nach einem Rundumschlag gegen die politischen Gegner (neben der Linkspartei die SPD) und deren Bildungspolitik, der zum FAZ-Stil gehört und in der dritten These gewürdigt wird, einer Klage über die verblassende Erinnerung an „Schießbefehl und Mauertote“ sowie einer knappen Würdigung der „friedlichen Revolution“ folgt ein Schlusssatz, der direkt von den Redenschreibern des Bundespräsidenten Wulff stammen könnte: „Auferstanden aus diesen Ruinen ist die Freiheit.“[53]

Schon was bisher an Metaphern und Begriffen für die DDR zusammengetragen wurde, ergibt ein klares Bild: Diktatur, Einparteiendiktatur, Regime, Unfreiheit, deutsch-sozialistisches Reservat, Sicherungsverwahrung, Bewährungs- und Straflager, Volksgefängnis („Stacheldraht“), geführt von einem „verkommenen Pack“ und „kalten Kriegern“, die zu „Arbeitsbesuchen auf Kuba“ fuhren und auch sonst einen „privilegierten Status“ genossen, mit „ekelhafter Rhetorik“ sowie „dumm-dreistem Parteichinesisch“ agierten (vorgetragen mit „leiernder, monotoner Stimme“) und beschützt wurden

51 | Klaus-Dieter Frankenberger: Nach fünfzig Jahren. Ebd.

52 | Vgl. Kapitel 3.

53 | Berthold Kohler: Auferstanden aus Ruinen. *Frankfurter Allgemeine Zeitung* vom 13. August 2011, S. 1.

von „Polizei- und Armeebataillonen" sowie „Denunzianten, Überwachern und Folterknechten" in einer „terroristischen Vereinigung", die einer „Krake" glich – ein Begriff, der schon im Herbst 1990 im *Spiegel* auftauchte, dort Jens Reich zugeschrieben wurde[54] und sich seitdem festgesetzt hat. Birk Meinhardt, Jahrgang 1959 und nach einem Studium an der Leipziger Sektion Journalistik in der Endphase der DDR unter anderem Sportredakteur der FDJ-Tageszeitung *Junge Welt*, schrieb zum Beispiel 2003 in der *Süddeutschen Zeitung*, dass Heike Drechslers Berichte an ihren Führungsoffizier „nicht zur Zufriedenheit des nach allumfassender Information gierenden Sicherheitskraken" ausgefallen seien.[55] Während die Bezeichnungen „totalitärer Staat" und „Unrechtsstaat"[56] auf dieser Linie liegen (benutzt unter anderem in der *Zeit* von Johannes Staemmler, geboren 1982 in Dresden und Mitbegründer des Projekts „3te Generation Ostdeutschland"[57]), sind Spötteleien über den sächsischen Dialekt (etwa im *Spiegel*, der den Film *Go, Trabi, Go* zu einem „unsynchronisierten sächsischen Roadmovie" machte[58]) oder Metaphern wie „Mief"[59], „miefige DDR"[60] und „Käseglocke"[61] (hier für die Familie von Brussigs Roman-Hauptfigur) etwas freundlicher. Hochdeutsch kann man lernen, und wenn es stinkt, braucht es keine Helden (die sich mit Bataillonen messen oder wenigstens Kraken besiegen), sondern nur etwas frische Luft, bis alles wieder seinen Gang geht.

---

54 | Nicht so pingelig. *Der Spiegel* Nr. 41 vom 8. Oktober 1990, S. 31f., hier S. 31.

55 | Birk Meinhardt: Wie die „Firma" sich einen persönlichen Zwist zunutze machte. *Süddeutsche Zeitung* vom 23. September 1993, S. 58.

56 | Johannes Staemmler: Wir, die stumme Generation. *Die Zeit* Nr. 34 vom 18. August 2011.

57 | Vgl. Michael Hacker, Stephanie Maiwald, Johannes Staemmler: Dritte Generation Ost. Wer wir sind, was wir wollen. Berlin 2012.

58 | Sanfter Trabi, himmelblau. *Der Spiegel* Nr. 7 vom 11. Februar 1991, S. 207.

59 | Vgl. exemplarisch Christiane Peitz: Alles so schön grau hier. *Die Zeit* Nr. 45 vom 4. November 1999

60 | Norbert Wehrstedt: Neu im Kino: Beckers hintergründiger Spaß „Good bye, Lenin!" *Leipziger Volkszeitung* vom 13. Februar 2002, S. 9.

61 | Wolf Biermann (wie Anm. 9).

Abbildung 18: 50 Jahre Mauerbau in der deutschen Presse (Beispiele)

Auferstanden aus Ruinen

Berthold Kohler (FAZ)

Seit den Römern hatte auf diesem Kontinent niemand mehr eine Mauer von solcher Länge gebaut, nicht einmal Hitler. Der „Arbeiter-und-Bauern-Staat" aber richtete sie auf, zwei Monate nur nachdem Ulbricht die Absicht dazu noch bestritten hatte. Der „antifaschistische Schutzwall", wie er später getauft wurde, sollte der Ost-Berliner Propaganda zufolge die friedliebende DDR vor den Horden des Revanchismus und Imperialismus aus dem Westen schützen, so wie früher der Limes das Römische Reich vor den Barbaren des Nordens. Jeder, der das Sperrwerk in Augenschein nehmen konnte, wusste jedoch, dass es gegen eine Bedrohung von innen gerichtet war. Zweck dieses wahrhaft eisernen Vorhangs war es nicht, die Panzer der Nato aufzuhalten, sondern Flüchtlinge aus der DDR, auch um den Preis ihres Lebens: „Grenzverletzer", die die „Diktatur des Proletariats" im real existierenden Sozialismus nicht mehr ertrugen. In keinem anderen Bauwerk der DDR spiegelten sich ihre Lebenslügen so offen und brutal wider wie an dem Gefängniszaun an ihrer Westgrenze.

Mit dem Bau der Mauer leistete die Einparteiendiktatur der SED schon zwölf Jahre nach Gründung der DDR ihren Offenbarungseid. Segment für Segment, Wachturm für Wachturm setzten die ostdeutschen Kommunisten sich selbst ein 1378 Kilometer langes Monument des moralischen, politischen und ökonomischen Bankrotts. Sie mussten einen Todesstreifen von der Ostsee bis zum Vogtland ziehen, um ihre Bürger daran zu hindern, aus einem Staat zu fliehen, der angeblich schon das Vorzimmer zum kommunistischen Paradies darstellte. Weil dem Sozialismus mit deutschem Antlitz die Menschen in Scharen davonliefen, blieb ihm keine andere Wahl, als sich selbst als das zu entlarven, was er wirklich war: ein Volksgefängnis. Die Palisade aus Beton und Stahl, die das Regime errichtete, konnte zwar nicht den Traum von der Freiheit aufhalten, aber doch jene, die ihn träumten.

Die Ulbricht-Honecker-Linie war noch aus dem Weltall zu erkennen. Doch in der Bundesrepublik gab es nicht wenige, die dieses Symbol des Scheiterns und der Perversion einer politischen Idee geflissentlich übersahen. Das lag auch daran, dass im Westen bis in die

Volkspartei SPD hinein viele noch vom Sozialismus als Gegenentwurf zur eigenen „kapitalistischen" Gesellschaftsordnung schwärmten, der in der DDR höchstens hier und da ein wenig aus dem Ruder gelaufen sei, in den Minenfeldern an der Grenze zum Beispiel. Unter Ostalgie litt der Westen lange vor dem Osten. Auch in der „BRD" lernte man mit der Monstrosität der Mauer zu leben. Am Schluss war man schon zufrieden damit, dass die SED die Selbstschussanlagen wieder abbaute. Diese Verstümmlungs- und Tötungsautomaten gingen selbst deutschen Pazifisten zu weit, die im Zweifel zwar lieber rot sein wollten, aber eben auch nicht tot.

So fiel die Mauer zur Überraschung des Westens. Was hätte man vorher auch tun sollen? Den Friedhofsfrieden gefährden? Die Bundesrepublik und ihre Verbündeten hatten sich mit der Spaltung Deutschlands und Europas arrangiert, manche mehr als das. Nicht selten war hierzulande die Meinung zu hören, Teilung und Mauer seien die gerechte Strafe für den Krieg. Ausnahme waren dagegen Schilder, die noch gesamtdeutsch denkende, also verdächtige Gestalten an der oberfränkischen „Grenze" zur DDR aufgestellt hatten: dass man sich hier, am angeblichen Ende der westlichen Welt, nicht am Rande Deutschlands befinde, sondern in seiner Mitte.

Das alles ist seit mehr als zwanzig Jahren Vergangenheit. Die Mauer verschwand bis auf wenige Reste. Niemand war wild darauf, das Monstrum, das nach Honecker noch in hundert Jahren, 2089, stehen sollte, vor Abriss und Verfall zu schützen. Die Mauer war nicht nur ein Schandmal für jene, die sie errichtet hatten, sondern auch eine unangenehme Erinnerung für diejenigen im Westen, die es in ihrem Schatten politisch ganz gut ausgehalten haben.

Auch ihre Nachfolgerin, die „Mauer in den Köpfen", ist kaum noch zu erkennen, jedenfalls nicht bei den jungen Deutschen, die nach der Wiedervereinigung geboren wurden. Für die Generation Facebook spielt es so gut wie keine Rolle, ob einer aus Leipzig oder aus Lübeck kommt. Die „innere" Einheit ist für sie kein Thema mehr. Leider gilt das aber auch oft für Schießbefehl und Mauertote. Hitler lässt in den Lehrplänen nach wie vor nicht viel Platz für Honecker. Auch die Linkspartei, die es am besten wissen müsste, singt gern das Lied, dass der Nationalsozialismus an allem schuld gewesen sei, bis hin zur Mauer. Noch immer verklären ehemalige Diener des Regimes den Stasi-Staat, der sich einmauerte.

Doch endete die deutsche Unterdrückungsgeschichte nicht 1945. Das, was von der Mauer geblieben ist, kündet von vier Jahrzehnten weiterer Diktatur, aber auch von ihrem Untergang in einer friedlichen Revolution. Die erhaltenen Mauersegmente in Berlin und die Überreste, die entlang der ehemaligen Zonengrenze nun auch noch den Kampf gegen die Natur verlieren, gehören zu den schrecklichsten und zugleich zu den stolzesten Zeugnissen deutscher Geschichte. Auferstanden aus diesen Ruinen ist die Freiheit.

Eingemauert in Ruinen

Heribert Prantl (*Süddeutsche Zeitung*)

Vor genau 50 Jahren wurde der SED-Staat zu einem deutsch-sozialistischen Reservat: Der Bau der Berliner Mauer hat aus DDR-Bürgern Menschen in Sicherungsverwahrung gemacht, das Gerede vom „antifaschistischen Schutzwall" war dumm-dreistes Parteichinesisch. Die Mauer hielt die DDR noch für 28 Jahre am Leben und besiegelte doch ihren Untergang: Sie ist die in Beton gegossene Niederlage einer Utopie - des Kommunismus.

Der Text der Nationalhymne der DDR war eigentlich schön und verheißungsvoll: „Auferstanden aus Ruinen, und der Zukunft zugewandt". Johannes R. Becher hatte das 1949 gedichtet. Die DDR-Realität war aber eine ganz andere. Seit dem 13. August 1961, seit dem Bau der Mauer mitten durch Berlin, sah diese Realität so aus: Eingemauert in Ruinen, und die Zukunft zugebaut ....

Die Sozialistische Einheitspartei Deutschlands (SED), geführt von Walter Ulbricht, sperrte die Bürger ein und ließ diejenigen erschießen, die es trotzdem wagten, die Grenze zu überwinden: Grenzverletzer galten als Verbrecher, Todesschützen als Helden. Mit der Mauer war der letzte offene Teil des Eisernen Vorhangs geschlossen worden.

Wer heute die Reste des Bauwerks betrachtet, macht sich davon eine falsche Vorstellung: Man sieht bunt bemalten Beton, lustig irgendwie. Das war die Westseite. Die Ostseite der Mauer war ganz anders: Sie war ekelhaft trist, dort gab es den Todesstreifen mit Alarmgittern, Stolperdrähten, Stahlspitzen und Panzergräben. Schon diese Konstruktion macht klar: Sie richtete sich nicht gegen äußere Feinde, sondern gegen den Feind im eigenen Land. Das Gerede der DDR-Führung vom „antifaschistischen Schutzwall" war dumm-dreistes Parteichinesisch.

Das Monstrum Mauer machte aus den DDR-Bürgern Menschen in Sicherungsverwahrung; nur einige wenige Privilegierte waren Freigänger. Der SED-Staat wurde nun zu einem deutsch-sozialistischen Reservat. Sinn des Reservats war das Gedeihen des Staatssozialismus auf Kosten der Reservatsbewohner. Es gediehen dort natürlich auch andere Dinge: Die Alleebäume und die zwischenmenschlichen Beziehungen. Die Mauer und der Mangel schlossen die Menschen zusammen. Es entstand eine Kleine-Leute-Gesellschaft. Es gab ein richtiges Leben innerhalb der falschen Grenzen.

Die Mauer: Der SED-Chef Walter Ulbricht wollte sie, der sowjetische Staatschef Nikita Chruschtschow erlaubte sie, Erich Honecker baute sie, die drei Westmächte akzeptierten sie, und Bundeskanzler Konrad Adenauer, CDU, machte erst einmal ungerührt weiter Wahlkampf. Er hielt keine Rede in Berlin, weil er nicht zusammen mit Willy Brandt auftreten wollte, dem SPD-Kanzlerkandidaten und Regierenden Bürgermeister von Berlin; der alte Kanzler hatte nichts Besseres zu tun, als sich bei einer Veranstaltung in Regensburg über Brandts uneheliche Geburt zu ereifern. Erst zwei Wochen nach dem Mauerbau kam Adenauer in die nun geteilte Stadt. Diese Säumnis war der größte Fehler seiner Amtszeit.

Der Kanzler machte es fast wie die Alliierten: Der britische Premier Harold MacMillan blieb auf Moorhuhnjagd, Charles de Gaulle auf seinem Landsitz in Colombey-les-Deux-Eglises; und der junge US-Präsident John F. Kennedy war zufrieden damit, dass sich mit der Mauer der Status quo stabilisierte. Wer eine Stadt mit einer Mauer teilt, so war Kennedys erleichterte Analyse, der will nicht mehr die Teile außerhalb der Mauer mit Gewalt einkassieren. Und so waren nicht nur die Herren im Kreml und ihre Satrapen, sondern auch die Herren der westlichen Welt ganz zufrieden mit der Zementierung der Teilung Deutschlands.

Es war Ruhe im Karton. Und was in dem Karton geschah, darum kümmerte man sich im Westen nicht so sehr. Aus dem heißen kalten Krieg wurde nun ein kalter. Der Weg zur deutschen Einheit war unübersehbar lang geworden, und die Einheit Berlins erst wieder mit der unerreichbar scheinenden Einheit des ganzen Landes erreichbar. Willy Brandt aber saß grimmig und in ohnmächtigem Zorn (auch über „die Scheißer" im Westen) im Schöneberger Rathaus.

13. August 1961, deutsche Wertarbeit: Der Bau der Mauer war eine Aktion, bei der sich deutsches Organisationstalent bewährte; es wur-

de so viel Stacheldraht ausgerollt, dass man damit den Erdball hätte umspannen können. Quasi über Nacht wurde eine Stadt geteilt – generalstabsmäßig, akkurat, ordentlich, befehlsgemäß; und viele Intellektuelle der DDR lobten das alles pflichtgemäß. Der Bau dieser Mauer war eben, so sagt es der Historiker Edgar Wolfrum, „die zweite Geburt der DDR".

Der Staat stand schon damals vor dem Konkurs, ihm rannten die Leute weg; der DDR-Wirtschaft drohte der Kollaps, weil die Fachleute abwanderten – rette sich, wer kann. Der Bau der Mauer war also eine kriminelle Schweinchen-Schlau-Aktion, zugleich ein Akt der Konkursverschleppung. Und das mörderische Grenzregime war ein perverser Putativnotwehrexzess; er dauerte 28 Jahre, zwei Monate und 27 Tage lang.

Das alles sollte verhindern, dass die Magnettheorie funktionierte. Sie war schon 1947 vom SPD-Vorsitzenden Kurt Schumacher entwickelt worden: Es sei „kein anderer Weg zur Erringung der deutschen Einheit möglich als die ökonomische Magnetisierung des Westens, die ihre Anziehungskraft auch auf den Osten ausüben muss, dass auf die Dauer die bloße Innehabung des Machtapparates kein sicheres Mittel ist". Die Macht des SED-Apparates war größer und dauerte länger, als Schumacher das wohl angenommen hatte. Die SED versuchte nämlich mit dem Mauerbau so etwas wie eine Selbstmagnetisierung – einen Sozialismus mit Strahlkraft zu schaffen. Es funktionierte nicht; deshalb fiel die Mauer.

Im Westen war derweilen das Wort Wiedervereinigung verkommen; es wurde von der Politik zerredet und gestanzt zu Schablonen. Es lag nicht nur an der Rotzigkeit der 68er-Generation, dass ihr das rührige „Komitee Unteilbares Deutschland" vorkam wie ein Karnevalsverein. Die alten Politiker der Bundesrepublik vermochten es nicht, die alte Heimat Deutschland an die Jungen weiterzugeben. Das überließen sie den bundesdeutschen Juristen, welche die Rechtslage wunschgemäß zu Recht bastelten: Das Deutsche Reich, so dozierten sie, besteht fort. Und was fortbesteht, so meinte man wohl, könne nicht verloren gehen. Das war ein großer Irrtum: Die juristische Fiktion war keine lebendige Kraft.

Die Aneignung des wiedervereinten Deutschlands vor allem durch die jüngeren Menschen geschah aber dann mit unerhörter Rasanz. Der Satz von der „Mauer in den Köpfen" ist ein ziemlicher Unsinn geworden. Die Mauer ist nicht nur aus dem Berliner Stadtbild verschwunden, sondern auch aus den Köpfen: Ein Ost-West-Denken gibt es bei der jungen Generation kaum noch.

Die Mauer steht nur in den Köpfen vieler Funktionäre der linken Partei, die von den DDR-Zeiten träumen – und sie ist in den Köpfen von etlichen ehemaligen Bürgerrechtlern, die mit ihrem Bedeutungsverlust nicht zu Rande kommen. Das ist die einzige Gemeinsamkeit zwischen Lötzsch & Co. und einigen Bürgerrechtlern: Beide brauchen die Mauer zur Selbstbestätigung. Und beide, Linke wie ehemalige Bürgerrechtler, bekriegen sich mit der Bekenntnisfrage, ob die DDR ein Unrechtsstaat war oder nicht.

Nun – es ist zwar nicht Unrecht, aber sehr weiterführend ist es auch nicht, ein Land, seine Geschichte und seine Menschen mit so einem einzigen Wort einzusacken. Wenn ein jeder Staat ein „Unrechtsstaat" ist, der kein Rechtsstaat ist, dann war die DDR natürlich ein Unrechtsstaat. Aber was ist damit gesagt? Die Menschen, die in diesem Staat lebten, waren nicht unrecht, und ihr Leben war auch nicht Unrecht. Unrecht war die Mauer und das Regime, das sie gebaut, erhalten und verteidigt hat.

Über den Akten der Strafverfahren zu Mord und Totschlag an der Mauer liegt mittlerweile Müdigkeit; die Prozesse, in denen die bundesdeutsche Justiz zu Gericht saß über ehemalige DDR-Minister, über ihre tödlichen Befehle und die Befehlsempfänger, sind zu Ende. Die Mauerschützen-Prozesse waren der achtbare Versuch, Menschenrechte zu stärken. Es waren gute Prozesse und angemessene Urteile: Der Ex-Verteidigungsminister hat wegen des Schießbefehls siebeneinhalb Jahre Gefängnis erhalten, die Generale lagen im Schnitt bei dreieinhalb Jahren, die Grenzsoldaten am Ende der Befehlskette kamen mit Bewährung davon. Die Kleinen wurde nicht gehängt, die Großen nicht laufengelassen.

Es war eine beispiellose Kraftanstrengung der Justiz. Eine „Abrechnung" mit dem DDR-Unrecht ist daraus nicht geworden. Wer das erwartet hatte, muss enttäuscht sein. Die Bürgerrechtler sind es, weil sie vom Rechtsstaat mehr verlangen als Recht – sie verlangen die eigene Befriedigung und nennen ihr subjektives Rechtsempfinden „Gerechtigkeit". Diese Form von Gerechtigkeit kann es nicht geben. Es gibt sie in anderer Form: Die zerschrotete Mauer liegt als Splitt unter den Straßen zwischen den alten und den neuen Bundesländern. Und die

Berliner Mauerschützen-Prozesse beinhalten eine Lehre, die das Völkerrecht noch festschreiben muss: Die Vorenthaltung von elementaren Grundrechten ist kriminell!

Nicht Schutz-, sondern Gefängnismauer

Micha Schneider (*Leipziger Volkszeitung*)

Kurz vor ihrer Errichtung und kurz vor ihrem Fall standen Lügen der jeweiligen SED-Chefs. Zwischen Ulbrichts Vertuschung, dass niemand die Absicht habe, eine Mauer zu bauen, und Honeckers Pfeifen im Walde, dass sie auch in 50 und auch in 100 Jahren noch bestehen würde, liegen 28 Jahre rigoroser Spaltung. Nicht allein Berlins und Deutschlands. Die Mauer war Stein gewordener Kulminationspunkt für das Aufeinanderprallen zweier bis an die Zähne bewaffneter Weltblöcke. Dass sie am 9. November 1989 fiel, war auf Grund des desolaten Zustandes des sozialistischen Weltsystems und des Drucks aus der Bevölkerung folgerichtig. Dass sie friedlich fiel, gleicht einem Wunder, für das man nur dankbar sein kann.

Dabei war das markanteste Bauwerk der 40-jährigen DDR-Geschichte aus Sicht der Ostberliner Machthaber notwendig für den Fortbestand des stalinistischen Versuchs eines sozialistischen deutschen Staates. Honecker, der seine Dachdeckerlehre abgebrochen hatte, profilierte sich hier vor 50 Jahren als Baumeister. Doch ein Sicherungssystem, das nicht vor äußeren Feinden schützt, sondern Menschen einmauert, ist nicht mehr und nicht weniger als ein Gefängnis. So wurde aus dem anfänglichen Rettungsring für das DDR-Regime mehr und mehr eine Hauptursache für deren ruhmloses Ende. Tote auf Seiten der Flüchtlinge aber auch unter Grenzsoldaten, fehlende Reisefreiheit, Abschottung in wissenschaftlichen und ökonomischen Fragen erhöhten den Druck, den letztlich auch Mauer und Stacheldraht nicht mehr kompensieren konnten.

Es bedrückt schon, wenn über 20 Jahre nach dem Mauerfall, der einen Meilenstein auf dem Weg zu Freiheit und Demokratie symbolisiert, sich einige Ignoranten die Mauer zurückwünschen, sie verklären und normalisieren. In einer Debatte, in der es vorrangig nur um Trennendes, negative Begleiterscheinungen und den Kostenfaktor bei der deutschen Einheit geht, wird das welthistorisch Bedeutsame bagatellisiert und zur Nabelschau degradiert. Der „Antifaschistische Schutzwall", wie die SED-Führung nach etwa zehn Jahren des Schweigens das Monstrum umpropagandierte, war weder segensreich noch eine bombastische Spielwiese für Graffiti-Sprayer. Die Mauer war Ausdruck von beschnittenen Lebenswegen, geteilten Familien, sie versinnbildlichte Diktatur und Unfreiheit. Ihr Bau war ein Verbrechen, ihr Fall ein Glück.

Es gibt keine Rechtfertigung

Thomas Rogalla (*Berliner Zeitung*)

Der Ministerpräsident des mittlerweile aus finanziellen und demografischen Gründen vereinten Bundeslandes Berlin-Brandenburg legt in der nationalen Mauergedenkstätte Bernauer Straße einen Kranz nieder und ordnet die schwarz-rot-goldenen Schleifen. Aufschrift: Den Opfern der Mauer (1961-1989). Der Ministerpräsident erinnert in seiner Rede vor den Urenkeln an der Grenze erschossener DDR-Flüchtlinge daran, dass der Bau der Mauer durch Berlin und Deutschland vor nun 100 Jahren zwar lange her sei, dass aber niemals vergessen werden dürfe, wie wertvoll Freiheit und Demokratie für ein Land seien. Das gelte insbesondere für die Jugend.

Offizielles staatliches Erinnern an die deutsche Teilung noch 2061? Zum heutigen 50. Jahrestag des Mauerbaus besteht jedenfalls kein Zweifel an der Notwendigkeit, dass sich Repräsentanten aus Staat und Zivilgesellschaft demonstrativ die Zeit nehmen, an den Mauergedenkstätten und Erinnerungsorten von Berlin über Mödlareuth bis Marienborn den Opfern der Mauer Ehre zu erweisen und den anhand nüchterner historischer Fakten seit 1989 erreichten Grundkonsens zu betonen wie zu verteidigen: dass der Bau der Mauer brutal, menschenrechtswidrig und durch nichts zu entschuldigen war.

„Kein Ideal und kein höherer Zweck kann das mit der Mauer verbundene Unrecht, die systematische Einschränkung der Freizügigkeit und die Gefahr für Freiheit sowie an Leib und Leben, beim Versuch das Land dennoch verlassen zu wollen, politisch rechtfertigen." Das Zitat stammt vom PDS-Vorstand, der unter Schmerzen und aus gegebenem innerparteilichem Anlass im Jahr 2001 zu dieser Erkenntnis gelangte. Aber die Denk- und Meinungswirklichkeit in der Ex-SED und in Teilen der von ihr vertretenen Bevölkerung sehen noch anders aus. Führende Vertreter der Linkspartei fühlen sich gerade wieder zu „Klarstellungen" genötigt, weil beispielsweise eine Gruppierung der Partei in Mecklenburg-Vorpommern die tödliche DDR-Grenze zur notwendigen, friedenssichernden Maßnahme zurückdefiniert. Und nicht nur sie. Hans Modrow, SED-Funktionär, DDR-Ministerpräsident, Vorsitzender des Ältestenrates der Linkspartei, spricht in einem neuen Buch mit dem programmatischen Titel „Grenzdienst war Friedensdienst" unbeirrt von den „sogenannten Mauertoten".

Man könnte die unbelehrbaren, entmachteten alten DDR-Männer ignorieren, ebenso den Umstand, dass die Linke von ihrer Ost-Klientel eben darum gewählt wird, weil sie verspricht, neben der Zukunft auch die belastende DDR-Vergangenheit nachträglich erträglich zu gestalten – durch mildes Verständnis und Verschiebung persönlicher Mitverantwortung (etwa am Mauerbau) auf anonyme Umstände (Kalter Krieg).

Am Sonnabend treffen sich die Spitzen des Staates in der Gedenkstätte Bernauer Straße in Berlin. Sie werden hoffentlich einer Laisser-faire-Haltung gegenüber den Geschichtsverdrehern eine Absage erteilen. Es geht ja nicht nur um Meinungen. Es geht um ihre Auswirkungen auf konkrete Geschichtspolitik. So ist es dem Land Brandenburg erst jetzt, 20 Jahre nach dem Ende der DDR, eingefallen, sich angemessen um Entschädigungszahlungen an die Opfer der Diktatur kümmern. Das zeigt die Missachtung der Vielen, die in der DDR litten, fliehen mussten oder als politische Häftlinge in den Knast gingen. Aus Respekt vor ihnen, besonders vor den 1000 Mauertoten, darf der Versuch, sie als Kollateralschäden der angeblichen DDR-Friedenssicherung 1961 zu demütigen, keinesfalls erfolgreich ausgehen.

In einer aktuellen Forsa-Umfrage äußerte jeder dritte Berliner mehr oder weniger Verständnis für den Mauerbau. Das schreckte die Politik auf. Mit Interesse wird man sehen, ob das nach dem runden Mauerbau-Jahrestag zu geschichtspolitischen Aktivitäten führt. Relativierung des SED-Unrechts ist keine Meinung, die ausstirbt, sondern unter Jugendlichen mangels Wissen über die DDR weiterlebt. Die Schulen behandeln das Thema nur unzureichend, auch deshalb, weil viele den untergegangenen Staat für eine abgeschlossene, nicht mehr redenswerte Epoche halten.

Das Gegenteil ist der Fall. Es gibt kaum eine bessere Methode, Jugendliche für Demokratie, freie Presse, unabhängige Gerichte, Reisefreiheit zu sensibilisieren als mit dem Studium des SED-Staates, wo es all das nicht gab. Indoktrination ist dabei überflüssig. Anschauung der überlieferten Dokumente und Gespräche mit Zeitzeugen überzeugen von allein gelingt das, kann sich der Ministerpräsident von Berlin-Brandenburg 2061 auf eine stille Würdigung der Opfer beschränken.

Abbildung 19: Trabant in der Berliner Rathausstraße (1963)

Quelle: BArch, Bild 183-B0826-0009-010 (Friedrich Gahlbeck)

Thomas Brussig selbst beschreibt die DDR in einer Rezension des Films *Das Leben der Anderen* in der *Süddeutschen Zeitung* vor allem als „leeres" Land: „ein fast leerer Hörsaal, eine fast leere Kantine, eine fast leere Kneipe, die fast leere Wohnung des Stasi-Hauptmannes" – all das zeige die „ganze Armseligkeit der DDR". Der Schriftsteller, 1964 in Berlin geboren und in der DDR zum Baufacharbeiter mit Abitur ausgebildet, kratzt bei dieser Gelegenheit allerdings auch an dem Lack, der sich aus der Verknüpfung der Diskurse Individualismus und Zivilcourage fast zwangsläufig zu ergeben scheint, und polemisiert gegen die „die verbreitete Auffassung, in der DDR hätten stolze, freie Menschen gelebt, die nur durch die Stasi und die Verbreitung nackter Angst niedergehalten wurden". In Brussigs Erinnerung „waren die Katzbuckelei, das beflissene Mitmachen und der bürgerliche Gehorsam so verbreitet, dass sich die Stasi so manches Mal ihre Fälle im Stile einer Arbeitsbeschaffungsmaßnahme gleichsam erfinden musste, um überhaupt noch etwas zu tun zu haben".[62]

Ökonomische Fragen, die in der wissenschaftlichen Literatur über das Ende der DDR eine zentrale Rolle spielen (Stichworte: Arbeitsproduktivität, Fabrik- und Maschinenverschleiß, Versorgungsengpässe, Insolvenzgefahr bereits in den frühen 1980er Jahren, finanzielle Abhängigkeit durch Milliardenkredite aus dem Westen[63]), werden im massenmedialen Diktaturgedächtnis-Diskurs so gut wie gar nicht angesprochen. Man könnte dies natürlich auf die Stichprobe zurückführen, die hier untersucht wurde: Nationalfeiertage, der 17. Juni und die Mauer, die Staatssicherheit, die Biermann-Ausbürgerung, DDR-Prominente, Rezensionen. Selbst in den Artikeln zum Solidarpakt geht es aber (wenn die DDR hier überhaupt thematisiert wird) eher um die Folgen für das Hier und Jetzt als um den wirtschaftlichen Wettlauf von Sozialismus und Kapitalismus. *Der Spiegel* sprach am 15. März 1993 zum Beispiel vom „Aufbau des maroden Ostlandes", bezifferte den „Schuldenstand aller öffentlichen Haushalte" in Deutschland auf „rund 1700 Milliarden Mark" und schob den Löwenanteil auf „jene Schulden, die Staat und Wirtschaft der DDR hinterließen" sowie auf die „Dynamik von Zins und Zinseszins". Den Einstieg für diese *Spiegel*-Geschichte lieferte „ein aus West-Berlin angereister Rentner" in Bonn. Dieser „einsame Geizhals" hatte sich dem Reporter zufolge „vor dem Kanzleramt postiert" und zeigte dort „auf handbemaltem Kartonpapier" zwei Botschaften: „Gebt den Ossis ihre Alu-Chips wieder" und „Keine DM für Stasi-Stolpe". Am Ende wird seine Geschichte aufgelöst: Ein DDR-Flüchtling von 1973, der „an seine ehemaligen Landsleute nur noch einen Wunsch" habe: „Sie könnten wenigstens mal danke sagen."[64]

---

62 | Thomas Brussig: Klaviatur des Sadismus. Die DDR in „Das Leben der Anderen". *Süddeutsche Zeitung* vom 21. März 2006, S. 13.

63 | Vgl. exemplarisch Andre Steiner: Von Plan zu Plan. Eine Wirtschaftsgeschichte der DDR. Berlin 2007.

64 | Teilen und verzichten. *Der Spiegel* Nr. 11 vom 15. März 1993, S. 18-20.

Zehn Jahre später ging das Hamburger Nachrichtenmagazin dann in einer sehr detaillierten Analyse des 17. Juni 1953 (5.500 Wörter, in geistes- und sozialwissenschaftlichen Fachzeitschriften fast Aufsatzlänge) auch auf wirtschaftliche Fehler im Vorfeld der Ereignisse ein – auf „die rücksichtslose Förderung der Schwerindustrie, die Kollektivierung der Landwirtschaft und die Aufrüstung der Kasernierten Volkspolizei", die „die schwachbrüstige DDR-Wirtschaft an den Rand des Ruins gebracht" hätten. Das Erklärungsmuster entspricht dann allerdings ganz der sonstigen diskursiven Praxis. Walter Ulbricht habe „gleich nach Kriegsende das ungeschriebene Grundgesetz seiner Diktatur verkündet": Die SED müsse „alles in der Hand behalten". So sei nicht Ministerpräsident Grotewohl befugt gewesen, „über das Begehren der Bauarbeiter" zu befinden, „sondern der gelernte Elektriker Bruno Baum" (im *Spiegel* vorgestellt als Zuständiger für Wirtschaftsfragen in der Berliner SED-Bezirksleitung und „eisenharter Kommunist"). Die anderen Verantwortlichen kommen nicht besser weg: Der sowjetische Oberkommandierende Andrej Gretschko (Herr über „eine halbe Million Sowjetsoldaten") ist ein „ukrainischer Bauernsohn", Minister Fritz Selbmann „ein gelernter Bergmann, dem die proletarische Herkunft noch anzusehen ist", und Parteichef Ulbricht ein „gelernter Tischler aus Leipzig". Wie sollten diese Männer an der Spitze, so darf sich der geneigte Leser fragen, eine Volkswirtschaft führen, zumal sie ihre Kritiker in der Geschichtsversion des *Spiegel* einfach „verschwinden" lassen konnten („in den fensterlosen Kellern des Stasi-Gefängnisses Berlin-Hohenschönhausen") und aus Angst vor dem Volk kurz vor dem Aufstand „von der Stasi einen Waffenschein bekommen" hatten?[65] Autoren dieser Analyse: die studierten Historiker Uwe Klußmann, Jahrgang 1961, seit 1990 beim *Spiegel*, dort zunächst Korrespondent in Ostdeutschland und 1999 bis 2009 dann in Moskau, sowie Dr. Klaus Wiegrefe, Jahrgang 1965, seit 1997 beim *Spiegel* zuständig für Zeitgeschichte und auch Mitverfasser eines (kürzeren) Artikels, der eine Woche später über die Kehrseite des Aufstandes berichtete (Mord an einem SED-Mitglied) und gleich noch behandelt wird.

Das von den Diskursen Individualismus und Zivilcourage geformte Diktaturgedächtnis vergisst ganz offenkundig die Widrigkeiten des DDR-Alltags, die in Martin Sabrows Erinnerungs-Typologie ohnehin eher im Modus des Arrangementgedächtnis zu Hause sind.[66] Entsprechende Hinweise fin-

65 | Uwe Klußmann, Klaus Wiegrefe (wie Anm. 25).

66 | Martin Sabrow (wie Anm. 4).

den sich, wenn überhaupt, im Feuilleton – etwa in einer *Zeit*-Rezension des Films *Good Bye, Lenin!*, in der sich Evelyn Finger, selbst 1971 in Halle an der Saale geboren, über „Zonenkinder"[67] aufregt, die vor „ihren staunenden Freunden in Duisburg" die Misswirtschaft gegen das Bildungsideal aufwiegen würden („als es nur eine Sorte Joghurt gab, aber dafür ausschließlich wertvolle Bücher"),[68] oder in einer Hommage an das DDR-Auto Trabant in der *Berliner Zeitung*, wo Christian Mayer 2001 noch einmal über die Lieferzeiten schrieb, über „marode Straßen" und über „die Gewohnheit, den Samstag lieber in der Garage zu verbringen als auf einen Termin in der Werkstatt zu warten".[69] In den Leitartikeln wird dagegen vor allem die „Mitgift" der DDR diskutiert, die, folgt man der *Frankfurter Allgemeinen Zeitung* vom 2. Oktober 2010, zwanzig Jahre zuvor nicht nur von Helmut Kohl überschätzt worden war. „Die Ostdeutschen glaubten noch fester dran". Die folgende Enttäuschung habe dann „auf Jahre hinaus das Klima zwischen Ost und West" vergiftet, zumal „ausgerechnet die nunmehr unter dem Namen PDS lebende Staatspartei SED, die vierzig Jahre lang ‚ohne Waffen Ruinen geschaffen' hatte, die Verantwortung für alle Härten dieses beispiellosen Umbruchs dem Westen in die Schuhe schob". Weiter im Text von Stefan Dietrich, Jahrgang 1946, ab 1981 bei der FAZ und dort von 2000 bis 2011 verantwortlich für die Innenpolitik: „Und was soll das Gerede von den ‚Bürgern zweiter Klasse' und den ‚entwerteten Biographien'? Nicht die Abwicklung maroder Fabriken hat die Leistungen der einst dort Beschäftigten entwertet, sondern eine Misswirtschaft, die sie vierzig Jahre lang daran hinderte, ihre Fähigkeiten und Talente zu entfalten. In Wahrheit hat der Westen der wirklich werthaltigen Mitgift Mitteldeutschlands sehr viel Achtung entgegengebracht. Davon zeugt die Vielzahl der Altstädte und Kulturdenkmäler zwischen Wismar und Görlitz, die vor dem sicheren Untergang bewahrt wurden."[70] Diese Argumentation passt zwar in den Individualismus-Diskurs, hat aber einen kleinen Haken: Die Altstädte und Kulturdenkmäler haben die DDR-Bürger nicht geschaffen, sondern allenfalls bewohnt oder besichtigt.

---

67 | Vgl. Jana Hensel: Zonenkinder. Berlin 2002.

68 | Evelyn Finger: Die unsinkbare Republik. *Die Zeit* Nr. 7 vom 6. Februar 2003.

69 | Christian Mayer: Mit der Kraft der zwei Kerzen. *Berliner Zeitung* vom 30. April 2001.

70 | Stefan Dietrich: Wechselbäder der Einheit. *Frankfurter Allgemeine Zeitung* vom 2. Oktober 2010, S. 1.

Vergangenheitsbewältigung

Der Diskurs Vergangenheitsbewältigung ist in der „diskursiven Praxis" DDR nicht ganz so klar erkennbar wie die Diskurse Individualismus und Zivilcourage. Bei der Auswertung der Gruppendiskussionen im fünften Kapitel wird noch deutlich werden, dass vor allem Ostdeutsche, die in der DDR geblieben sind und für die Ausreise oder Flucht keine Optionen waren, auf Vergleiche mit dem Dritten Reich geradezu allergisch reagieren. Insofern könnte man es als Folge solcher Befindlichkeiten verstehen, dass dieser Diskurs beim Thema DDR in aller Regel nur über den Begriff „Aufarbeitung" selbst präsent ist – immerhin in etwa jedem fünften der untersuchten Artikel, damit etwas häufiger als „Unrecht" und übertroffen nur von „Stasi", „Mauer" und „SED" (alle drei in mehr als der Hälfte der Texte) sowie „sozialistisch" bzw. „Sozialismus" und „Diktatur" (jeweils etwas mehr als ein Drittel). Die Geschichte des Begriffs Aufarbeitung genügt offenbar, um schon durch die bloße Nennung des Wortes den Bezug zu diesem Diskurs herzustellen.[71] „Aufarbeitung" (oder „Vergangenheitsbewältigung") steht für „jene Kultur der selbstkritischen Auseinandersetzung mit der Vergangenheit, die sich seit Anfang der sechziger Jahre herausbildete und die Gesellschaft der Bundesrepublik jahrzehntelang prägte". Die (West-)Deutschen haben auch hier, so sah es zumindest der Historiker Norbert Frei, 1955 geboren und Absolvent der Deutschen Journalistenschule in München, „einen Ruf" zu verteidigen – „als Erfinder und Weltmeister der ‚Vergangenheitsbewältigung'".[72] Dass dieser Weltmeister ab 1990 plötzlich gegen die DDR spielen durfte, wirkt fast wie ein Freilos für die nächste Runde. Die meisten Westdeutschen können hier selbstkritisch sein (schließlich geht es um das eigene Land), ohne die Kritik wirklich an sich heranlassen zu müssen.

Ausformuliert werden die Bezüge zum Dritten Reich und zum Umgang mit der deutschen Geschichte in der Bundesrepublik in der „diskursiven Praxis" DDR selten – zum Beispiel in der *Süddeutschen Zeitung* von Willi Winkler, Jahrgang 1957, der auch schon für *Die Zeit* und den *Spiegel* gearbeitet hat und im Streit um den Palast der Republik Anfang 2006 Parallelen zog zu Albert Speer und dem Beton-Koloss, den die „Nazi-Freizeitindust-

71 | Vgl. exemplarisch Theodor W. Adorno: Was bedeutet – Aufarbeitung der Vergangenheit? In: Gesammelte Schriften, Band 10.2. Frankfurt/Main 1977, S. 555-572.

72 | Norbert Frei: 1945 und wir. Das Dritte Reich im Bewusstsein der Deutschen. München 2005, S. 7.

rie“ in Prora auf Rügen errichtet habe („ein unkaputtbares Denkmal ihres Wirkens“[73]), oder im gleichen Blatt von Tanjev Schultz, fast 20 Jahre jünger als Winkler, der 2008 nach der Veröffentlichung der Schüler-Studie des Forschungsverbundes SED-Staat an der FU Berlin in einem Leitartikel die Lehrpläne an den Schulen hinterfragte: „Werden der Nationalsozialismus und die DDR ausreichend behandelt? Ausgerechnet in Ostdeutschland wird man zu dem Ergebnis kommen: Die DDR-Geschichte kommt zu kurz.“[74] Dass das Diktaturgedächtnis ohne den Diskurs Vergangenheitsbewältigung nicht zu denken ist, zeigen Name und Auftrag der Bundesstiftung Aufarbeitung, die nicht nur die „umfassende Aufarbeitung der Ursachen, Geschichte und Folgen der Diktatur in SBZ und DDR“ fördern, sondern auch helfen soll, die „friedlichen Revolutionen des Jahres 1989“ als „herausragende Ereignisse in der deutschen und europäischen Demokratiegeschichte“ zu verankern.[75]

> *These 2:* Nach der Etablierung des Diktaturgedächtnisses ist der Diskurs selbst schnell zu einem Gegenstand der „diskursiven Praxis“ DDR geworden. Dabei werden zwar Funktionen und Engführungen der Geschichtskonstruktion genauso angesprochen wie anders lautende Erinnerungen, der Medientenor aber ändert sich dadurch nicht. Im Gegenteil: Selbst bei auf den ersten Blick unpolitischen Beiträgen mit DDR-Bezug scheint es kaum mehr möglich, ohne einen Verweis aus Staatssicherheit und Mauer auszukommen. Zu dieser diskursiven Praxis gehört die Warnung vor dem Vergessen der Diktaturerfahrung, vor Relativierern und vor Ostalgie – eine Reaktion auf das Arrangementgedächtnis, das sich in ostdeutschen Milieus spätestens ab Mitte der 1990er Jahre etabliert hat.

Die zu Beginn dieses Kapitels gewürdigten Artikel von Markus Feldenkirchen und Bernd Ulrich vom Herbst 2010 deuten einen Wandel der diskursiven Praxis an – ausgelöst durch das Unbehagen über eine DDR-Konstrukti-

---

73 | Willi Winkler: Unser quasisozialdemokratisches Mehrzweckgebäude. Rendezvous mit der Abrissbirne: Ein winterlicher Abschiedsbesuch beim Palast der Republik, bevor demnächst der Rasen gnädig die Vergangenheit zudeckt. *Süddeutsche Zeitung* vom 2. Januar 2006, S. 11.

74 | Tanjev Schultz: Geschichte fällt aus. *Süddeutsche Zeitung* vom 14. August 2008, S. 4.

75 | http://www.stiftung-aufarbeitung.de/die-stiftung-1074.html (7. September 2012).

on, für die beide in gewisser Weise mitverantwortlich waren. Feldenkirchen bezichtigte sich hier schließlich selbst der „Ignoranz", und Ulrich beschrieb das, was die Ostdeutschen in die Einheit mitgebracht haben, mit dem Wort „Befreiung".

Für die Vermutung, dass sich der DDR-Diskurs mit wachsendem zeitlichem Abstand aus den Grenzen löst, die durch den Rahmen Individualismus, Zivilcourage und Vergangenheitsbewältigung gesetzt werden, könnte auch die ganze Zeitungsseite sprechen, die die *Frankfurter Allgemeine* zum fünfzigsten Jahrestag des Mauerbaus dem Historiker Klaus-Dietmar Henke einräumte, der kurz zuvor ein Standardwerk zu diesem Thema veröffentlicht hatte.[76] Henke zieht in diesem Beitrag zwar auch die offenbar obligatorische Linie vom „Volksaufstand im Juni 1953" bis zur „friedlichen Revolution von 1989", ruft nach dem Geist der „Bastille des Jahres 1789" und attackiert das „amtliche Märchen" vom „antifaschistischen Schutzwall" sowie „Dichterclaqueure vom Schlage eines Stephan Hermlin", die den Mauerbau seinerzeit als „Schlag gegen die Bundesrepublik" begrüßt hätten („den gefährlichsten Staat der Welt"), zugleich aber ist er gar nicht so weit entfernt von Heinz Keßler und Fritz Streletz, wenn er gegen die „Enthistorisierung" anschreibt und unter anderem daran erinnert, dass Deutschland „die Schleusen zu seiner Katastrophe selbst geöffnet" habe und dass die „Zementierung der Blockgrenze in Mitteleuropa nicht weniger Sicherheit und Zusammenarbeit in Europa ermöglichte, sondern mehr". Neben den historischen Fakten interessiert sich Henke in diesem Text vor allem für den Diskurs, der die Bedeutung von Symbolen verändert – bei der Berliner Mauer so, dass „die helle Seite" ihre „dunkle längst überstrahlt". Die „‚Aufarbeitung' der SED-Diktatur" (Aufarbeitung bei Henke in Anführungszeichen) habe dazu geführt, „dass die Erinnerung an die politischen und humanitären Zwänge in den prekären Teilungsjahren unserer Nachkriegsgeschichte zeitweilig eingeebnet wurde", dass „die Perspektive der Maueropfer" in den Vordergrund getreten sei und dass „DDR-Bürger, die an einem viel größeren Zwang zur Anpassung litten", in der öffentlichen Debatte „lange kaum Gehör" gefunden hätten.[77]

Dieser Beitrag täuscht allerdings – nicht nur weil er von einem Autor stammt, der nicht zu einer der großen Redaktionen gehört. Erstens gab es

---

76 | Klaus-Dietmar Henke: Die Mauer. Errichtung, Überwindung, Erinnerung. München 2011.

77 | Klaus-Dietmar Henke: Metapher. Mahnmal. Mythos. Berliner Mauer 1961-1989. *Frankfurter Allgemeine Zeitung* vom 13. August 2011, S. 9.

solche Gastbeiträge auch vorher schon, und zweitens ist das Gegenwart, was Klaus-Dietmar Henke als eine (vielleicht kaum vermeidbare) Phase skizziert, die seiner Meinung nach längst überwunden ist. Prominentester Gastbeitrag im Material, auf das sich diese Studie stützt, ist der Aufsatz „Zur Lage der Nation" von Helmut Schmidt. Zum ersten Jahrestag der Wiedervereinigung 1991 schrieb der Mitherausgeber in der Hamburger Wochenzeitung *Die Zeit* über „das Gebot aus Artikel 1 des Grundgesetzes, die Würde des Menschen nicht anzutasten", und warnte vor „Hochmut" gegenüber „früheren Nazis wie Kommunisten" und vor der „Anmaßung der Wessis", die „die Ossis vielfach zu Bürgern zweiter Klasse stempeln" würden. So gehe es zum Beispiel überhaupt nicht an, „den Frauen in den neuen Bundesländern die Fristenregelung und die alleinige Entscheidung nehmen zu wollen, die sie seit Jahrzehnten gehabt haben" (der Schwangerschaftsabbruch war 1972 legalisiert worden), „ostdeutschen Krankenschwestern ihre in einem schweren Beruf erworbenen Dienstjahre streichen zu wollen" („ich habe mich für meine eigene Gewerkschaft geschämt") und die Stasi „wochenlang zum Hauptthema zu machen". Gerade weil die Ostdeutschen „sehr vieles zu lernen" hätten, dürfe „niemand ihre Selbstachtung und ihren Stolz verletzen".[78] Ohne auf diesen Artikel direkt Bezug zu nehmen, schob Politikredakteur Jan Ross, Jahrgang 1965 und studierter Philosoph, knapp zehn Jahre später dem „symbolischen Zufall" in die Schuhe, dass „die zweite deutsche Vergangenheitsbewältigung in diesem Jahrhundert" schon wegen des DDR-Geheimdienstes trotzdem ganz der ersten ähneln würde. Seitdem die PDS sich anschicke, „ins Zentrum der deutschen Politik vorzustoßen" (die Partei hatte bei der Bundestagswahl 1998 die Fünf-Prozent-Hürde übersprungen), sei „ständig vom 17. Juni 1953 die Rede, vom Mauerbau und eben auch wieder von den Stasi-Akten". Jan Ross benennt hier auch, „kühl gesprochen", einen zweiten Grund: „ein Stück Elitentausch in Ostdeutschland", das allerdings, wir haben 2001, allmählich auslaufe.[79]

Auch wenn Jan Ross mit dem letzten Halbsatz Recht gehabt haben mag, hat sich die „diskursive Praxis" DDR im folgenden Jahrzehnt nur um Nuancen geändert. Seit eine Umfrage des *Spiegel* Mitte 1995 „eine überraschend starke, dabei durchaus differenzierte DDR-Nostalgie an den Tag" brachte,[80]

78 | Helmut Schmidt: Zur Lage der Nation. *Die Zeit* Nr. 41 vom 4. Oktober 1991, S. 1.

79 | Jan Ross: Ein Revolutionsrest im Rechtsstaat. *Die Zeit* Nr. 33 vom 9. August 2001.

80 | Stolz aufs eigene Leben. *Der Spiegel* Nr. 27 vom 3. Juli 1995, S. 40-52, hier 40.

wird die Kluft zwischen dem Diktaturgedächtnis, das die öffentliche Erinnerung dominiert, sowie dem Arrangement- und dem Fortschrittsgedächtnis, die vor allem in ostdeutschen Milieus weitergetragen werden, ebenfalls thematisiert – indem offen vor den Gefahren gewarnt wird, die mit diesen beiden Gedächtnistypen verbunden sind, oder mit Hilfe von besonders pointierten Varianten des Diktaturgedächtnisses.

Abbildung 20: Verkehrserziehung im Kindergarten (1970)

Quelle: BArch, Bild 183-J0617-0013-001 (Friedrich Gahlbeck)

Das Emnid-Institut, das 1995 im Auftrag des Hamburger Nachrichtenmagazins im Osten unterwegs war, hatte dort viele Menschen gefunden, die sich „an Licht und Schatten" erinnerten. *Der Spiegel* dokumentierte einige der ausgefüllten Fragebögen sowie die „positivsten" und die „negativsten Erinnerungen" und verschwieg dabei auch nicht, dass einige der Befragten gar nichts Negatives nennen konnten oder wollten, allerdings nicht ohne die Ostdeutschen dafür sanft zu belächeln („An ihrer Schrift, ihren Fehlern und ihrem Stil war meist zu erkennen, dass sie selten schreiben")[81] und die „Nostalgie" mit der „Wirklichkeit" zu konfrontieren. Die DDR habe nie und nimmer überleben können, und noch vor fünf Jahren hätte kaum einer ihrer Bürger Schule, Gesundheitswesen oder Wohnungsversorgung gelobt. Dass das heute (1995) anders sei, liege am fehlenden „Realitätssinn". Nur ein Beispiel

81 | Ebenda, S. 41f.

für den *Spiegel*-Stil: „Dass die DDR-Schulen generell besser waren als die BRD-Schulen, werden nicht mal einstige SED-Schulräte behaupten. Auch partielle Vorzüge lassen sich hier kaum finden. Aber es gab damals bessere Noten (gut war nur der Lehrer, der gute Schüler hatte), mehr Lehrer und verlässliche Perspektiven. Jedem Schulabgänger war zumindest eine Lehrstelle, wenn nicht sogar ein Studienplatz sicher". Ganz abgesehen von der PR für die politische Ordnung der alten Bundesrepublik läuft diese Argumentation, die sich auf den Politikwissenschaftler Lothar Fritze beruft, damals Mitarbeiter am Hannah-Arendt-Institut für Totalitarismusforschung an der TU Dresden, auf das „Haupt-Wort" „Sicherheit" hinaus,[82] das hier zum Vorwurf wird, weil es nicht in die Diskurse Individualismus und Zivilcourage passt. Wenn die Ostdeutschen etwas anderes im Kopf haben als die Gegenstände, die das Diktaturgedächtnis speichert, dann haben sie es nur noch nicht verstanden – kein Wunder bei Menschen, die eher selten schreiben.

Diese Erklärung hat allerdings nicht lange getragen. „Die Verklärung der DDR erreicht einen neuen Höhepunkt" eröffnete Julia Bonstein, 1975 geboren, Absolventin der Henri-Nannen-Schule und 2005 bis zu ihrem Tod 2011 *Spiegel*-Redakteurin, im Sommer 2009 ihren Beitrag „Heimweh nach der Diktatur", der auf die DDR-Trauer unter „Jüngeren und Bessergestellten" reagiert und dabei nahezu in jeder Hinsicht der Titelgeschichte gleicht, die fast auf den Tag genau 14 Jahre vorher auf dem Cover mit der Überschrift „Das Ost-Gefühl. Heimweh nach der alten Ordnung" angekündigt worden war. Aus der „alten Ordnung" hatte die „diskursive Praxis" DDR inzwischen eine „Diktatur" gemacht, und die leicht bekleidete FDJ-Kämpferin, die 1995 das Titelblatt der Zeitschrift fast zu sprengen schien, spielte jetzt ganz züchtig auf einer Gitarre (vgl. Abbildungen 21 und 22). Ansonsten gibt es auch hier Auszüge aus dem kommunikativen Gedächtnis der Ostdeutschen („Dieses Monster BRD habe ich nicht gewollt"), Zweifel an der Urteilsfähigkeit der Ostdeutschen („fragwürdige Vergleiche") sowie einen Politikwissenschaftler, der warnt und einordnet (diesmal Klaus Schroeder vom Forschungsverbund SED-Staat). Kern ist jetzt nicht mehr die Sicherheit, sondern die „Tragik eines geteilten Landes": „Die Verharmlosung der Diktatur wird in Kauf genommen als Preis für die Wahrung der eigenen Selbstachtung."[83]

82 | Ebenda, S. 43.

83 | Julia Bonstein: Heimweh nach der Diktatur. *Der Spiegel* Nr. 27 vom 29. Juni 2009, S. 124-126.

Abbildung 21: Die DDR im Spiegel *(1995)*

Quelle: Der Spiegel, *Nr. 27/1995, S. 1*

Abbildung 22: Die DDR im Spiegel *(2009)*

Quelle: Der Spiegel, *Nr. 27/2009, S. 124 (Kurt Klingner)*

Dieses Diskurselement findet sich nach der Jahrhundertwende auch in den anderen untersuchten Leitmedien. „Geliebt wird die DDR erst, seit es sie nicht mehr gibt“, schrieb Willi Winkler in seinem schon angesprochenen Artikel über den Palast der Republik Anfang 2006 in der *Süddeutschen Zeitung*.[84] Tanjev Schultz beklagte dort zweieinhalb Jahre später, dass sich in Brandenburg „viele Jugendliche offenbar auch von der Ostalgie ihrer Eltern und Großeltern beeindrucken“ ließen.[85] Die *Frankfurter Allgemeine Zeitung*, hier in Person von Regina Mönch, Jahrgang 1953, Absolventin der Leipziger Sektion Journalistik, zwischen 1989 und 1991 laut Selbstdarstellung „Reporterin und Redakteurin bei verschiedenen alternativen ostdeutschen Zeitungen“[86] und seit 1999 im Feuilleton der FAZ, klagte im Frühjahr 2006 in einer der Kampfschriften des Blattes für den Abriss des Ostberliner Palastes über „Kollegen“ (also: andere Journalisten), die regelrecht nach Menschen „fahnden“ würden, die glaubten, hier werde „ein Stück Geschichte beseitigt“.[87] Und Evelyn Finger lobte kurz davor in der *Zeit* Florian Henckel von Donnersmarck, weil er „den weit verbreiteten Irrtum“ widerlegt habe, „man hätte sich in der DDR so leichthin für das Gute entscheiden können wie im Westen für das richtige Auto“.[88]

Woher solche „Irrtümer“ auch immer stammen und für wen die „Kollegen“ arbeiten mögen: In der *Süddeutschen* und in der *Frankfurter Allgemeinen Zeitung*, im *Spiegel* und in der *Zeit* sind Arrangement- und Fortschrittsgedächtnis genau wie in den großen ostdeutschen Regionalblättern (was gleich noch zu zeigen sein wird) nur als Phantom präsent – als ein Phänomen, das sich (mit etwas Mühe) erklären lässt (zumal es offenbar nicht so schnell verschwindet), von dem man sich aber ansonsten zu distanzieren hat. Auf den Punkt bringt diese „diskursive Praxis“ die *Spiegel*-Geschichte „Disneyland des Kalten Krieges“ von Frank Hornig, geboren 1969 in Bonn, studierter Historiker, seit 1998 beim Hamburger Nachrichtenmagazin und seit 2009 dort stellvertretender Leiter des Berliner Büros. Im Vorfeld des 13. August 2011 lieferte Hornig ein Zerrbild des touristischen Alltags in der

---

84 | Willi Winkler (wie Anm. 73).

85 | Tanjev Schultz (wie Anm. 74).

86 | http://www.faz.net/redaktion/regina-moench-11104361.html (31. Mai 2012).

87 | Regina Mönch: Letzte Vorstellung. Perfekte Dramaturgie am Palast der Republik: Keine Tränen, nur Sand, Schutt und Schrott. *Frankfurter Allgemeine Zeitung* vom 21. April 2006, S. 35.

88 | Evelyn Finger: Die Bekehrung. *Die Zeit* Nr. 13 vom 23. März 2006.

deutschen Hauptstadt, das von „Trabi-Safaris“ über kulinarische „Sozialistenklassiker“ wie Soljanka oder Ragoût fin bis zu „nachgestellten Verkehrskontrollen der Volkspolizei“ und „Zwangsumtausch“ reicht, und forderte die Politik indirekt auf, die Geschichte nicht findigen Privatleuten zu überlassen. „André Prager hat in seinem Leben schon einiges erreicht. Er begann mit Obst und Gemüse, dann verlegte er sich auf Süßigkeiten und wurde Vertriebsmann für Ferrero. Schließlich entdeckte er die Berliner Mauer und ihr Geschäftspotential.“ Frank Hornig kennt natürlich den Preis, um den gespielt wird: „Es geht um die Deutungshoheit über die deutsch-deutsche Geschichte – und über die Orte der Erinnerung.“ Seine Kronzeugen sind unter anderem Hubertus Knabe, der (wie wenig später dann auch in der FAZ) fordert, „für den Gebrauch sozialistischer Symbole strikte strafrechtliche Grenzen“ zu setzen, Berlins Kulturverwalter („Wir haben einen Bildungsauftrag“), der DDR-Oppositionelle Markus Meckel (1990 dann für etwas mehr als vier Monate Außenminister), Statistiken (Berlin „liegt nun auf Platz drei der beliebtesten Touristenziele Europas“), Monika Grütters (CDU), Vorsitzende des Kulturausschusses im Bundestag, Leiterin der Stiftung Brandenburger Tor und vom „Grausen“ gepackt, wenn sie sieht, wie der Pariser Platz zum „Rummelplatz der Nation“ verkomme, sowie Axel Klausmeier, der seit 2009 die Stiftung Berliner Mauer leitet und so an der Bernauer Straße „ein Anti-Disney-Programm“ bewacht – einen Ort, „an dem Gedenken und Geschäft noch weitgehend auseinandergehalten werden“.[89]

Obwohl die Redaktionen wissen, dass sich die DDR-Bilder in den Leitmedien von dem unterscheiden, was zumindest ein Teil der Zeitzeugen im kommunikativen Gedächtnis weiterträgt, ändert sich die „diskursive Praxis“ nicht. Genau wie Frank Hornigs Berliner Disneyland-Geschichte deuten auch die anderen untersuchten Texte aus dem Jahr 2011 eher darauf hin, dass sich die Werbung für das Diktaturgedächtnis noch verstärkt. In einem Text zum Mauerjubiläum, der sich ausdrücklich an Heranwachsende richtete (Blog *KinderZEIT*), erzählte die Freiberuflerin Silke Stuck, wenn man so will, „vom Krieg“ – wie sie, 1973 geboren und in Westberlin aufgewachsen, erlebt hat, was „vielleicht fünfhundert Schritte“ entfernt ablief. „Was ich als Kind sehr früh verstand: Wir lebten auf der ‚richtigen‘ Seite der Mauer. Dahinter aber lag das Unverständliche: ein Land, das seine Bürger regelrecht einsperrte. Die Menschen durften nur in bestimmte Länder reisen und nicht

89 | Frank Hornig: Disneyland des Kalten Krieges. *Der Spiegel* Nr. 32 vom 8. August 2011, S. 30-32.

offen ihre Meinung sagen. Es gab nur eine Partei, und die bestimmte alles: wer ein Auto oder ein Telefon bekam und welchen Beruf man lernte." Wenn Silke-Kind „auf einen der hölzernen Aussichtstürme im kleinen Wäldchen kletterte und über die Mauer schaute", sah sie – „nichts" beziehungsweise einen „grauen Streifen Ödnis". Was möchte Frau Stuck der nächsten Generation sonst noch erzählen über diese Zeit? Hin und wieder seien in der Klasse „neue Kinder" aufgetaucht, „die es geschafft hatten, mit ihren Familien aus der DDR auszureisen", „die Mauer hat sogar meine eigene Familie in zwei Teile gerissen", zu Besuchen in den Osten habe man Jeans, „Kaffee oder ein Radio" mitgenommen, obwohl es dort „komisch" gewesen sei, die Wurst anders geschmeckt habe und „die Cola auch" („die Verwandtschaft blieb mir fremd, ist es bis heute"). Man musste an der Grenze „ewig" warten, und einmal kamen die Eltern „von der vorgegebenen Strecke" ab und waren sehr „angespannt" im Auto, „obwohl wir doch nichts Unrechtes taten. Dieser Staat, der seine Bürger unterdrückte, machte ihnen Angst – und dadurch auch mir".[90]

Noch ein zweites Beispiel von 2011: Am 28. Januar, als der Bundestag Roland Jahn zum neuen Bundesbeauftragten für die Stasi-Unterlagen macht, beginnt Constanze von Bullion, Jahrgang 1964, ihren Text für die *Süddeutsche Zeitung* mit einem Besuch Jahns bei der Fraktion der Linkspartei – „sozusagen im Feindesland". Es folgt ein Porträt ganz im Stil der „diskursiven Praxis" DDR, wie sie in diesem Kapitel bisher beschrieben wurde. Jahn ist hier der „Unbeugsame unter den DDR-Bürgerrechtlern" und ein „Revolutionär", der „über Monate ins Gefängnis gesteckt und mit Gewalt außer Landes gezerrt wurde" und jetzt die „Nachfolgepartei der SED" an ihre „besondere Verantwortung für die Aufarbeitung" erinnere. Daheim bei Jahns am Abendbrottisch habe der Vater, der im Weltkrieg „mit 17 ein Bein verloren" hatte („sozusagen ein lebendes Mahnmal des Totalitarismus"), dem Sohn geraten, „lieber den Mund" zu halten. Roland sei dann zwar „zur FDJ und auf die Uni" gegangen, „aber er bringt eben auch die Courage auf, sich im Ministerium zu beschweren, als Langhaarige schikaniert werden". Zu diesem Text gibt es auch ein Foto. Es zeigt Jahn und – Wolf Biermann, „hier bei

90 | Silke Stuck: „Ich bin ein Mauerkind". *KinderZEIT* vom 11. August 2011. http://blog.zeit.de/kinderzeit/2011/08/11/%C2%BBich-bin-ein-mauerkind%C2%AB_10086 (13. September 2012).

einer Ausstellung über die friedliche Revolution von 1989 auf dem Berliner Alexanderplatz".[91]

> *These 3*: Trotz der Dominanz des Diktaturgedächtnisses bieten alle vier untersuchten Leitmedien ihren Lesern zumindest in Nuancen Differenzierungen – abhängig von der Position im journalistischen Feld, vom Profil und von der politischen Ausrichtung. Das Nachrichtenmagazin *Der Spiegel* sucht auch beim Thema DDR Exklusivnachrichten und liefert so Geschichten, die dem allgemeinen Medientenor widersprechen. Die Wochenzeitung *Die Zeit* gibt nebeneinander (gleichberechtigt) unterschiedlichen Ansichten Raum und thematisiert dabei den biografischen Hintergrund der Autoren. Während auch die *Süddeutsche Zeitung* verschiedene Stimmen zu Wort kommen lässt und den Diskurs oft ironisch aus einer Vogelperspektive beobachtet, rechnet die *Frankfurter Allgemeine Zeitung* in ihren (extrem negativen) Kommentaren und politischen Artikeln gleichzeitig mit der westdeutschen Linken ab und platziert abweichende Ansichten zur DDR im Feuilleton oder im Sportteil.

DER SPIEGEL

Dieses Nachrichtenmagazin aus Hamburg, das sei „irgendwie der Journalisten-Olymp", sagte ein Reporter der *Bild-Zeitung*, damals Ende 30, der 2008 in einer groß angelegten Studie (mehr als 500 Befragte) zum journalistischen Feld in Deutschland interviewt wurde.[92] Obwohl dieser Mann mit seinen Arbeitsbedingungen mehr als zufrieden war („ein Traum"), konnte er sich nichts Schöneres vorstellen, als beim Aufwachen für den *Spiegel* zu schreiben. Der Grund leuchtet sofort ein: Götter und Scoops sind im journalistischen Feld Synonyme. Da hier um exklusive Nachrichten und Geschichten gespielt wird, hängt die eigene Position vor allem von der Zeit ab, die man für die Recherche und das Schreiben hat, aber auch von der Reputation (kom-

---

91 | Constanze von Bullion: „Wir wurden zu Staatsfeinden erzogen". *Süddeutsche Zeitung* vom 28. Januar 2011, S. 6. – In ähnlichem Duktus, aber viel ausführlicher: Gerhard Praschl: Roland Jahn. Ein Rebell als Behördenchef. Berlin 2011.

92 | Michael Meyen, Claudia Riesmeyer: Diktatur des Publikums. Journalisten in Deutschland. Konstanz 2009, S. 110.

men die Informanten zu mir oder gehen sie zur Konkurrenz). Wenn jemand in Deutschland Material hat, das das Land erschüttern könnte, geht er im Zweifelsfall zum *Spiegel*, und keine andere Redaktion des Landes kann es sich leisten, so lange und so intensiv an einzelnen Themen zu arbeiten. Dass zum Prinzip des Nachrichtenmagazins ein interner Kampf um Abdruckplätze gehört, verschärft den Druck in Richtung Exklusivität noch einmal.

Dieser Prolog hilft zu verstehen, warum *Der Spiegel* nicht einfach im Chor des Diktaturgedächtnisses untertauchen kann, obwohl die Hamburger, wie die vielen zitierten Beispiele schon deutlich gemacht haben dürften, hier ansonsten kräftig mitsingen. Zur DDR-Konstruktion gehören in diesem Nachrichtenmagazin auch ausführliche und faktenreiche Artikel, die sich von der sonstigen „diskursiven Praxis" abheben. Um gleich mit dem 17. Juni 2003 anzufangen, dem Anlass, an dem sich auch das Zusammenspiel der Diskurse Individualismus, Zivilcourage und Vergangenheitsbewältigung am besten zeigen ließ: Eine Woche nach der langen Geschichte über die Proletarier an der Spitze einer Volkswirtschaft (die passend zur Logik der Exklusivnachrichten acht Tage vor dem Jubiläum erschien)[93] berichteten Hans-Ulrich Stoldt und Klaus Wiegrefe (wie schon angedeutet) über „ein Tabu": In Rathenow sei am 17. Juni 1953 „die dünne Haut der Zivilisation" gerissen: „Die Menge lynchte einen SED-Mann". Dieser Funktionär wird zwar wie seine Genossen in der *Spiegel*-Ausgabe davor eher negativ und im Vokabular des Diktaturgedächtnisses porträtiert („In Rathenow war Wilhelm Hagedorn, der 58-jährige Betriebsschutzleiter des HO-Geschäfts, das verhasste Gesicht des Regimes. Gleich nach dem Krieg hatte der gelernte Maler, Kommunist ab 1920, bei der politischen Abteilung der Volkspolizei angeheuert, zuständig für die Entnazifizierung. Offenbar nutzte der einfach gestrickte Mann seine Macht, um Missliebige zu verfolgen"), so dass der Leser fast Verständnis für das „unheilvolle Gebräu aus Hass, Voyeurismus und Massenpsychose" aufbringen könnte, das Hagedorn das Leben kostete, das „Verbrechen" wird aber letztlich zum „gern vergessenen Tiefpunkt des sonst so gerühmten Aufstandes gegen die SED-Obrigkeit" gemacht und, mit Blick auf die „diskursive Praxis" DDR vielleicht noch wichtiger, überhaupt thematisiert.[94]

93 | Uwe Klußmann, Klaus Wiegrefe (wie Anm. 25).

94 | Hans-Ulrich Stoldt, Klaus Wiegrefe: Tod in Rathenow. *Der Spiegel* Nr. 25 vom 16. Juni 2003, S. 56.

Abbildung 23: Christa Wolf im Schriftstellerheim Petzow (1955)

Quelle: BArch, Bild 183-33560-0008 (Kümpfel)

In der Debatte um den Palast der Republik, in der sich *Der Spiegel* schon in den 1990er Jahren mehrfach eindeutig für den Abriss aussprach,[95] gibt es am gleichen Ort sehr früh (1995) auch schon das Gegenstück – den „letzten Wächter", hier verkörpert durch den Ingenieur Norbert Meyer, der seit 1979 auf dem Posten ist und nun „hofft, das Gebäude werde erhalten, damit seine Arbeit all die Jahre nicht umsonst gewesen sei".[96] Die Figur des DDR-Bürgers, der mit dem Palast der Republik sein persönliches Leben verbindet und damit jenseits aller Symbolik das Recht hat, sich gegen den öffentlichen Mainstream auszusprechen, wird von der *Zeit* und der *Süddeutschen Zeitung* sehr viel später entdeckt (2001 und 2006, in beiden Blättern in Person von Klaus Wons, der ab 1976 den Jugendtreff im Haus geleitet hatte).[97] Zum 30. Jahrestag der Biermann-Ausbürgerung suchte Susanne Beyer, Jahrgang 1969, Absolventin der Deutschen Journalistenschule in München und seit 1996 Kulturredakteurin beim *Spiegel*, nach den DDR-Künstlern, die damals

95 | Vgl. exemplarisch Bis aufs Skelett. *Der Spiegel* Nr. 5 vom 31. Januar 1994, S. 29 und Matthias Matussek: Das Schloß als Symbol. *Der Spiegel* Nr. 29 vom 13. Juli 1998, S. 158-164.

96 | Walter Mayr: Der letzte Wächter. *Der Spiegel* Nr. 23 vom 5. Juni 1995, S. 64.

97 | Christoph Dieckmann: Der sterbende Schwan. Berlins Palast der Republik, Symbol des deutschen Umgangs mit Geschichte, wird 25 Jahre alt. *Die Zeit* Nr. 17 vom 19. April 2001; Marcus Jauer: Eine Ruine für alle Träume. *Süddeutsche Zeitung* vom 19. Januar 2006, S. 3.

gegen die Entscheidung protestiert hatten – mit dem Wunsch, „die Heldengeschichte, so wie sie bisher erzählt wurde", auf den Prüfstand zu stellen. Was bleibt, ist neben einfühlsamen Miniaturen und Porträts, die sich aus Gesprächsabsagen ergeben (Christa Wolf, Angelica Domröse, Manfred Krug) oder aus persönlichen Besuchen (Günter Kunert, Armin Müller-Stahl), sowie einer Erkenntnis (wie Freundschaften zerbrechen und welchen Anteil die SED-Spitze daran hatte) ein Text weit jenseits der einfachen Erklärungen, die die „diskursive Praxis" DDR sonst bietet.

Selbst das Ministerium für Staatssicherheit (MfS) erlaubt exklusive Geschichten. Als 2006 der Film *Das Leben der Anderen* in die Kinos kam, grub *Der Spiegel* einen ehemaligen Offizier aus, der bis 1989 jeden Monat einen „Zirkel schreibender Tschekisten" besuchte, dort seine Gedicht-Versuche vortrug und dabei sowohl von gestandenen Schriftstellern begleitet wurde (Helmut Preißler und Gisela Steineckert) als auch von den eigenen Genossen, die in seinem Geschreibsel heimlich nach „inneren Verunsicherungen" suchten. Dieser Offizier darf im *Spiegel* jetzt erzählen, dass „Kunert und auch der frühe Biermann" seine Vorbilder gewesen seien. Beim Gespräch holt er sogar „drei Alben des ausgebürgerten Barden" hervor, die ihm „die Genossen" beschafft hätten („durch, na ja, er würde das heute als Postraub bezeichnen"). „Gedichte für den Kampf! Tatsächlich organisierten Mielkes Musen seit den Sechzigern ein kulturelles Nebenprogramm für MfS-Mitarbeiter, das in der Welt der Geheimdienste wohl einzigartig ist." Das Hamburger Nachrichtenmagazin begründete die Veröffentlichung, ganz dem eigenen Selbstverständnis folgend, mit „bisher nicht bekannten Dokumenten", flankiert seine „Enthüllungen" aber nicht nur mit der „Typografin Carolin aus Leipzig", die „die Ostalgie ihrer Eltern überhaupt nicht" verstehe, und dem „Stasi-Aufklärer Joachim Gauck", der den Kopf geschüttelt habe, als er die Geschichte hörte („Man lernt nie aus"), sondern auch mit einer besonders ausgefeilten Variation des schon vertrauten Vokabulars. Der Film, der den Anlass für den Text geliefert hat, sei „kein komisches Rasselbandenkino" (wie etwa, so schwingt im Subtext mit, *Sonnenallee* oder *Good Bye, Lenin!*), „sondern der nackte Horror". Ulrich Mühe spiele eine „Stasi-Ratte" und einen „kalten Knochenbrecher", dessen „Firma" das „Land durchsetzt und durchwühlt und infiziert" habe, „bis es völlig paranoid noch in seinen letzten Schlupflöchern ist".[98]

98 | Lars-Olav Beier, Malte Herwig, Matthias Matussek: Poesie und Paranoia. *Der Spiegel* Nr. 12 vom 20. März 2006, S. 172-176.

Die Zeit

Die Wochenzeitung spielt im Kampf um Exklusivität eine Liga tiefer als *Der Spiegel*. Dass ein Text nicht gedruckt werde, sei „extrem selten", sagte ein Ressortleiter in besagter Studie über den Journalismus in Deutschland. Was bei den Nachrichtenmagazinen laufe, sei „schlimm vergeudete Arbeitszeit". Bei der *Zeit* diskutiere man dafür sehr viel und leiste sich beispielsweise „den Luxus eines Philosophie-Redakteurs."[99] Diese redaktionsinternen Diskussionen werden zumindest teilweise in die Öffentlichkeit getragen. Wenn hier behauptet wird, dass die Wochenzeitung ihr DDR-Bild in aller Regel stärker differenziert als die anderen drei untersuchten Leitmedien, dann heißt dies nicht, dass nicht auch *Die Zeit* das Diktaturgedächtnis transportieren würde. Drei Beispiele aus der jüngeren Vergangenheit:

- Anfang 2008 lobte Frank Drieschner, studierter Philosoph und seit 1997 Redakteur in Hamburg, „ein Bilderbuch über die ostdeutsche Diktatur", das „die Schweriner Ministerialangestellte Sabine Beck" geschrieben habe, um „jungen Ostdeutschen" beizubringen, „dass das Regime der DDR nicht durch demokratische Wahlen legitimiert war". Im Manuskript entdecke „die kleine Juli", „dass der böse und unbeliebte König ihres Landes sein Territorium mit einer Mauer umgeben hat, damit ihm die Untertanen nicht weglaufen". Dass man so etwas ohne solche Bücher in der Schule nicht lernen könne, führt Sabine Beck der *Zeit* zufolge „auf den Einfluss einer Generation von Eltern zurück, die sich über ihre eigene Verstrickung in die Diktatur nicht Rechenschaft ablegen" wolle.[100]
- Anderthalb Jahre später schilderte Jan-Martin Wiarda, Absolvent der Deutschen Journalistenschule in München und seit 2004 bei der *Zeit*, in der gleichen Debatte, wie „200 Brandenburger Oberstufenschüler, fast alle die Kinder ehemaliger DDR-Bürger", gemeinsam den Film *Das Leben der Anderen* sehen mussten („sie sind nicht freiwillig hier") – eine Polemik gegen ein Geschichtsbild, das sich „nur aus Anekdoten und Ulkstreifen wie *Sonnenallee*" speise sowie der „Rechtfertigung" der Eltern und so zu der Vorstellung führe, der „kommunistische Staat" sei „eine Art Sozialparadies" gewesen. Jan-Martin Wiarda kennt das Gegengift: Veranstaltungen wie diese, mit FU-Professor Klaus Schroeder und drei Zeitzeu-

99 | Michael Meyen, Claudia Riesmeyer (wie Anm. 92), S. 107.

100 | Frank Drieschner: Sabine Beck. *Die Zeit* Nr. 2 vom 3. Januar 2008, S. 11.

gen („ehemalige Stasihäftlinge"), oder einen Besuch in der Gedenkstätte Hohenschönhausen.[101]

- Im Spätsommer 2011 stellte sich Evelyn Finger, Jahrgang 1971, studierte Germanistin aus Halle an der Saale, seit 2004 Redakteurin und 2010 Leiterin des damals neu geschaffenen Ressorts „Glauben und Zweifeln", im Streit um die Ex-Stasi-Wachleute eindeutig auf die Seite von Roland Jahn. „Worum handelt es sich hier? Um einstige Geheimdienstler, die die Geschichte ihres Geheimdienstes kritisch mit aufarbeiten sollen. Man kann das den größten Witz der Wiedervereinigung nennen." Fingers Verzerrung ist hier zwar fast genauso groß (die meisten der „Geheimdienstler" waren bekanntlich schon in der DDR nur Wachen und hatten unter Gauck und Birthler mit den Akten nichts zu tun), die Autorin sprach aber trotzdem von einem „symbolpolitischen Desaster", beklagte, dass „die meisten Verantwortlichen für das DDR-Unrecht nie belangt werden konnten", und schloss damit, „dass so mancher Denunziant, Vernehmer, Richter noch keine vierzig war, als die Mauer fiel, und demzufolge heute keineswegs als harmloser Greis in seinem Brandenburger Garten sitzt".[102]

Für die These, dass die Wochenzeitung trotzdem differenziert, stehen nicht nur Helmut Schmidts Text „Zur Lage der Nation" von 1991 und Bernd Ulrichs Dank an die Ostdeutschen von 2010 oder die Artikel von Christoph Dieckmann, die im Untersuchungsmaterial eine Ausnahme sind und deshalb in These 4 gesondert behandelt werden, sondern eine Redaktionslinie, die es erlaubt, zu einem Anlass konträre Argumentationen zu veröffentlichen und den Leser dabei zugleich über den biografischen Kontext aufzuklären, aus dem die Meinung jeweils stammt. Auch hier wieder drei Beispiele:

- Zum ersten Jahrestag der Wiedervereinigung erschien nicht nur der Text des ehemaligen Bundeskanzlers, sondern auch eine lange Reportage Dieckmanns, in der vier sehr unterschiedliche Lebenswege von Ostdeutschen genauso nachgezeichnet werden wie ihre Probleme, im neuen Deutschland einen Platz zu finden.[103]

---

101 | Jan-Martin Wiarda: Der Aufklärer. *Die Zeit* Nr. 28 vom 2. Juli 2009.

102 | Evelyn Finger: Stasi raus! *Die Zeit* Nr. 38 vom 15. September 2011.

103 | Christoph Diekmann: „Warum schaust Du hinterher?" Vier Ostdeutsche, zwölf Monate Einheit: Warum der Wandel so wenig im Leben änderte. *Die Zeit* Nr. 41 vom 4. Oktober 1991.

- Zum zwanzigsten Einheits-Jubiläum kommt neben dem Westdeutschen Bernd Ulrich erneut Dieckmann zu Wort – wieder mit einer ausführlichen und ganz persönlichen Bilanz der Dinge.[104]
- Ein knappes Jahr später, 50 Jahre nach dem Mauerbau, gab es neben den Erinnerungen des Westberliner Mauerkindes Silke Stuck, die sich bei den Familientreffen im Osten fürchtete,[105] ein Lob für die Gedenkstätte in der Bernauer Straße, in das Autor Alexander Cammann, 1973 in Rostock geboren, „Erinnerungsfetzen" einbauen („der Fünfjährige, der 1978 vom Osten über den zugemauerten Nordbahnhof hinweg in den Westen schaute, dorthin, wo die Weddinger Dächer verheißungsvoll orange leuchteten") und von „einer glücklich überstandenen grauen Vorzeit" sprechen konnte,[106] sowie den schon erwähnten Text des neun Jahre jüngeren Johannes Staemmler aus Dresden (Stichwort „3te Generation Ostdeutschland"), der sich an „die ersten Pioniernachmittage" erinnerte und daran, dass 1989 „nicht nur das Begrenzende, sondern auch das Schützende der Mauer weg" gewesen sei.[107]

SÜDDEUTSCHE UND FRANKFURTER ALLGEMEINE ZEITUNG

Der Gegensatz zwischen liberal und konservativ, den man aus anderen Untersuchungen zu den beiden großen deutschen Tageszeitungen kennt,[108] findet sich beim Thema DDR erst auf den zweiten Blick. Von Heribert Prantls „deutsch-sozialistischem Reservat", in dem „dumm-dreistes Parteichinesisch" auf „Menschen in Sicherungsverwahrung" einprasselte,[109] ist es nicht

104 | Christoph Dieckmann: Die Würde des Ostens. Was wir am 3. Oktober feiern können: Eine Bilanz nach zwanzig Jahren deutscher Einheit. *Die Zeit* Nr. 40 vom 30. September 2010.

105 | Silke Stuck (wie Anm. 90).

106 | Alexander Cammann: Stadtlandschaft mit Todesstreifen. Zum Jahrestag nähert sich die eindrucksvolle Gedenkstätte Berliner Mauer der Vollendung. *Die Zeit* Nr. 33 vom 11. August 2011.

107 | Johannes Staemmler (wie Anm. 56).

108 | Vgl. Jürgen Wilke: Presse. In: Elisabeth Noelle-Neumann, Winfried Schulz, Jürgen Wilke (Hrsg.): Fischer Lexikon Publizistik Massenkommunikation. Frankfurt/Main 2002, S. 422-459, hier S. 434f.

109 | Heribert Prantl: Eingemauert in Ruinen. *Süddeutsche Zeitung* vom 13. August 2011, S. 4.

weit bis zu Berthold Kohlers „Volksgefängnis" (vgl. Abbildung 18).[110] Selbst die Überschriften dieser Leitartikel zum 50. Jahrestag des Mauerbaus, verfasst von Spitzenjournalisten beider Blätter (Mitglied der Chefredaktion, Mitherausgeber), ähneln sich fast bis auf das Wort und zeichnen das gleiche DDR-Bild: „Eingemauert in Ruinen" (*Süddeutsche Zeitung*) und „Auferstanden aus Ruinen" (*Frankfurter Allgemeine*). Wenn sich beide Blätter unterscheiden, dann im Stil, im Tonfall oder im Blickwinkel (wie immer man das nennen mag, was gleich beschrieben wird) sowie bei der Verlinkung mit anderen politischen Diskursen. Obwohl Prantls Brandschrift deutlicher nicht sein könnte, jedes Lesen zwischen den Zeilen schon durch die Wortwahl kategorisch ausschließt und in der *Süddeutschen Zeitung* keineswegs eine Ausnahme ist (man denke nur an das Roland-Jahn-Porträt von Constanze von Bullion oder die Klage über die mangelnde Geschichtsbildung im Osten von Tanjev Schultz), gibt es im Blatt immer wieder Texte, die die „diskursive Praxis" DDR ironisch aus einer Vogelperspektive betrachten.

Abbildung 24: Arbeiterveteran bei Pionieren in Cottbus (1962)

Quelle: BArch, Bild 183-92978-0001 (Werner Großmann)

Ein Paradebeispiel für diesen Journalismus ist eine Seite-Drei-Geschichte über den Palast der Republik vom Januar 2006, verfasst von Marcus Jauer, 1974 in Borna in der Nähe von Leipzig geboren, Absolvent der Deutschen

110 | Berthold Kohler (wie Anm. 53).

Journalistenschule in München und Anfang 2008 dann von der *Süddeutschen Zeitung* zur Konkurrenz nach Frankfurt am Main gewechselt. Jauer spricht in diesem Text von einer „sehr deutschen Debatte" und liefert zunächst eine Art Begehungsprotokoll, das mit den Argumenten spielt, die von Befürwortern und Gegnern des Abrisses vorgebracht wurden: „Kein Saal, kein Foyer, keine Gaststätte, keine Bar. Kein Marmor, kein Parkett, kein Gemälde. Keine Wand, kein Tisch, kein Stuhl. Kein Mensch. In Wahrheit gibt es den Palast der Republik nicht mehr". Vom „Emblem mit Hammer und Zirkel im Ehrenkranz" sei nichts geblieben als ein Ring, „der um eine leere Mitte kreist. Er sieht immer noch aus wie ein Zeichen. Fragt sich nur, was es bedeutet" – mehrdeutiger Einstieg in Porträts von drei Debattierern, die unterschiedlicher nicht sein könnten: Klaus Wons, einst Leiter des Jugendtreffs, Sohn eines Kommunisten aus dem Wedding, dem die Hymne „Auferstanden aus Ruinen" tatsächlich etwas bedeutet habe und der den Palast heute als „Haus des Volkes" sehe, „nicht der Volkskammer". Dann Amelie Deuflhard, geboren in Stuttgart, jetzt Theaterleiterin in den Gebäuderesten, die zwar „mit dem Palast, wie Klaus Wons ihn kennt", nichts habe anfangen könne, aber „mit dieser Halle schon". Und schließlich Wilhelm von Boddien, Motor der Idee, das alte Stadtschloss wieder aufzubauen. Marcus Jauer gibt allen dreien sehr viel Platz und schließt mit einem Bild von einer „Demonstration gegen den Abriss", zu der „kaum 200 Menschen gekommen" seien. „Amelie Deuflhard steht auf einem Lastwagen, sie hält eine Rede. Klaus Wons filmt sie mit der Videokamera. Wilhelm von Boddien streitet sich mit einem Ostrentner, wer die Wiedervereinigung bezahlt hat. Es ist ein kalter, klarer Tag auf einem Platz inmitten der Stadt."[111] Zum gleichen Thema hatte die *Süddeutsche Zeitung* ihren Lesern bereits gut zweieinhalb Wochen vorher ausreichend Denkstoff serviert – neben Willi Winkler stand dort ein Text des DDR-Kabarettisten Peter Ensikat („Ich kann nicht behaupten, irgendwann ein inniges Gefühl für den Palast entwickelt zu haben"), der trotzdem Parallelen zog zwischen einst und jetzt („Spurenbeseitigung damals wie heute").[112]

111 | Marcus Jauer (wie Anm. 97).

112 | Willi Winkler (wie Anm. 73); Peter Ensikat: Narretei in den Palästen. Was dem neuen Deutschland im Wege steht. Spurenbeseitigung damals wie heute. *Süddeutsche Zeitung* vom 2. Januar 2006, S. 11.

Abbildung 25: Jugendweihegäste vor dem Palast der Republik in Berlin (1976)

Quelle: BArch, Bild 183-R0425-006 (Ulrich Kohls)

Auch in der *Frankfurter Allgemeinen* gibt es solche deutungsoffenen Texte – allerdings nicht im ersten Buch. Dort findet sich das Diktaturgedächtnis in seiner reinsten Form – ein Grund, warum in diesem Kapitels schon so oft daraus zitiert wurde (etwa: 50 Jahre 17. Juni, 20 Jahre deutsche Einheit, 50 Jahre Mauerbau) und warum Christian Wulffs Rede vom 3. Oktober 2010 hier perfekt platziert war. Auch in Sachen Palast der Republik gibt es in diesem Blatt keine offenen Fragen. Während die „Kollegen" bekanntlich halb verzweifelt nach Trauernden „fahndeten" und dabei den „letzten Wächter" Norbert Meyer fanden (*Der Spiegel*) oder wenigstens den Jugendtreff-Leiter Klaus Wons (*Die Zeit, Süddeutsche Zeitung*), präsentierte Regina Mönch im Frühjahr 2006 einen ganz anderen Zeitzeugen: Detlef Wendt, Polier auf der Berliner Baustelle, einen Arbeiter, der „Erfahrungen" habe „mit Abriß, Rückbau, Demontage", weil er in der DDR „eine kleine Stadt vom Erdboden" tilgen musste, „eine Reformsiedlung im heimatlichen Kohlenpott, die wegmußte, weil unter ihren Fundamenten Kohle lagerte, die bis heute niemand zutage gefördert hat. Nur die Siedlung sei weg, auf immer. Das, sagt der Mann, tat wirklich weh." Die Mieter hätten „in die Platte" ziehen müssen, „eine jede ununterscheidbar von der anderen". Der „Palazzo prozzo" gehört für Regina Mönch „auf den Sperrmüll der Geschichte" – ein „neureich ausgestatteter Wartesaal, der eine lichte Zukunft verhieß, an die schon damals viele nicht mehr glaubten".[113] Heiligabend 2008 das gleiche Bild, Zeichner diesmal Jasper von Altenbockum, Jahrgang 1962, Master in St. Louis und promoviert in Münster, seit 1989 bei der FAZ: ein Haus, das „gleich nach seiner Eröffnung (…) schon wieder geschlossen wurde" (für einen Parteitag der SED und für die FDJ), Luxus („mutmaßlich 500 Millionen Ost-Mark"), „für den nicht geladenen Teil dieses Volkes meist geschlossen", im Volksmund „Ballast der Republik" genannt, weil die DDR-Bürger „mit Unmut" gesehen hätten, „dass in Zeiten großer Wohnungsnot ein Repräsentationsbau der Partei errichtet wurde", ein „Koloss", der „trotz oder gerade wegen aller sozialistischen Superlative nicht imposant genug war, die Erinnerung an seinen ‚Vorgänger', das Berliner Stadtschloss, die ehemalige Residenz der Hohenzollern, abzuschütteln".[114]

Abbildung 26: Tagebau-Abraumkippe im Bezirk Cottbus (1984)

Quelle: BArch, Bild 183-1984-0830-009 (Rainer Weißflog)

Dass es in der „diskursiven Praxis" DDR um das politische Tagesgeschäft geht, wird nirgendwo so deutlich wie in der FAZ. Herausgeber Berthold Kohler nutzte am 13. August 2011 fast ein Drittel seines Leitartikels, um mit denen abzurechnen, die sich im Westen mit der „Ulbricht-Honecker-Linie", die „noch aus dem Weltall zu erkennen" gewesen sei, abgefunden hätten und

113 | Regina Mönch (wie Anm. 87).

114 | kum. (Jasper von Altenbockum): Das Haus des halben Volkes und sein Ende. *Frankfurter Allgemeine Zeitung* vom 24. Dezember 2008.

für die gesamtdeutsch Denkende damals nichts als „verdächtige Gestalten" waren. „Bis in die Volkspartei SPD hinein" hätten viele, man höre und staune, „noch vom Sozialismus als Gegenentwurf zur eigenen ‚kapitalistischen' Gesellschaftsordnung geschwärmt.[115]

Um die Sozialdemokraten ging es auch Heike Schmoll, Jahrgang 1962, seit 1989 bei der FAZ und 2002 Dr. h.c. der Evangelisch-Theologischen Fakultät in Tübingen, als sie sich im Juli 2008 mit den Lücken im Geschichtswissen ostdeutscher Schüler befasste. Bei Schmoll gibt es keinen Zweifel: Schuld sind „politische Versäumnisse", zu verantworten vor allem von der Sozialdemokratie und ihren intellektuellen Unterstützern. Schon als die Kultusministerkonferenz (KMK) 1978 beschlossen habe, im Unterricht „das Bewusstsein von der deutschen Einheit" wachzuhalten, hätten Kritiker von „Deutschtümelei" gesprochen und deshalb ein „Vakuum an deutschlandpolitischem Bewusstsein" zu verantworten. Nach der Wende habe sich die KMK dann nicht auf eine Empfehlung zur „Darstellung Deutschlands im Unterricht" verständigen können und das entsprechende Papier 1995 in Halle an der Saale nur „zur Kenntnis genommen". Sachsen-Anhalts Ministerpräsident Reinhard Höppner (SPD) habe seinerzeit beklagt, „die ehemalige DDR komme in dem Entwurf zu schlecht weg". Die PDS sei sogar dafür eingetreten, sich in der Schule „nicht mehr schwerpunktmäßig mit Diktaturen zu befassen", und der damalige KMK-Präsident, Heinz Reck (SPD), Minister in Höppners Kabinett, habe von „SED-Propaganda" gesprochen, „nur mit veränderten Vorzeichen". Immerhin gibt es bei Heike Schmoll auch ein paar gute Bundesländer: Bayern, Baden-Württemberg, Sachsen und Nordrhein-Westfalen (2008 alle von den Unionsparteien regiert), die die Empfehlung im Unterricht berücksichtigt hätten. Kein Wunder folglich, darf man den Gedanken selbst zu Ende führen, dass „bayerische Schüler die Verhältnisse in der DDR noch am ehesten einschätzen" können und dass „bayerische Hauptschüler" (!) sogar mehr über die DDR wissen „als Brandenburgs Gymnasiasten". In Brandenburg und in Ost-Berlin scheine „die DDR geradezu verklärt zu werden".[116]

Überhaupt nicht in dieses Bild passen viele der Texte, die die FAZ im Vermischten, im Feuilleton oder im Sportteil zu eher unpolitischen Themen

115 | Berthold Kohler (wie Anm. 53).

116 | oll. (Heike Schmoll): „Ein fragwürdiges Verständnis vom freiheitlichen Rechtsstaat". Lehrerverbandsvorsitzender kritisiert die Kultusminister. *Frankfurter Allgemeine Zeitung* vom 28. Juli 2008.

veröffentlicht hat – etwa zum DDR-Auto Trabant oder zu Ostprominenten. Natürlich gibt es auch hier Ausnahmen. Frank Pergande, 1958 geboren, Absolvent der Leipziger Sektion Journalistik, in den Wendetagen dann beim neu gegründeten *Greifswalder Tageblatt* dabei und seit Ende 1998 Redakteur der FAZ, erklärte den Wunsch nach Alltagsgegenständen aus der DDR Ende Februar 2001 zum Beispiel mit dem „sozialistischen Experiment der Gleichmacherei" und blieb auch sonst ganz in der Diktion des Diktaturgedächtnisses („vor zwölf Jahren schon sah die DDR leichengrau aus").[117] Die Freiberuflerin Josefine Janert dagegen, Tochter eines DDR-Journalisten, schrieb wenig später zum gleichen Thema: „Die Wahrheit ist komplizierter". Bei Janert geht es, wohlgemerkt in der FAZ, um den „Trabant als Symbol für die DDR" und um die „Popularität" dieses „Volksautos" („bezahlbar für viele DDR-Familien"), um die Ursache für die „wenig robuste Duroplast-Karosse" („weil die DDR kein hochwertiges Material aus dem Westen importieren konnte") und um die „vielen Anekdoten über das Treiben auf den löchrigen Straßen des Arbeiter-und-Bauern-Staates"[118] – ein Text, der sehr nah an dem ist, was die Ostdeutschen im kommunikativen Gedächtnis bewahrt haben und was dann im nächsten Kapitel diskutiert wird.

Dies gilt auch für drei Artikel über den Kosmonauten Sigmund Jähn, die zwischen 1999 und 2007 erschienen sind und allesamt das Bild eines „Volkshelden" zeichnen, eines „bescheiden gebliebenen Mannes", der es „aus kleinen Verhältnissen" im Wortsinn nach ganz oben geschafft hat und „kein sozialistischer Held sein" wollte, sondern nur „wie Millionen andere seine Arbeit so gewissenhaft wie möglich machen".[119] Während die Politik in diesen Porträts nur eine Nebenrolle spielt („gelegentlich zu Propagandazwecken missbraucht"), wird die Kompetenz Jähns, der nach 1990 im Moskauer Sternenstädtchen „die deutschen und europäischen Raumfahrt-Anwärter betreut hat", genauso gewürdigt wie der Stolz „fast aller seiner Mitbürger" auf die DDR-Wirtschaft, hier repräsentiert durch die „international anerkannte

---

117 | Frank Pergande: Was von der DDR übrigblieb. *Frankfurter Allgemeine Zeitung* vom 26. Februar 2001, S. B52.

118 | Josefine Janert: Eine Liebe aus Pappe. Zehn Jahre nach dem Ende der Produktion lebt die Trabant-Legende fort. *Frankfurter Allgemeine Zeitung* vom 8. Mai 2001, S. 15.

119 | Ulrich Huth: Held im Ruhestand. *Frankfurter Allgemeine Zeitung* vom 26. August 2003, S. 7.

Multispektralkamera MKF-6".[120] In Günter Paul, 1946 in Lüneburg geboren und seit 1979 bei der FAZ, hat Jähn offenbar einen Fan gefunden.

Abbildung 27: Sigmund Jähn (Mitte) und Waleri Bykowski in Berlin (1978)

Quelle: BArch, Bild 183-T0921-152 (Horst Sturm)

Der Fan von Katarina Witt heißt Roland Zorn, ein Jahr älter und ein paar Monate länger in der Redaktion als Günter Paul. 2004 sowie 2006 interviewte Zorn die Eiskunstlauf-Olympiasiegerin von 1984 und 1988 und gab ihr dabei Raum, ihre Sicht der Dinge darzulegen – zunächst zum DDR-Sportsystem („wer sechs, sieben Stunden am Tag in die Schule geht, von dem kann ich nicht verlangen, dass er noch dementsprechend trainiert"), wobei Witt hier auch den „Werktätigen" danken und eine „genau abgestimmte und gegengelesene Rede" erklären durfte, die sie „auf einem SED-Parteitag" gehalten habe,[121] und dann zum „Fall Steuer". Katarina Witt verteidigte in der FAZ den Paarlauftrainer, dem vorgeworfen wurde, für die Staatssicherheit gearbeitet zu haben. „Man darf doch nicht vergessen, wie jung die meisten gewesen sind" und dass „unser Lesestoff" nicht *1984* war, sondern „*Timur*

120 | G.P. (Günter Paul): Der erste Deutsche im All. Sigmund Jähn zum 70. Geburtstag. *Frankfurter Allgemeine Zeitung* vom 13. Februar 2007, S. 9. – Vgl. Günter Paul: Der Mond ist doch oben. Sigmund Jähn erlebte auch am Boden einiges. Ebd. vom 12. Oktober 1999, S. L47.

121 | „Die Entwicklung des Eiskunstlaufs ist riskant". *Frankfurter Allgemeine Sonntagszeitung* vom 21. März 2004, S. 23.

und sein Trupp, Käuzchenkuhle oder *Nackt unter Wölfen*" – „Es gibt Dinge, die man nicht wissen kann, wenn man sie nie vorgestellt bekommt". Witt verwies außerdem auf die Bedürfnisse von Steuers Schützlingen („brauchen die Bezugsperson") und forderte ein generelles Umdenken. „Mir gefällt die Art und Weise nicht, wie mit der Problematik umgegangen wird. Ich kenne Steuers Akte nicht, aber ich denke, daß 16 Jahre nach dem Mauerfall einerseits die Dinge so langsam aufgearbeitet sein sollten und andererseits, daß es an der Zeit ist, wichtigere Themen in den Vordergrund zu rücken".[122]

Als Katarina Witt dann 2010 zum Gesicht der Münchener Olympiabewerbung aufstieg, verlor sie die Deutungshoheit, ohne dass die *Frankfurter Allgemeine* dabei allerdings vollkommen umschwenkte. Im Sportteil der Sonntagsausgabe erschien ein Porträt, geschrieben von der stellvertretenden Ressortchefin Evi Simeoni, Jahgang 1958, studierte Germanistin und seit 1981 bei der FAZ, das zunächst lang und breit von einer geschickten Selbstvermarkterin erzählte und von einem Welt-Star („La Witt, Katarina die Große, die strahlende Sächsin, gehört zur deutschen und zur internationalen Bilderwelt"), bevor es am Schluss auf das „Maskottchen der untergehenden DDR-Diktatur" zu sprechen kam, auf die Privilegien der Staatssicherheit und eine „überwältigende PR für Erich Honeckers Unrechtsrepublik".[123] Dass die „diskursive Praxis" DDR das Sportsystem dieses Staates generell so und nicht anders behandelt, wird in These 6 vertieft.

> *These 4*: Das Beispiel von Christoph Dieckmann zeigt, dass die Konstruktion der DDR nicht nur vom Profil und von der Position der Redaktion abhängt, sondern auch vom biografischen Hintergrund der Autoren. Gleich nach der Wiedervereinigung nicht anders als 20 Jahre später beklagte Dieckmann, in der DDR unter anderem Medienreferent der Berliner Missionsgemeinschaft, in der Wochenzeitung *Die Zeit* die Siegermentalität des Westens und pochte auf das Recht der Ostdeutschen, die „diskursive Praxis" DDR selbst zu bestimmen. In seinen Texten lebt er dies exemplarisch vor. Hier kommen Menschen zu Wort, die sonst keine Stimme in den deutschen Leitmedien haben. Außerdem

122 | Katarina Witt zum Fall Steuer: „Ausblenden". *Frankfurter Allgemeine Zeitung* vom 2. Februar 2006, S. 34.

123 | Evi Simeoni: Die größte Kür von allen. *Frankfurter Allgemeine Sonntagszeitung* vom 17. Oktober 2010, S. 24.

> liefert Dieckmann Fakten und Details aus dem DDR-Alltag – in einer Sprache, die sich dem vorherrschenden Diktaturdiskurs verweigert.

Was bisher über die Verfasser der wichtigsten Beiträge im DDR-Diskurs gesagt wurde, deutet auf wenig Varianz bei Geburtsregionen und Karrierewegen hin: In aller Regel handelt es sich um Journalisten, die im Westen Deutschlands groß geworden sind, dort studiert haben (meist Geistes- oder Sozialwissenschaften) und oft auf einer der berühmten Kaderschmieden ihres Berufsstandes waren. Genau wie auf den Universitäten haben dort vor allem diejenigen Erfolg, die Kontinuität zu garantieren scheinen. Die Deutsche Journalistenschule in München zum Beispiel testet schon vor Beginn der Ausbildung, ob die Bewerber das können, was sie später leisten müssen. In der Aufnahmeprüfung lässt man Fragen zum Allgemeinwissen beantworten, Prominente erkennen, Texte schreiben. In der entscheidenden Runde sitzen die Eleven dann einem halben Dutzend gestandener Praktiker gegenüber, die keine festen Bewertungskriterien haben, sondern vor allem danach schauen, ob die Kandidaten genauso ticken wie sie selbst.[124] Heinz-Werner Stuiber, als Universitätsprofessor ab 1986 viele Jahre bei diesen Gesprächen dabei, sagte in einem Interview, dort suche man nur nach „bestimmten Persönlichkeitsmerkmalen“ und bekomme so lauter „außengeleitete Selbstdarsteller mit starkem Ego“.[125] Wie auch immer: Ostdeutsche Autoren sind entweder so jung, dass sie mit der DDR und ihrem Journalismus nichts zu tun haben können (wie Johannes Staemmler, Evelyn Finger und Alexander Cammann in der *Zeit* sowie Jochen-Martin Gutsch vom *Spiegel*), oder passen mit ihren Texten in die sonstige „diskursive Praxis“ – sei es als Schriftsteller (Thomas Brussig, André Kubiczek, Reinhard Jirgl) oder als Absolventen des „Roten Klosters“ in Leipzig[126] (wie Frank Pergande oder Regina Mönch, denen ihre Arbeit bei Wendegründungen auf dem Weg zur FAZ sicher nicht geschadet hat).

---

124 | Vgl. Michael Meyen, Barbara Höfler: Ende des Studiengangs, Ende der Debatte? Das „Münchener Modell" zur Ausbildung von Diplom-Journalisten. In: Michael Meyen, Manuel Wendelin (Hrsg.): Journalistenausbildung, Empirie und Auftragsforschung. Köln 2008, S. 28-84, hier vor allem S. 54f.

125 | Heinz-Werner Stuiber: Ronneberger, der Diplomstudiengang und Freiraum für „Spinner". In: Michael Meyen, Maria Löblich (Hrsg.): 80 Jahre Zeitungs- und Kommunikationswissenschaft in München. Köln 2004, S. 258-270, hier S. 263.

126 | Vgl. Brigitte Klump: Das rote Kloster. Als Zögling in der Kaderschmiede der Stasi. München 1991.

Eine Ausnahme von dieser Regel ist die Freiberuflerin Josefine Janert, die 2001 in der *Frankfurter Allgemeinen* über den Trabant-Alltag im Osten schrieb. Eine zweite, und promientere, Ausnahme: Christoph Dieckmann, 1956 als Sohn eines Pfarrers geboren, studierter Theologe, in der DDR mit seinen Texten unter anderem in Kirchenpublikationen vertreten sowie im Wochenblatt *Sonntag* und seit 1991 Redakteur (bis 2005) und Autor der Hamburger Wochenzeitung *Die Zeit*. „Prägung bleibt", lautet eine der Selbstbeobachtungen Dieckmanns in einem autobiografischen Lang-Stück mit dem Titel „Rückwärts immer. Erinnerungen an den Frieden", verfasst 2004.[127] Weiter in diesem Text: „Niemand lebt ohne Ideologie, schon gar nicht der Lutheraner. Selbstverständlich widerstrebte Vater der atheistische SED-Staat. Von den Pionieren und der FDJ hielten uns die Eltern fern, aber offensive Äußerungen gegen die Staatsgewalt sind nicht erinnerlich. Schon gar nicht wurden wir aufgehetzt". Dieckmann schreibt, dass er Russisch „ohne Eifer" lernte („wie Chemie") und dass ihn die „Propaganda" nervte: „sie erzeugt Trotz gegen die Politisierung der alltäglichen Welt. Dennoch bleibt etwas haften: Fortschrittsglaube, ein diffuser Optimismus, dass die Welt allmählich klüger werde".[128]

Wer will, kann dies als nachträgliche Rechtfertigung für die Artikel lesen, die Dieckmann seit 1991 in der *Zeit* veröffentlicht hat. Die „Prägung" in der DDR ist dort genauso zu erkennen wie der „Trotz gegen die Politisierung der alltäglichen Welt" und der „Fortschrittsglaube" eines Aufklärers. In seiner Rezension des Romans *Helden wie wir* dankte er Thomas Brussig im Namen der „etwas Älteren", dass er sich „auf den Erfahrungsraum DDR" bezogen hat – „id est: unser Leben". Dieckmann fragt sich hier zwar spaßeshalber ganz im Stile von SED-Kulturjournalisten, „ob der mitunter zotige Ton des Buches unsere sozialistische Literatur voranbringt", hat sich ansonsten aber offenbar köstlich amüsiert über die „Details" von früher: „Dr. Schnabls Aufklärungsbuch und das Lied vom kleinen Trompeter, die Eisbeine der Katarina Witt, die singende Dauerwelle Dagmar Frederic, die Arbeitsgemeinschaft Junge Naturforscher und – hach! – die Zentralstelle zur Bekämpfung von

127 | Christoph Dieckmann: Rückwärts immer. Erinnerungen an den Frieden. In: Christoph Dieckmann: Rückwärts immer. Deutsches Erinnern. Berlin 2005, S. 7-140, hier S. 56.

128 | Ebenda, S. 14, 42, 51f.

Geschlechtskrankheiten".[129] Dinge beim Namen zu nennen, die Westdeutschen und jüngeren Ostdeutschen fremd sein müssen (wer von ihnen kennt, bitteschön, Dagmar Frederic und Dr. Schnabl?), ist nur eins von Dieckmanns Mitteln, die Deutungshoheit der DDR-Bürger über ihre eigene Geschichte zu beanspruchen. Auf die Spitze getrieben hat er dies in einer kurzen Ode an den Trabant, die 1994 mit der Dachzeile „Ein Manifest der Ost-Identität" erschien. Die Überschrift darunter: „Weil der Trabi uns gehört". Auf engstem Raum (567 Wörter) wimmelt es nur so von DDR-Begriffen – von Abkürzungen und Codes (MA 0122, PVC, Pappe, Notruf 115) über Markennamen (Kinetosin, Wartburg, Motorroller Berlin, Sachsenring, Plaste und Elaste) bis hin zu DDR-Einrichtungen und Bands (Obst-Erfassungsstelle, Kulturhaus von Brand Erbisdorf, FDJ-Friedenskonzert, Pankow, Stern Combo Meißen). Zum Schluss bietet Dieckmann seine „DDR-Rock-Memorabilia" feil: „Mag fürderhin allen gehören. Geben, sagt der Einigungsvertrag, ist seliger denn nehmen. Go, Trabi, go! Leuchte in die Herzen! Denn es muß uns doch gelingen, daß die Sonne schön wie nie über Deutschland scheint."[130]

Ein zweites Stilmittel von Dieckmann: Er lässt Ostdeutsche von nebenan sprechen. Am 4. Oktober 1991, in der gleichen Ausgabe, in der Helmut Schmidt die Westdeutschen vor „Hochmut" warnte,[131] porträtierte er (in dieser Reihenfolge)

- einen Gemüsemann, dem es in der DDR „eigentlich relativ sehr gut" gegangen sei, der das mit der Einheit „alles nicht so euphorisch" sehe und gesagt habe, „unser süßer Lenin" solle stehen bleiben, weil die Kinder schon „gar nicht mehr" wissen würden, „wie die Sozialisten ausgesehen haben" (wie gesagt, knapp zwei Jahre nach dem Mauerfall),
- Jürgen Bogs, Trainer des DDR-Fußball-Serienmeisters BFC Dynamo, mit dem sich Dieckmann, bekennender Fan vom Konkurrenten FC Carl Zeiss Jena, in der DDR nie hätte unterhalten wollen („wie auch und worüber?") und von dem er sich jetzt „anhand des Fußballs die DDR" erklären lässt,
- eine Arzttochter aus Dresden, Jahrgang 1953, die Kunst studierte, Leh-

129 | Christoph Dieckmann: Klaus und wie er die Welt sah. Der junge Ostberliner Autor Thomas Brussig hat den heißersehnten Wenderoman geschrieben. *Die Zeit* Nr. 37 vom 8. September 1995.

130 | Christoph Dieckmann: Weil der Trabi uns gehört! *Die Zeit* Nr. 15 vom 8. April 1994.

131 | Helmut Schmidt (wie Anm. 78).

rerin war, dann für die sächsische Kirchenzeitung *Der Sonntag* arbeitete, dabei einen Korrespondenten aus dem Westen kennenlernte, trotz „deutsch-deutscher Heirat“ blieb („Wir wollten beide in der DDR was verändern. Damals hatte ja niemand die Absicht, Honecker zu stürzen. Wir glaubten an die Reformierbarkeit von unten“) und die sich heute über die „Heldenrolle der Revolution“ wundert, die der Kirche angedichtet wird, sowie

- Jürgen Ehle von *Pankow*, der „Jahr für Jahr“ zum „besten Rockgitarristen der DDR gewählt“ worden sei, das „Unrecht“ im Land lange „für menschliches Versagen“ gehalten habe („nicht für systembedingt“) und der jetzt beklagt, dass „Westler“ oft nicht verstehen würden, „dass man dagegen war, aber auch dafür“.

Abbildung 28: Jürgen Bogs beim FDGB-Pokalendspiel (1989)

Quelle: BArch, Bild 183-1989-0401-023 (Klaus Oberst)

In der Einleitung für diesen Text, der sich gegenüber den Diskursen Individualismus, Zivilcourage und Vergangenheitsbewältigung in jeder Hinsicht sperrt (andere Gegenstände, andere Akteure, andere Begriffe, andere Bewertungen), liefert Dieckmann fast so etwas wie eine Vorlage für diese Studie, die nach dem Zusammenspiel von kommunikativem und kulturellem Gedächtnis fragt und dabei auf den Platz der DDR in der nationalen Identität der Deutschen zielt. Bei Christoph Dieckmann steht am Anfang eine Klage: „Uns fehlt die Identität" – hier definiert „durch den Einklang mit der eigenen Lebensgeschichte". Die DDR-Bürger hätten „das deutsche Paradies" zwar betreten dürfen („wählen, ein bißchen kaufen"), aber „es wurde deshalb nicht unseres". Dieckmann glaubt, auch den Grund zu kennen: „Die Kommunikation im Osten ist zusammengebrochen", weil das kulturelle Gedächtnis, so würden es Aleida und Jan Assmann formulieren, sich von der DDR abzugrenzen beginnt, die die Überlebenden im Kopf haben (wollen). In der Sprache des *Zeit*-Autors von 1991: „Es gibt derzeit nicht viele Instanzen, die den Ostdeutschen zugestehen, sie hätten ein normales Leben geführt. Die Medien – seriös distanziert oder obszön gewendet – tun ihr Bestes, uns die Herkunft und unser ganzes Gestern aus dem Vaterland zu blasen. Beim Erzählen steht alles noch auf seinem Platz."[132] Noch einmal in den Worten der Assmanns: Das kulturelle DDR-Gedächtnis, das die Massenmedien produzieren, hatte offenbar schon Anfang der 1990er Jahre wenig mit dem zu tun, was man sich im Osten Deutschlands damals über die Vergangenheit erzählte.

Dieckmann hat dafür gesorgt, dass die Geschichten seine Interviewpartner und ihn selbst überdauern können – nicht nur über die Veröffentlichung in der *Zeit*, sondern auch durch mehrere Bücher, die im Verlag von Christoph Links erschienen sind und diese Texte sammeln.[133] In der Stichprobe, die für diese Studie gezogen wurde, gibt es von ihm auch eine Bilanz nach zwanzig Jahren Einheit, bei der schon der Titel Programm ist („Die Würde des Ostens"[134]), sowie einen Beitrag zum Palast der Republik von 2001. Dort wird zunächst der Konflikt benannt („wahres Haus des Volkes" versus „Propagandaschachtel der SED-Diktatur") und die Baugeschichte erzählt, inklu-

132 | Christoph Dieckmann: „Warum schaust Du hinterher?" (wie Anm. 103).

133 | Vgl. exemplarisch Christoph Dieckmann: Volk bleibt Volk. Deutsche Geschichten. Berlin 2001; Christoph Dieckmann: Rückwärts immer. Deutsches Erinnern. Berlin 2005; Christoph Dieckmann: Mich wundert, daß ich fröhlich bin. Eine Deutschlandreise. Berlin 2009.

134 | Christoph Dieckmann: Die Würde des Ostens (wie Anm. 104).

sive Rauschen („Durchs Land DDR läuft Klage über den Ballast der Republik: Was die Bude kostet! Wer da wohl reindarf! Alles geht mal wieder nach Berlin"). Es folgen Erinnerungen (von Klaus Wons, dem Jugendtreff-Leiter, und vom „Reporter" selbst) sowie Stimmen aus dem Volk. Kostprobe: „Das Publikum ist gespalten – bis heute. Vielleicht sieht ‘n Schloss schöner aus, sagt die Skaterin. Der Palast wär ‘ne prima Riesenbücherei, sagt der Junge mit dem Walkman. Furchtbar, der Palast, sagt die Bayerin. Ihr Mann, Engländer: Das ist deutsche Geschichte, die soll man nicht vernichten, sondern integrieren, sonst macht man dasselbe wie der Ulbricht. Ich bin unpolitisch, sagt die Schwäbin, ich registriere mehr so. Ich durfte zur Nationalratstagung im Palast weilen, spricht die Mecklenburgerin. Nationale Front, das war ja unsere Volksbewegung in der DDR. Der Gatte: Jeder einfache Mensch durfte rein, vom Arbeiter bis zum Professor. Sie: Im Fernsehen kam, dass Restaurierung teurer wär wie Abriss, da sprach ich gleich zu meinem Mann: Du, dat will ich nicht ganz glauben. Er: Die DDR soll weggeschliffen werden."[135]

Abgesehen von der Vielfalt der Stimmen, die bei Dieckmann nicht einfach nur zu Wort kommen, sondern gleichberechtigt nebeneinander stehen, und der Überschrift „Der sterbende Schwan", die als Aufforderung zum Artenschutz gelesen werden kann oder wenigstens als Trauermelodie, fällt hier außerdem auf, dass der Autor den Entwurf DDR und die Lebensleistung der Bewohner dieses Landes ernst nimmt. Die Mecklenburgerin darf zur Nationalen Front „unsere Volksbewegung" sagen, ohne dass sie eine Belehrung fürchten muss, und über die Person Klaus Wons erzählt Dieckmann von der Utopie der ersten Jahre, vom Engagement einer bestimmten Generation und von den wachsenden Zweifeln, die selbst Menschen wie Wons kamen, „als viele seiner Stars die Republik verließen" und als das, was man unten „offen diskutierte", „oben" nicht mehr ankam. Der Vater des Jugendtreff-Leiters sei „Zigarrendreher, Kommunist, Angeklagter vor dem Volksgerichtshof" gewesen. „Bombennächte, Flucht durch den brennenden Wedding und dann, 1949, Auferstanden aus Ruinen, die Gründung der DDR". Wons durfte „mitlaufen" beim Fackelzug der FDJ, hat Wilhelm Pieck angehimmelt und ab 1976 dann dafür gesorgt, dass sein Teil des Palastes „immer überfüllt" war. „Ach, und die Hochzeitspaare. (…) Wissense, wie schön das war?" In Dieckmanns Porträt organisiert Klaus Wons gerade einen „Kleinen Kessel Buntes"

135 | Christoph Dieckmann: Der sterbende Schwan. Berlins Palast der Republik, Symbol des deutschen Umgangs mit Geschichte, wird 25 Jahre alt. *Die Zeit* Nr. 17 vom 19. April 2001.

in Karlshorst und „kämpft via Bundestagspetition darum, dass die 1700 Palast-Mitarbeiter endlich, wie versprochen, abgefunden werden". Zitat: „Ich dachte, sagt er schlicht, dass bei einer deutschen Einheit das Gute von beiden Staaten zusammengeführt wird". Ein knappes Jahrzehnt später hat sich offenbar nicht viel geändert. „Die Anerkennung des Ostens steht weiterhin aus", schrieb Dieckmann am 30. September 2010. „Und alles Deutsche war westdeutsch."

Dass er dafür nicht von jedem geliebt wird, lässt sich nachvollziehen. Allein Henryk M. Broder hat im November 2001 auf seiner Homepage ein ganzes Arsenal an Beschimpfungen aufgefahren, als ihm ein Dieckmann-Artikel über das Schicksal des jüdischen Volkes und Israels Nahost-Politik[136] nicht gefiel: „Schmock", „Quoten-Ossi der *Zeit*", „späte FDJ-Wanderprosa", „Edel-Ossi", „Autodidakt, der mutig zu seinen Bildungsdefiziten steht", „ein Kollateralschaden der Wiedervereinigung, den wir ertragen müssen, weil die Mauer zu früh abgerissen wurde", „Ossi-Schmock", „East meets west. Jedem das Seine".[137] Vielleicht hat Dieckmann in seinem autobiografischen Text von 2004 auch darauf geantwortet: „Gern ertrage ich Verweise auf meine Herkunft aus der Diktatur, weshalb es mir an freiheitlicher Kompetenz gebreche."[138]

> *These 5*: Das Fortschrittsgedächtnis wird in der „diskursiven Praxis" DDR zwar nicht vollständig ausgeblendet, es bleibt aber (wenn es sie überhaupt gibt) bei allgemeinen Hinweisen auf die Utopie, der die Kommunisten im 20. Jahrhundert gefolgt sind. Konkrete Inhalte des Ideals werden ebenso wenig erwähnt wie die Tatsache, dass nicht wenige SED-Mitglieder tatsächlich an diese Ideen geglaubt haben.

Diese These scheint den gerade ausführlich zitierten Texten aus der *Zeit* zu widersprechen, aber der „Quoten-Ossi" (Broder) Christoph Dieckmann weicht auch hier von der Regel ab. Es gibt im Material einen zweiten „Verstoß": eine Rezension des Films *Good Bye, Lenin!*, die im Februar 2003 in der *Berliner Zeitung* erschienen ist. Autorin Anke Westphal lobt Regisseur

136 | Christoph Dieckmann: Gottesvolk und Kriegstrompeten. *Die Zeit* Nr. 46 vom 8. November 2001.

137 | Vgl. http://www.henryk-broder.de/html/schm_dieckmann.html (17. September 2012).

138 | Christoph Dieckmann: Rückwärts immer (wie Anm. 127), S. 118.

Wolfgang Becker hier zwar zunächst dafür, dass er „Aussehen und Atmosphäre" aller Orte präzise „nachempfunden" habe, macht das Stück dann aber schnell als (schlechtes) Beispiel für „den Umgang der Deutschen mit ihrer jüngsten Geschichte" aus und spricht sogar von „Publikumsverarschung" – weil es, so könnte man die Besprechung zusammenfassen, in Beckers Film-DDR undenkbar ist, dass jemand dieses Land je für legitim gehalten und vielleicht sogar habe besser machen wollen. Westphal kritisiert, dass *Good Bye, Lenin!* vom „Ende" der DDR erzählt (und nicht vom Anfang oder von der Mitte) und dass der Film dies im „grundsätzlichen Ton auf ähnliche Weise" tue wie die Streifen *Sonnenallee, Helden wie wir* oder *Der Zimmerspringbrunnen*. Besonders aufgeregt haben sie dabei zwei Schlüsselszenen. Zum einen habe Becker die „eigene dramaturgische Basis" demontiert, weil er seine Hauptfigur verrät („Mama ist am Ende gar nicht die überzeugte Sozialistin, die sie zu sein vorgibt; sie hat nur so getan"), und zum anderen sei „von vornherein eine Möglichkeit" unterschlagen worden, die in der Fabel stecke – Sohn „Alex tatsächlich eine bessere DDR schaffen zu lassen, nicht nur ein Affentheater". Komik (auf die der Film sich ja letztlich stützt) sei ein „Verfahren zur Distanzierung" und zeige hier nur, „dass die DDR-Geschichte nicht als Teil der deutschen Geschichte angesehen wird". Westphal weiter: „Deutsche Filmemacher können sich offenbar nicht vorstellen, dass es tatsächlich DDR-Bürger gab, die die DDR gut fanden (auch wenn man selbst nicht zu ihnen gehörte) und dass die Geschichten ihrer Leute es wert wären, ernst genommen zu werden."[139]

Dass die Filmkritikerin glaubt, sich für ihren Hinweis auf die sozialistische Utopie durch persönliche Abgrenzung von der SED legitimieren zu müssen („auch wenn man selbst nicht zu ihnen gehörte"), mag mit den Erfahrungen zusammenhängen, die sie von 1992 bis 1998 in der Berliner Kulturredaktion der *taz* gesammelt hat. Als zum 30. Geburtstag der „unabhängigen Qualitätszeitung und Institution der deutschen Presselandschaft" (Eigenwerbung)[140] Redakteure der *Berliner Zeitung* über ihre dortigen Erlebnisse berichteten, erinnerte sich Anke Westphal vor allem an die „Würdigung ihrer Herkunft": Als „Ostler" sei man dort zum Beispiel gefragt worden, wie „diese russischen Holzpuppen" heißen, „wo immer eine im Bauch

139 | Anke Westphal: Was unterging, taucht nicht mehr auf. „Good Bye, Lenin!" von Wolfgang Becker legt heiter Distanz ein – das macht traurig. *Berliner Zeitung* vom 8. Februar 2003.

140 | http://www.taz.de/zeitung/tazinfo/ueberuns-verlag/ (17. September 2012).

einer größeren ist". Sie, Westphal, habe „schnell begriffen, dass man mich hier meiner Herkunft wegen nie als gleichwertig akzeptieren würde. Insofern erschien mir die *taz* symptomatisch für die neubundesdeutsche Gesellschaft. Die Hilflosigkeit der *taz* gegenüber dem DDR-Erbe äußerte sich oft als Herablassung (‚Da hattet ihr ja keinen Zugang!'), mitunter in versuchtem Exotenkult (‚Manfred Krug – schräg, ey!') und manchmal in heilloser Fehleinschätzung. So schrieb ein Kollege unter ein Interview, das ich mit einem russischen Schriftsteller geführt hatte: ‚Aus dem Russischen von Anke Westphal'. Man hatte mir zu viel, aber auch zu wenig zugetraut. Ich hatte das Gespräch auf Englisch geführt."[141]

Westphals Rezension von *Good Bye, Lenin!* zielt zwar auf die Legitimation der DDR als Alternative zur Bundesrepublik, auch hier fehlen allerdings (was das Genre Filmkritik vermutlich auch kaum hergibt) die Argumente, auf die dieser Staat sich stützte – etwa die Brechung des Bildungsmonopols der besitzenden Klassen und Schichten, die Chancengleichheit beider Geschlechter oder eine Gesellschaft ohne Krieg und Ausbeutung, ohne soziale Verwerfungen und Egoismus, die ihre Eigentumsverhältnisse auch mit den Erfahrungen aus dem Aufstieg des Faschismus begründete und allen Menschen Arbeit, Wohnraum und ein Auskommen garantieren wollte. Um nicht falsch verstanden zu werden: Diese Liste soll nicht die „Realität" in der DDR beschreiben, die schon seinerzeit sehr unterschiedlich wahrgenommen worden sein dürfte und an die die Deutschen sich heute in allen denkbaren Formen und Facetten erinnern, wie im Kapitel über das kommunikative Gedächtnis noch gezeigt wird. An dieser Stelle ist nur wichtig, welchen Platz diese Argumente seit 1990 in den Massenmedien haben – nämlich gar keinen.

Dies zu belegen, ist naturgemäß nicht einfach. Die Anlage dieser Diskursanalyse (die Kopplung von Michel Foucaults diskursiven Formationsregeln mit Martin Sabrows idealtypischen Erinnerungsgemeinschaften, die den Rahmen für das abstecken, was überhaupt geschrieben werden könnte) erlaubt zwar, auch das zu finden, was nicht im Untersuchungsmaterial auftaucht (hier: die Elemente des Fortschrittsgedächtnisses), bei diesem Unterfangen fehlen aber die Zitate, die das Ergebnis untermauern könnten. Auch die Rezensionen von Eugen Ruges Roman *In Zeiten des abnehmenden Lichts* können diese Lücke nicht wirklich füllen, sie werden hier aber angeführt, weil der Plot fast zwingend zu erfordern scheint, auf die Träume der

141 | taz brennt sich ein. *Berliner Zeitung* vom 17. April 2009.

ersten DDR-Generationen genauso hinzuweisen wie auf die Ernüchterung, die ihre Nachkommen spürten. Die vier untersuchten Leitmedien haben den Roman zwar ausführlich gewürdigt und Eugen Ruge mit Lob zum Teil geradezu überschüttet (lange bevor klar war, dass es sich hier um den Gewinner des Deutschen Buchpreises 2011 handeln würde), die DDR wurde dabei aber entweder nur am Rande gestreift oder mit Hilfe der Formeln aus dem Diktaturgedächtnis zusammengebastelt. Den Anfang machte die Germanistin Sandra Kegel, 1970 in Frankfurt am Main geboren und seit 1999 Redakteurin im FAZ-Feuilleton, mit einem monumentalen Porträt des Autors und „seiner einst einflussreichen Familie". Die DDR ist in diesem Text ein „seltsames Land", das Eugen Ruge, „Abgänger einer DDR-Eliteschule", der auf Rat seines Vaters „ein ideologiefreies Studium" wählte (Mathematik), 1988 „mit einem gefälschten Ausreiseantrag" verließ. Seine Häuschen habe man dort (hier Ruges Mutter in Gager auf Rügen) „mit eigenen Händen errichtet" und das Material dafür „auf dem Schwarzmarkt" besorgt. Ruges Vater sei „als Kommunist vor den Nationalsozialisten aus Deutschland nach Russland geflohen" und dort fast umgekommen (kein Wort von der Strahlkraft Moskaus, die den 16-jährigen Wolfgang magisch angezogen hat und in seiner Autobiografie eindrucksvoll geschildert wird[142]). Für seinen Großvater nennt Sandra Kegel genau drei Eigenschaften und Funktionen: ein „unbelehrbarer Kommunist", „Mitglied des Geheimdienstes der kommunistischen Internationale" (eine Rolle, die im Roman selbst eher heruntergespielt wird, in der Rezension aber sofort MfS-Assoziationen hervorruft) und in der späten DDR dann Teil „der so albernen wie gefährlichen Herrschaftselite eines dem Untergang geweihten Landes".[143]

Im Gegensatz zu Kegel sprachen Jörg Magenau (Freiberufler, *Süddeutsche Zeitung*), 1961 in Ludwigsburg geboren, und Iris Radisch, zwei Jahre älter und bei der *Frankfurter Rundschau*, bevor sie 1990 zur Wochenzeitung *Die Zeit* wechselte, beide ebenfalls studierte Germanisten, wenige Tage später von der „sozialistischen Utopie", der „Zukunftsgewissheit" der DDR-Gründergeneration und ihrem „vorgeblichen Kampf um eine bessere Welt" (Magenau) sowie von den „Hoffnungen, Idealen und Lebensentwürfen", dem „nie restlos zu erklärenden Zukunftsrausch" und der „hartnäcki-

142 | Wolfgang Ruge: Gelobtes Land. Meine Jahre in Stalins Sowjetunion. Berlin 2012.

143 |Sandra Kegel: Der Untergang des Hauses Ruge. Ein deutsches Jahrhundert im Roman. *Frankfurter Allgemeine Zeitung* vom 26. August 2011.

gen und entbehrungsreichen Arbeit", die Ruges Vorfahren „am Webstuhl der Geschichte" geleistet hätten (Radisch). Erstens aber wird all dies nicht wirklich greifbar (wie sollte sie zum Beispiel aussehen, die bessere Welt?), und zweitens sind beide Autoren sichtlich froh, dass der Rausch vorüber ist. Magenau vergleicht Ruges Geschichten und Figuren mit „Menschen auf alten Fotos" („Der Lächerlichkeitseffekt ist unvermeidlich"), und Radisch attestiert dem Autor in ihrem Schluss-Satz eine „vergnügte Gelassenheit, die manchmal nach überstandenen Katastrophen aufkommt".[144] Volker Hage, Jahrgang 1949 und über FAZ und *Zeit* zum *Spiegel* gekommen, meinte dann sogar, dass der Roman „nur zufällig" in der DDR spiele (weil es „um nichts anderes" gehe als um „unsere Lern- und Zukunftsfähigkeit, um familiäre Verwerfungen und die Deutungshoheit innerhalb der Generationen, um Brutalität und Lieblosigkeit, um den Verlust der Orientierung"). In seiner Sammelbesprechung griff Hage zwei Szenen aus Ruges Buch heraus: ein „Tribunal am Ost-Berliner Institut für Geschichtswissenschaften", das mit einem Parteiausschluss endet – mit der Stimme Kurts (Alter Ego von Eugen Ruges Vater), der 1941 in Moskau „als junger Exilant in die Fänge des Geheimdienstes geraten war".[145]

> *These 6*: Der DDR-Sport hat sich auch nach dem Fall der Mauer nicht aus der politischen Umklammerung lösen können. Die Erfolge von einst werden seit 1990 stets mit Instrumentalisierung, Staatssicherheit und Betrug in Verbindung gebracht – auch in Beiträgen über gesamtdeutsche Stars wie Katarina Witt oder Heike Drechsler. Dass jede Medaille (mindestens) auch Ergebnis harter Arbeit war, die bei der Sichtung von Talenten und ehrenamtlichem Engagement begann und nicht im Training endete, und dass der Sport für seine Helden ein Weg war, sich von anderen abzuheben und Welterfahrung zu sammeln, spielt in der Berichterstattung überhaupt keine Rolle.

Für den letzten Halbsatz gilt dabei das, was gerade schon in Sachen Fortschrittsgedächtnis festgestellt wurde: Was nicht in den untersuchten Zei-

144 | Jörg Magenau: Ein Leguan im Bücherregal. *Süddeutsche Zeitung* vom 1. September 2011, S. 14; Iris Radisch: Ein Meter Leben retten. *Die Zeit* Nr. 36 vom 1. September 2011, S. 55.

145 | Volker Hage: Nur die Nacht ist gerecht. *Der Spiegel* Nr. 41 vom 10. Oktober 2011, S. 140-144, hier 141, 144.

tungen und Zeitschriften thematisiert wird, kann zwar als Leerstelle protokolliert werden, ist aber schlecht zu belegen. Wer ein Gegenbeispiel sucht, könnte außerdem das Gespräch herausholen, das Roland Zorn 2004 in der *Frankfurter Allgemeine Sonntagszeitung* mit Katarina Witt führte. Dort ging es auch um anstrengendes Training, und die Eiskunstläuferin konnte außerdem Teile des DDR-Sportsystems preisen (etwa die Priorität gegenüber der Schule). Selbst hier wies der Interviewer aber erstens auf die Symbiose zwischen Witt und der DDR hin („Sind Sie damals ein politischer Mensch gewesen? – Nein. Natürlich hat mich das System auch benutzt, so wie ich vom System profitiert habe") und stellte zweitens fest, dass eine solch professionelle und erfolgsorientierte Wettkampfvorbereitung „heutzutage im vereinten Deutschland nicht mehr denkbar" sei (warum auch immer, mag man sich da mit Blick auf die Wirtschaftskraft der Bundesrepublik sowie auf die sonst verfügbaren Konstruktionen der Zusammenbruchsgesellschaft DDR fragen).[146]

Abbildung 29: Maxi Gnauck bei der Spartakiade (1977)

Quelle: BArch, Bild 183-S0725-0108 (Friedrich Gahlbeck)

Ansonsten wird im Rückblick das, was im ostdeutschen Sport bis 1989 passiert ist, reduziert auf Doping, auf Funktionäre, die nichts anderes im Kopf hatten als „den Klassenfeind zu schlagen, um jeden Preis" (Heike Drechsler in

146 | „Die Entwicklung des Eiskunstlaufs" (wie Anm. 121).

der *Süddeutschen Zeitung*: „Wie waren Diplomaten im Trainingsanzug"),[147] sowie auf die Staatssicherheit, die nicht nur alles infiltriert hatte und jeden beobachtete, sondern auch ganz eigene Ziele verfolgte. Exemplarisch für diesen dritten Punkt steht ein längerer Bericht der *Deutschen Presseagentur*, den die *Frankfurter Allgemeine Zeitung* im August 1993 veröffentlichte. Thema: ein Treffen von Minister Erich Mielke mit DDR-Sportchef Manfred Ewald vom März 1986, dokumentiert in einer Niederschrift, „aufgefunden" von der Gauck-Behörde. Laut Protokoll drückte Mielke dort seine Lieblingssportart durch („Wir werden weiter Eishockey spielen"), erzählte Ewald von zwei Sportlerinnen, die „intimen Kontakt mit Ausländern haben", und regte sich über Klaus Sammer auf, den Trainer des Fußballvereins Dynamo Dresden, der im Europapokal gerade doppelt verloren hatte (auf dem Platz 3:7 gegen Bayer Uerdingen sowie daneben Frank Lippmann durch Republikflucht). Sammer wurde kurz nach besagtem Sport-Gipfel entlassen. Außerdem ging es dort um das Angebot einer Eisrevue an Katarina Witt. Die Olympiasiegerin hatte von Ewald im Gegenzug für jeden Auftritt Devisen verlangt, was dieser nicht wollte. Ewald sagte, er habe deshalb bei den gerade beendeten Weltmeisterschaften in Genf neun Botschaftsmitarbeiter „in Bereitschaft gehalten".[148]

Dass die Eiskunstläuferin später eine Debatte auszuhalten hatte um die MfS-Vergünstigungen, die sie genossen haben soll,[149] ist genauso in Erinnerung wie die stets pünktlichen Aktenfunde vor großen Fußballturnieren (etwa: Ulf Kirsten) oder Olympischen Spielen, zu verfolgen bis in die Gegenwart des schon angesprochenen Falls von Ingo Steuer. Als 1993 der Vorwurf laut wurde, auch Heike Drechsler habe für die Stasi gearbeitet, haben die *Frankfurter Allgemeine* und die *Süddeutsche Zeitung* neben den zum Teil fast täglich einlaufenden Meldungen der Nachrichtenagenturen gut recherchierte und differenzierte Porträts veröffentlicht, die alle Seiten zu Wort kommen lassen und der Leichtathletin dabei eine „gewisse Blauäugigkeit" unterstellen, „Naivität, mangelndes Fingerspitzengefühl und Skrupellosigkeit" oder sogar Berechnung („der Instinkt, das zu tun, was ihr am meisten nützt"), ohne aus ihr eine Spitzeline zu machen. „Ich habe auch mal an das

147 | Joachim Mölter (wie Anm. 13).

148 | Dokument der Gauck-Behörde belegt Einfluß des Stasi-Chefs auf den DDR-Sport. *Frankfurter Allgemeine Zeitung* vom 25. August 1993, S. 28.

149 | Vgl. exemplarisch Sven Siebert: Juristischer Rückzug von Katarina Witt. *Leipziger Volkszeitung* vom 10. Mai 2002, S. 3.

System geglaubt", sagt Drechsler bei Michael Reinsch, 1958 in Kaufbeuren geboren, 1981 zur FAZ, seit 1990 Korrespondent des Blattes in Berlin und 1997 bis 1999 dreimal in Folge Sportreporter des Jahres. „Wieder deuten die Akten nicht auf die ganze Wahrheit", heißt das Fazit seines Kollegen Birk Meinhardt, ein Jahr jünger, in der DDR als Journalist ausgebildet. Meinhardt blickt am Schluss „auf die gängige Praxis im Umgang mit brisanten Akten": „Mancher hat sie gesehen, mancher urteilt. Nur Heike Drechsler, die sich selbst in Mißkredit brachte, kennt sie noch nicht."[150] Obwohl es sich bei beiden Stücken zweifellos um Qualitäts-Journalismus handelt (gemessen an den Kriterien Ausgewogenheit, Distanz zum Gegenstand und Sprache), bleibt auch hier der Eindruck von einem Sportsystem, in dem der Geheimdienst sogar in die Aufstellung von Staffeln hineinregierte (Drechsler wurde offenbar auf Sprintkollegin Marlies Göhr angesetzt, die den Funktionären zu aufmüpfig war) und wo Willfährigkeit am Ende folglich sogar mit Medaillen belohnt werden konnte.

Dazu kommt Doping – das Thema, das den Blick auf den DDR-Sport noch stärker bestimmt als das MfS und medaillensüchtige Delegationsleiter oder Politiker, die aus Heike Drechsler „ein Vorzeigeprodukt des Systems" gemacht haben, „ausgestellt sogar in der Volkskammer".[151] Drei Beispiele:

- Jutta Heeß, Freiberuflerin und Germanistin, erinnerte 2002 in der *Zeit* an den Prozess, den Heike Drechsler gegen Brigitte Berendonk verlor, die die Sportlerin „in ihrem Buch als Musterbeispiel von harmonischem Jugend-Doping bezeichnet hatte". Warum Drechsler vor Gericht zog, lässt Heeß Berendonks Ehemann sagen, den Anti-Doping-Kämpfer Werner Franke: „Besonders erfolgreiche Sportler, die keine Körperschäden erlitten haben", würden „aus Angst vor nachträglich bröckelndem Ruhm die Wahrheit nicht sehen" wollen.[152]
- Jörg Hahn, 1961 in Essen geboren und seinerzeit noch Sportchef der FAZ, kritisierte 2007, dass Drechsler mit dem „Sparkassenpreis für Vorbilder im Sport" ausgezeichnet worden war. Wer es „bis heute" nicht schaffe,

150 | Michael Reinsch: Heike Drechsler fühlt sich weder als Mitläuferin noch als Märtyrertyp. Über die Weitspringerin gibt es bei der Gauck-Behörde eine umfangreiche Akte. *Frankfurter Allgemeine Zeitung* vom 17. Dezember 1993, S. 3; Birk Meinhardt (wie Anm. 53).

151 | Joachim Kaffer: Eine ganz persönliche Wende. *Süddeutsche Zeitung* vom 20. August 1999, S. 25.

152 | Jutta Heeß: Sichtung und Wahrheit. *Die Zeit* Nr. 11 vom 7. März 2002.

mit seiner „Dopingvergangenheit in der DDR anders als ausweichend umzugehen“, und „vor einer großen Fernsehöffentlichkeit“ (bei der Gala *Sportler des Jahres* in Baden-Baden) nur herumstammele, tauge nicht als Vorbild.[153]

- Und Joachim Mölter musste 2009 in der *Süddeutschen Zeitung* im Gegensatz zu Berendonk und Franke nicht einmal Akten bemühen, weil selbst Laien schnell gesehen hätten, „dass der Sport im Arbeiter- und Bauernstaat mit Zaubermitteln beackert worden sein musste“ – schließlich sei „dessen sportliches Erbe ja schnell aufgebraucht“ gewesen und „die Deutschen“ hätten bald „nach dem Hinscheiden des staatlich gelenkten DDR-Systems“ kaum noch halb so viele Medaillen gewonnen.[154]

Abbildung 30: Artur-Becker-Medaille für die Fußballnationalmannschaft. Von links: Torwart Jürgen Croy, Stürmer Martin Hoffmann, Egon Krenz, Trainer Georg Buschner (1974)

Quelle: BArch, Bild 183-N0826-0038(Vera Katscherowski)

Was daraus folgt, hat die öffentliche Debatte nach den Olympischen Sommerspielen von London gezeigt, im gleichen Blatt unter anderem formuliert von Claudio Catuogno:[155] Was immer man von der deutschen Sportbilanz

153 | Jörg Hahn: Verpasste Chance. *Frankfurter Allgemeine Zeitung* vom 24. Dezember 2007, S. 27.

154 | Joachim Mölter (wie Anm. 13).

155 | Claudio Catuogno (wie Anm. 16).

der Gegenwart auch halten mag, der Vergleich mit der DDR sollte dabei tunlichst vermieden werden. Als Bezugspunkte für die kollektive Identität taugen die Gladiatoren des Sozialismus jedenfalls nicht.

> *These 7*: Während die *Leipziger Volkszeitung* und die *Berliner Zeitung* den Leitmedien-Tenor ungefiltert und (sicher schon aus Platzgründen) deutlich weniger differenziert widerspiegeln, heben sich das *Neue Deutschland* und die *SuperIllu* von der sonstigen Berichterstattung ab. Die „diskursive Praxis" DDR erhält dadurch eine pikante Note: Es gibt zwar Texte, die anderen „Formationsregeln" folgen (Gegenstände, Äußerungsmodalitäten, Begriffe, Strategien), diese sind aber von vornherein durch den Publikationskontext diskreditiert – entweder politisch (in einer „sozialistischen Tageszeitung") oder aber durch das Illustrierten-Format.

LEIPZIGER VOLKSZEITUNG UND BERLINER ZEITUNG

Die Vermutung, dass ostdeutsche Tageszeitungen ein anderes DDR-Bild zeichnen würden als die Leitmedien des Landes, hat sich nicht bestätigt. Im Gegenteil: Zumindest in der *Berliner Zeitung* und in der *Leipziger Volkszeitung* finden die Leser seit 1990 eine extrem negative DDR-Berichterstattung, die mit dem Stolz auf die Demonstrationen von 1989 verzahnt wird, dabei allerdings weder sprachlich (Formulierungskraft, Mehrdeutigkeit) noch inhaltlich das Niveau der Leitmedien erreicht. Während *Der Spiegel* und *Die Zeit* genau wie die *Frankfurter Allgemeine* und die *Süddeutsche Zeitung* das Diktaturgedächtnis immerhin schattieren, indem sie (auch) Exklusivnachrichten veröffentlichen, die dem sonstigen Tenor widersprechen, unterschiedlichen Ansichten Raum geben (und sei es im Feuilleton) oder ironisch den Diskurs selbst thematisieren, lassen die beiden untersuchten Regionalblätter nicht viel Interpretationsspielraum – obwohl ihr Publikum, wie im fünften Kapitel zu zeigen sein wird, mit der DDR keineswegs nur Unterdrückung und Bespitzelung, Bevormundung und Protest verbindet, und obwohl (oder weil?) hier deutlich mehr Journalisten arbeiten dürften, die mit einem sozialistischen Berufsverständnis ausgebildet wurden.[156]

156 | Vgl. Michael Meyen, Anke Fiedler: Die Grenze im Kopf. Journalisten in der DDR. Berlin 2011.

Dieser letzte Punkt ist erklärungsbedürftig. Dass der Markt der Tagespresse im Osten Deutschlands von den Erben der SED-Bezirkszeitungen beherrscht wird, hat schon in den 1990er Jahren politische Kontroversen ausgelöst. Beate Schneider, Journalistik-Professorin in Hannover, die sich damals im Auftrag des Bundesinnenministeriums mit den Veränderungen im Pressebereich befasst hat, klagte zum Beispiel darüber, dass die in der DDR geschaffenen Organe alle Neugründungen überlebt hätten und dass mit Hilfe der Treuhand „politisch längst überholte Verwaltungsstrukturen" (die DDR-Bezirke) als Kommunikationsräume konserviert worden seien. Was daraus folgt, wurde unterschiedlich beurteilt. Die eine Seite hat zunächst ein „retardierendes Element der politischen Entwicklung" befürchtet und später behauptet, dass die Presse die Wahlerfolge der PDS oder wenigstens die Ostalgie herbeigeschrieben habe, die andere Seite dagegen betont eher die Rolle der Ostmedien als Begleiter in einer schwierigen Umbruchzeit.[157] Ich selbst habe mich vor einem Jahrzehnt im Fazit einer Studie zur Mediennutzung in der DDR auf diese zweite Seite geschlagen und bezweifelt, dass westdeutsche Journalisten „bei allem Bemühen und ehrlichem Wollen den Erfahrungshorizont der Ostdeutschen" treffen können. Deshalb sei es kein Zufall, dass die regionalen Tageszeitungen, die qua Personal und manchmal auch qua Titel für Kontinuität zu stehen scheinen, „nach wie vor sehr viele Leser erreichen".[158] Der Filmregisseur Konrad Weiß dagegen, einer der prominentesten Kritiker dieses „Refugiums für alte SED-Journalisten", sprach von „permanenter ideologischer Diversion" und schob auch die andauernde Unzufriedenheit der Ostdeutschen neben der PDS auch der Presse in die Schuhe.[159]

Die Texte, die untersucht wurden, um dem DDR-Gedächtnis in den Massenmedien auf die Spur zu kommen, lassen an beiden Interpretationen zweifeln. Die *Berliner Zeitung* und die *Leipziger Volkszeitung* jedenfalls (die beide auch schon in der DDR so hießen) haben weder den Verdacht von

157 | Vgl. Beate Schneider, Dieter Stürzebecher: Wenn das Blatt sich wendet. Die Tagespresse in den neuen Bundesländern. Baden-Baden 1998 (Zitat: S. 210f.); Beate Schneider, Wiebke Möhring, Dieter Stürzebecher: Ortsbestimmung. Lokaljournalismus in den neuen Ländern. Konstanz 2000; Steffen Reichert: Transformationsprozesse. Der Umbau der Leipziger Volkszeitung. Münster 2000.

158 | Vgl. Michael Meyen: Denver Clan und Neues Deutschland. Mediennutzung in der DDR. Berlin 2003, S. 217-224, hier 223f..

159 | Vgl. Gunter Holzweißig: Die schärfste Waffe der Partei. Eine Mediengeschichte der DDR. Köln 2002, S. 178f.

Ostalgie oder PDS-Nähe aufkommen lassen noch den Erinnerungen vieler ihrer Leser Raum gegeben, die in den Gruppendiskussionen zur Sprache gekommen sind. Dies gilt auch und gerade bei Autoren, die schon in den DDR-Medien gearbeitet haben. Reinhard Zweigler zum Beispiel, Jahrgang 1957, SED-Mitglied und Absolvent des „Roten Klosters“ in Leipzig, 1986 mit einer Studie über die SED-Bezirkszeitungen promoviert („Erfordernisse und Möglichkeiten des Wirtschaftsjournalismus bei der Erziehung der Werktätigen zu sozialistischer Arbeitsmoral“) und jetzt Berliner Korrespondent für mehrere Regionalblätter, begann seinen Leitartikel zum Stasi-Gesetz in der *Leipziger Volkszeitung* am 1. Oktober 2011 mit einem Bibel-Zitat. Anschließend feierte er „die befreiende Wirkung von Wahrheit“ und „die Demonstranten der friedlichen Kerzen-Revolution von 1989/90“, nannte zwei Ursachen für die Proteste („die weitgehende Abwesenheit von Wahrheit und Meinungsfreiheit“ sowie „die Doppel-Züngigkeit, zu der bereits Kinder in der Schule herangezogen wurden“) und forderte, sich bei der „Aufarbeitung der Diktatur“ nicht nur auf die Stasi zu fixieren. Der „Unterdrückungsapparat“ habe schließlich der SED gedient (der Zweigler ja angehörte und der er während seines Studiums auch freiwillig und ehrenamtlich zwei Jahre als Studienjahres-Sekretär diente) – etwas, was heute allzu oft untergehen würde.[160]

Kurz davor waren zum 50. Jahrestag des Mauerbaus auf der Titelseite des Blattes gleich zwei Artikel von DDR-Journalisten erschienen (von Armin Görtz und Thomas Mayer, die für Zeitungen von NDPD und LDPD gearbeitet hatten, sowie von Micha Schneider), die ganz auf der Linie von Heribert Prantl (*Süddeutsche Zeitung*) und Berthold Kohler (FAZ) lagen (vgl. Abbildung 18). Die *Leipziger Volkszeitung* reproduzierte hier eins zu eins das Vokabular des Diktaturgedächtnisses („Monstrum“, „desolater Zustand des sozialistischen Weltsystems“, „Menschen einmauern“, „Gefängnis“, „Verbrechen“, „Diktatur und Unfreiheit“), diskreditierte die DDR-Führung („Honecker, der seine Dachdeckerlehre abgebrochen hatte, profilierte sich hier vor 50 Jahren als Baumeister“), ließ nur „opportune Zeugen“ zu Wort kommen (neben dem „Opferverband VOS“ und Vera Lengsfeld mit Stephan Bickhardt und Sebastian Pflugbeil auch zwei regionale Wortführer des 89er Herbstes) und attackierte Andersdenkende wie Gesine Lötzsch („unver-

160 | Reinhard Zweigler: Wichtiger Ansatz der DDR-Aufarbeitung. *Leipziger Volkszeitung* vom 1. Oktober 2011, S. 1.

ständlich und politisch dumm", „Ignoranten", „haarsträubend").[161] Dieser Tenor findet sich auch in anderen prominenten Artikeln zu den Anlässen, die hier untersucht wurden.[162]

Dass sich vor allem einstige DDR-Journalisten bei der Arbeit am Diktaturgedächtnis hervortun, könnte man mit dem Dilemma begründen, das der US-Ethnologe Dominic Boyer nach seinen vielen Besuchen in deutschen Nachwende-Redaktionsstuben beschrieben hat.[163] Wer sollte sich vor dem Vorwurf fürchten, den Sozialismus wiederhaben zu wollen, wenn nicht diejenigen, die ihn 1989 fast bis ganz zum Schluss mit der Feder verteidigt haben? Vielleicht schützt ja, so könnte man diese Argumentation zu Ende denken, ein besonders lautes Bekenntnis zur Demokratie und zu den Diskursen Individualismus, Zivilcourage und Vergangenheitsbewältigung auch vor Lesern, die Texte von früher im Keller bunkern und zu gegebenem Anlass hervorholen könnten.

Dies führt direkt zur *Berliner Zeitung*, wo das Material etwas differenzierter ist als bei der *Leipziger Volkszeitung* – vielleicht auch, weil das Blatt nach 1990 unter Herausgeber Erich Böhme zunächst mehr sein wollte als eine Regionalpostille, weil die Hauptstadt für westdeutsche Kollegen so attraktiv war und ist, dass die Redaktion sehr schnell zu einem Schmelztiegel der journalistischen Kulturen wurde,[164] und weil hier besonders öffentlich-

161 | Micha Schneider: Nicht Schutz-, sondern Gefängnismauer. *Leipziger Volkszeitung* vom 13. August 2011, S. 1; Armin Görtz, Thomas Mayer: „Keine Diktatur währt ewig". DDR-Bürgerrechtler erinnern an Mauerbau vor 50 Jahren und kritisieren Linke. Ebd.

162 | Vgl. exemplarisch Reinhard Zweigler: „Wir müssen sie laufen lassen". Öffnung der Grenze war von der SED-Spitze eigentlich überhaupt nicht beabsichtigt. *Leipziger Volkszeitung* vom 9. November 1994, S. 4; Hans Völkel: Streitbare Bürgerrechtlerin tritt in Fußstapfen von Gauck. Ebd., 12. Oktober 2000, S. 3; Sven Siebert: Juristischer Rückzug von Katarina Witt. Ebd., 10. Mai 2002, S. 3; Gerald Felber: Holger John inszenierte die letzte Party im Berliner Palast der Republik. Ebd., 21. November 2005, S. 9.

163 | Vgl. S. 26. – Dominic C. Boyer: On the Sedimentation and Accreditation of Social Knowledges of Difference: Mass Media, Journalism, and the Reproduction of East/West Alterities in Unified Germany. *Cultural Anthropology* Vol. 15 (2000), S. 459-491.

164 | Vgl. Maria Marquart: Das Selbstverständnis ost- und westdeutscher Journalisten. Ein Vergleich am Beispiel von Redakteuren der Berliner Zeitung. Diplomarbeit. München 2006; Thomas Rogalla, Adolf Endler, Josef Depenbrock, Thomas Langhoff: Bericht des Ehrenrats der Berliner Zeitung. *Berliner Zeitung* vom 26. November 2008, S. 1.

keitswirksam über die Stasi-Vergangenheit einiger Mitarbeiter diskutiert wurde.[165] Die schon gewürdigten Artikel von Anke Westphal (*Good Bye, Lenin!*) und Christian Mayer zum Trabant[166] sind aber auch hier nicht mehr als Farbtupfer in einem Schwarz-Weiß-Gemälde. In Artikeln zum Solidarpakt geht es um Altschulden und die katastrophale Infrastruktur, die die DDR hinterlassen habe,[167] beim Film *Das Leben der Anderen* um den Wunsch des Berliner Senators Klaus Böger, mit Hilfe von Pflichtvorführungen „aus Schülerköpfen den kultigen *Sonnenallee*-Osten zu verdrängen",[168] und bei Katarina Witt um „eine Vorzeigesportlerin der DDR", „Privilegien und die SED-Mitgliedschaft", um „das Küsschen von Staats- und Parteichef Honecker" sowie um die „Beschaffung von zwei Autos" und die „Einrichtung einer Wohnung", die die Eiskunstläuferin zur „Begünstigten" des „DDR-Spitzelapparates" machen würden.[169] Der Leitartikel zum 50. Jahrestag des Mauerbaus kam von Thomas Rogalla, der in den 1990er Jahren Sprecher der Gauck-Behörde war und sich dann 2008 als Sprecher des Redaktionsausschusses der *Berliner Zeitung* in der Stasi-Affäre um den Ressortleiter Thomas Leinkauf einen Namen gemacht hatte.[170] Was Rogalla seinen Lesern am 13. August 2011 mitzuteilen hatte, dürfte sich vor diesem biografischen Hintergrund fast wie von selbst geschrieben haben (vgl. Abbildung 18): ein Hoch auf den „Grundkonsens" („dass der Bau der Mauer brutal, menschrechtswidrig und durch nichts zu entschuldigen war") und, viel ausführlicher, eine Attacke auf alle, die das anders sehen – „die Ex-SED" und „Teile der von ihr vertretenen Bevölkerung", „führende Vertreter der Linkspartei" und Hans Modrow, der „unbeirrbar" bis heute von den „sogenannten Mauertoten" spreche, das Land Brandenburg, dem erst jetzt eingefallen sei, „sich

165 | Vgl. Ulrich Kluge, Steffen Birkefeld, Silvia Müller: Willfährige Propagandisten. MfS und Bezirkszeitungen: „Berliner Zeitung", „Sächsische Zeitung", „Neuer Tag". Stuttgart 1997.

166 | Christian Mayer (wie Anm. 69); Anke Westphal (wie Anm. 139).

167 | Vgl. exemplarisch Holger Wuchold: Pfleglicher Umgang im Bonner Nato-Saal. *Berliner Zeitung* vom 13./14. März 1993, S. 2; Sonderprogramme für den Osten? Ebd., 28. April 2001, S. 3.

168 | Torsten Harmsen: Irgendwie geht's um Stasi. 700 Schüler sehen auf Einladung Klas Bögers „Das Leben der Anderen". *Berliner Zeitung* vom 4. April 2006, S. 1.

169 | Eislaufstar Katarina Witt klagt gegen Gauck-Behörde. *Berliner Zeitung* vom 28. Mai 2001.

170 | Vgl. Thomas Rogalla: Es gibt keine Rechtfertigung. *Berliner Zeitung* vom 13. August 2011, S. 4.

angemessen um Entschädigungszahlungen an die Opfer der Diktatur zu kümmern", sowie die Schulen, die „das Thema nur unzureichend" behandeln und so dafür sorgen würden, dass die „Relativierung des SED-Unrechts" „unter Jugendlichen mangels Wissen über die DDR weiterlebt".[171]

NEUES DEUTSCHLAND

Das *Neue Deutschland* fehlt in dieser Reihe – wie auch in allen anderen Texten, die in dieser Untersuchung für die „diskursive Praxis" DDR stehen. Die Ausnahme (Wolf Biermann mit seiner Rezension von *Helden wie wir im Spiegel*[172]) ist kein Journalist, sondern ein alter Klassenkämpfer. Zugespitzt: was immer die „sozialistische Tageszeitung" zum Thema auch zu sagen hätte, es kommt in den Leitmedien nicht an. Diese Form der Ignoranz dürfte nicht nur mit Vergangenheit (Organ des SED-Zentralkomitees) und Gegenwart des Blattes zu tun haben (Parteinähe), sondern auch mit einem Journalismus, der sich den Diskursen Individualismus, Zivilcourage und Vergangenheitsbewältigung entzieht und so nicht kompatibel ist mit dem, was westdeutsche Leitmedien und ostdeutsche Regionalzeitungen nach 1990 aus der DDR gemacht haben. Dies beginnt damit, dass das *Neue Deutschland* Autoren und Interviewpartner einbezieht, die in der DDR Verantwortung getragen haben und deshalb in anderen Medien nicht gehört oder abgewertet werden. Zum fünften Jahrestag des Mauerfalls 1994 zum Beispiel gibt es neben dem Kasten mit Schabowskis FAZ-Aussagen („Rette sich, wer kann") ein Gespräch mit Gerhard Lauter, 1989 Leiter der Hauptabteilung Pass- und Meldewesen im DDR-Innenministerium und Mitautor von Reisegesetz und Beschlusspapier, die letztlich zur Maueröffnung führten,[173] sowie einen (sehr viel längeren) Aufsatz zum 9. November („Ein deutsches Datum") von Wolfgang Reischock, Jahrgang 1921, in der DDR Professor für Pädagogik an der Humboldt-Universität. Reischock übt hier ein bisschen Sozialismus-Kritik („Auch den Ostdeutschen hatten ihre Machthaber übrigens einzureden versucht, zu den Siegern der Geschichte zu gehören), arbeitet sich aber ansonsten an den Nationalsozialisten ab sowie an der „Vernichtung des Marxismus", ein Ziel, das auch nach dem „Desaster" Drittes Reich schon deshalb

171 | Ebd.

172 | Wolf Biermann (wie Anm. 9).

173 | „Alles nur Zufälle…" *Neues Deutschland* vom 9. November 1994, S. 3.

„auf der Tagesordnung" geblieben sei, weil es „den weltpolitischen Interessen der westlichen Siegermächte" entsprochen habe. Gegenstände, Begriffe und Strategien erinnern nicht nur in dieser Passage an politische Schulungen in der DDR. Bei Reischock geht es (wie gesagt, am fünften Jahrestag des Mauerfalls) um „frühere Nazibeamte" im Dienst des westdeutschen Staates („Kiesinger wurde später gar Bundeskanzler"), um das damals „neu erweckte Nationalbewusstsein" und um die „Legende von der ‚ersten, friedlichen Revolution', die bezeichnenderweise zuerst in der Alt-Bundesrepublik aufkam". Auch in der Dachzeile hatte die Redaktion das Wort „Revolution" in Anführungszeichen gesetzt.[174]

Um die Unterschiede zwischen dem ND und der sonstigen „diskursiven Praxis" DDR zu demonstrieren, ist sicher kein Komplett-Schaulaufen durch die Berichterstattung nötig. Ein paar Auszüge:

- Reiner Oschmann, Jahrgang 1947, schon in der DDR Redaktionsmitglied und von 1992 bis 1999 dann Chefredakteur, beschäftigt sich am 9. November 1994 in seinem Leitartikel weniger mit der DDR („der Akt der Maueröffnung" passe „genau zum Bankrott, den die SED-Führung und ihr ganzes Politikverständnis erlitten hatten"), sondern mit dem Streit „unter Linken" („Akt der Befreiung oder Zerstörung"), und mahnte alle Feiernden, dass „die soziale Frage immer noch vor der Tür" stehe. Der „Unfall" vom 9. November 1989 habe „viele doppelt Freie" hervorgebracht: „frei von Mauer, frei von Arbeit"[175] – eine Anspielung auf die „doppelt freien" Lohnarbeiter bei Karl Marx (dort frei von jedem Besitz und frei, ihre Arbeitskraft zu verkaufen).
- Einen Tag später erinnerte auch Claus Dümde, vier Jahre älter als Oschmann und mit einem ähnlichen Werdegang, daran, dass der „soziale Friede" in Gefahr sei. Zielscheiben dieses Kommentars sind „nicht nur ‚Alteigentümer', die sich Stück für Stück die ganze DDR ‚rückübertragen' lassen", die „Treuhandpraxis" und der „gewöhnliche Kapitalismus", sondern auch „schwülstige Politikerphrasen" zum Jubiläum und die Bundeswehr, die sich für Einsätze „out of area" rüste.[176]

174 | Wolfgang Reischock: Ein deutsches Datum. Von der Novemberrevolution zur „Revolution" von 1989. *Neues Deutschland* vom 9. November 1994, S. 3.

175 | Reiner Oschmann: Notwendiger Unfall. Ebd., S. 1.

176 | Claus Dümde: Geschenkt. Schwülstige Politikerphrasen zum 9. November 1989. *Neues Deutschland* vom 10. November 1994, S. 2.

- Filmkritikerin Margit Voss, Jahrgang 1931, die früher für den *Berliner Rundfunk* arbeitete, hatte für *Das Leben der Anderen* ein verhaltenes Lob parat – „ein Film über die DDR ohne Klamauk", „ordentlich zu Ende gedacht, inszeniert und gespielt". „Da scheint vieles überzeugend, überraschend und gelungen und ist einen Kinobesuch wert".[177]
- Beim Solidarpakt geht es dagegen nicht (wie in allen anderen untersuchten Blättern) um das Erbe der DDR, sondern um den Gegensatz zwischen armen und „reichen Ländern" sowie um das „wachsende Gefälle bei der Wirtschaftskraft zwischen Ost und West".[178]

Zum 50. Jahrestag des Mauerbaus am 13. August 2011 veröffentlichte das ND ein Dossier, in dem das Thema des Tages von allen nur denkbaren Seiten ausgeleuchtet wurde. Es gab dort unter anderem Interviews mit Egon Bahr („dem einstigen Architekten der neuen Ost- und Entspannungspolitik") und Hans-Joachim Maaz („über die seelische Wirkung des Mauerbaus und Möglichkeiten, Mauern zu überwinden"), historische Analysen (Wirtschaftsflüchtlinge, Weltpolitik) und Porträts (ein Passkontrolleur und das „linke Biotop" Westberlin), Kulturelles (etwa über Mauervideos und Grenzkinos), Nachdenkliches über die Maueropfer, Erinnerungspolitik (die Mauer aus Kindersicht, Museen, Schüler-Wissen) und eine Glosse mit dem Titel „Normal und abnormal", die wie ein Text aus der herrschenden „diskursiven Praxis" DDR begann: „Der 13. August ist für mich ein besonderer Tag, ein Tag des Erinnerns daran, dass Menschen wie ich lange Zeit zu den Ausgeschlossenen gehörten." Nach einem kurzen Spiel mit der „Andersartigkeit" outet sich die Autorin oder der Autor: „Am 13. August ist Weltlinkshändertag".[179] Weit mehr Aufsehen erregte am gleichen Tag die *junge welt* mit ihrem Titelblatt, das Arrangement- und Fortschrittsgedächtnis zusammenfasste und dabei noch einmal kräftig überhöhte (vgl. Abbildung 31). Das ND sprach hier eine halbe Woche später von einer „Provokation" und einem „oberflächlichen" Versuch, den die Kollegen offenbar als „eine Art Geschichtsaufbereitung" gesehen hätten. Weit schärfer kritisierte Politikchef Uwe Kalbe allerdings die „DDR- und LINKE-Hasser", denen es eigentlich nur darum gehe,

---

177 | Margit Voss: Das Kleidungsstück. *Neues Deutschland* vom 23. März 2006, S. 13.

178 | Dieter Janke: Hut ab! *Neues Deutschland* vom 25. Juni 2001, S. 1.

179 | jam: Normal und abnormal. *Neues Deutschland* vom 13. August 2011.

die *junge welt* „zugrunde zu richten“: „Das ist auch nur eine Variante des Sputnik-Verbots.“[180]

Abbildung 31: 50 Jahre Mauerbau aus Sicht der jungen welt

Die Tageszeitung

junge Welt

Mauergeschichte(n)

Was war am 13. August 1961, und was ging dem Tag voraus? Gespräch mit Hein Friedriszik, Oberst der Nationalen Volksarmee a. D., zuständig vor 50 Jahren für den Grenzabschnitt zwischen Reichstag und Berlin-Treptow 12 Seiten extra

Gegründet 1947 · **Sonnabend/Sonntag, 13./14. August 2011** · Nr. 187 · 1,70 Euro · **PVSt A11002** · Entgelt bezahlt www.jungewelt.de

Jugendrandale
Unruhen in Großbritannien sind Folge gesellschaftlicher Zerrüttung durch neoliberale Politik. Interview **2**

Antifablockade
Amoklauf der Dresdner Justiz: Razzia bei Jugendpfarrer in Thüringen soll parlamentarisches Nachspiel haben **3**

Rechtsausleger
In der US-Schuldendebatte hat sich die Tea Party ein weiteres Mal durchgesetzt. Von Mumia Abu-Jamal **6**

Bilderschau
Von Tamm zu Turner: Zweierlei museal-maritime Schicksalsdeutung in Hamburg. Von Gerhard Wagner **10**

Wir sagen an dieser Stelle einfach mal:

Danke

für 28 Jahre Friedenssicherung in Europa
für 28 Jahre ohne Beteiligung deutscher Soldaten an Kriegseinsätzen
für 28 Jahre ohne Hartz IV und Erwerbslosigkeit
für 28 Jahre ohne Obdachlosigkeit, Suppenküchen und »Tafeln«
für 28 Jahre Versorgung mit Krippen- und Kindergartenplätzen
für 28 Jahre ohne Neonaziplakate »GAS geben« in der deutschen Hauptstadt
für 28 Jahre Geschichtswissenschaft statt Guidoknoppgeschichtchen
für 28 Jahre Club Cola und FKK
für 28 Jahre ohne Hedgefonds und Private-Equity-Heuschrecken
für 28 Jahre ohne Praxisgebühr und Zwei-Klassen-Medizin
für 28 Jahre Hohenschönhausen ohne Hubertus Knabe
für 28 Jahre munteren Sex ohne »Feuchtgebiete« und *Bild*-Fachwissen
für 28 Jahre Bildung für alle

Italien: Scharfe Kritik an Kürzungen

Rom. Der Gouverneur der Lombardei hat Widerstand gegen die von der italienischen Regierung geplanten drastischen Haushaltskürzungen angekündigt. Die vorgesehenen Einsparungen in Schlüsselbereichen wie Verkehr und bei Sozialleistungen hätten einen »bedrückenden Effekt«, erklärte Gouverneur Roberto Formigoni (Foto) am Freitag nach einem Treffen mit Vertretern seiner Regionalregierung. Sie schadeten vor allem den ärmeren Teilen der Bevölkerung. Die Verwaltungen von Regionen, Provinzen und Städten müßten im kommenden Jahr bei den vorgesehenen Kürzungen sechs der insgesamt 20 Milliarden Euro übernehmen, sagte Formigoni. 2013 sind Streichungen von 25 Milliarden Euro vorgesehen. (dapd/jW)

Krankenkassen leiten Pfändungen ein

Berlin. Wegen nicht gezahlter Zusatzbeiträge droht bis zu 150 000 Mitgliedern gesetzlicher Krankenkassen die Pfändung. Dies meldete Spiegel online am Freitag nach einer eigenen Umfrage bei den Hauptzollämtern, die das Geld für die Krankenkassen eintreiben. Die meisten säumigen Zahler – 13 000 – gibt es demnach in Berlin.

Derzeit erhebt etwa jede zehnte der rund 150 Krankenkassen neben dem allgemeinen Beitragssatz von 15,5 Prozent noch einen Zusatzbeitrag von bis zu 15 Euro im Monat. Die Kassen gingen laut Spiegel online »mit aller Härte« gegen säumige Zahler vor und hätten den 22 Vollstreckungsstellen des Zolls die nötigen Daten weitergeleitet, um die Außenstände einzutreiben. Schlimmstenfalls könnten Vermögen oder Einkommen der Betroffenen gepfändet werden. Die SPD forderte am Freitag wegen ungeklärter rechtlicher Fragen eine Aussetzung der Zusatzbeiträge. (dapd/jW)

junge Welt wird herausgegeben von 1 125 Genossinnen und Genossen (Stand 11. August 2011). Informationen: www.jungewelt.de/lpg

Quelle: junge welt, *Nr. 187/2011, S. 1*

Eine journalistische Glanzleistung konnten die ND-Leser im Januar 2006 bestaunen. Hatte die Redaktion schon am 20. Januar (einem Freitag) den

180 | Uwe Kalbe: Einfach mal: Danke! *Neues Deutschland* vom 18. August 2011, S. 1.

Bundestagsbeschluss zum Abriss des Palastes der Republik groß aufgemacht (Hauptbeitrag auf der Titelseite) und kritisiert („Akt der Hilflosigkeit, „absurd", „paradox"),[181] brachte die folgende Wochenend-Ausgabe auf der Titelseite in großer Aufmachung Fotos von vier markanten Berliner Gebäuden, die in der NS-Zeit entstanden sind – unter der Schlagzeile „Zum Abriss ausgeschrieben". Die Bundesministerien der Finanzen und der Verteidigung, der Flughafen Tempelhof und das Olympiastadion würden eine „Diktatur symbolisieren" (weshalb der Palast, so der CDU-Abgeordnete Friedbert Pflüger zwei Tage vorher im Parlament, nicht zur „Identität der Deutschen" gehören könne). Das ND fragte nun, ob nicht auch die vier abgebildeten Gebäude „historischer Ballast" seien. Und: „Der Bundestag möge beschließen".[182]

SUPERILLU

Ganz so politisch ist die *SuperIllu* nicht. Die Burda-Zeitschrift lässt allerdings, und das unterscheidet sie sowohl von den untersuchten westdeutschen Leitmedien als auch von Regionalblättern wie der *Berliner Zeitung* oder der *Leipziger Volkszeitung*, DDR-Prominente und einfache Bürger mit Sozialismus-Erfahrung zu Wort kommen, differenziert das Bild von der Staatssicherheit und lobt sowohl die Sozialleistungen von damals als auch die Qualität der Ostprodukte von heute.[183] In den untersuchten Texten fallen dabei vor allem zwei Stilmittel auf, die es so in den anderen Medienangeboten nicht gab: Stimmen-Sammlungen und vergleichsweise lange Interviews, in denen Ostdeutsche über die Vergangenheit sprechen können, ohne sofort über die Wortwahl oder den Kontext von einer journalistischen Instanz bewertet zu werden. Im „ewigen Streit" um den Palast zum Beispiel lieferte die Redaktion nur einen kurzen Vorspann (ein „aktuelles Stimmungsbild" mit den Punkten „Historie", „Bau" und „Abriss") und druckte dann ohne erkennbare Ordnung 28 Statements von Menschen, die die Leser der *SuperIllu* kennen müssten. Uwe Jensen etwa, Jahrgang 1948, ein Schlagersänger, der in den späten 1970er und in den 1980er Jahren zwischen Elbe und Oder ein kleiner

181 | Bundestag besiegelt Aus für Palast. *Neues Deutschland* vom 20. Januar 2006, S. 1; Bernd Kammer: Ohne Palast auch kein Schloss. Ebd., S. 2.

182 | Zum Abriss ausgeschrieben. *Neues Deutschland* vom 21./22. Januar 2006, S. 1.

183 | Vgl. exemplarisch Ostprodukte, ein Genuss! *SuperIllu* Nr. 9/2001.

Star war, sagt hier: „Mein Herz sagt ja zum Palast der Republik. Er ist nunmal ein historisches Denkmal. Man sollte eine Lösung finden, ihn weiter zu nutzen." Kollegin Angelika Mann dagegen sieht das anders: „Ich kann mit dem Abriss leben. Zumal mich das Haus immer daran erinnert, dass ich dort mal verhaftet wurde – wir hatten nach einem Auftritt zu viel getrunken."[184] Knapp ein Jahrzehnt davor hatte die Zeitschrift ihre Leser nach dem gleichen Prinzip über „Vor- und Nachteile der Einheit" streiten lassen (in den Rubriken „Scheiß-Einheit. Früher ging's uns besser!" und „Scheiß DDR. Heute kann ich leben, wie ich will!", die mit den Diskursen Kollektivismus und Individualismus spielen).[185]

Ähnlich funktionieren die längeren Interviews der *SuperIllu*. Katarina Witt etwa hatte zwar auch in der FAZ die Chance, Fragen zu beantworten,[186] in der Burda-Illustrierten funktioniert dies aber auch ganz ohne Politisierung und Vergangenheitsbewältigung. Als „die 40-jährige Powerfrau" 2005 ins TV-Geschäft wechselte, geht es hier um „diese neue Herausforderung" und um nichts anderes („Wie ist es, auf der ‚anderen Seite' zu stehen?", „Haben Sie schon Lampenfieber?", „Haben Sie einen Tipp"?).[187] Im Streit um die Stasi-Akten von Katarina Witt und Helmut Kohl viereinhalb Jahre davor hatte das Blatt „die sieben wichtigsten Fragen" beantwortet (in einem Text, der beide Fälle bündelte), dabei den „Sport-Star aus dem Osten" selbst ausführlich sprechen lassen (was steht drin und warum will Witt, dass ihre Akten geschlossen bleiben) und den Vorwurf der Begünstigung allein „Stasi-Aktenverwalterin" Marianne Birthler in den Mund gelegt.[188] Ihr Amts-Vorgänger Joachim Gauck hatte an gleicher Stelle schon 1992 „eine überraschende Bilanz" mit dem Interview-Titel „In den Stasi-Akten steht auch viel Gutes!" gezogen. Wie bei Gauck nicht anders zu erwarten, wird der DDR-Geheimdienst hier keineswegs verharmlost, aber mit menschlichen Eigenschaften und Motiven erklärt, die es so in allen Gesellschaften gibt („Nähe zur Macht" oder „das Gefühl, wichtig zu sein").[189] In einem Doppelinterview zum Start

184 | Abreißen oder nicht? Der ewige Streit um den Palast. *SuperIllu* Nr. 1/2001.

185 | SuperIllu-Leser streiten über Vor- und Nachteile der Einheit. *SuperIllu* Nr. 41/1993.

186 | „Die Entwicklung des Eiskunstlaufs" (wie Anm. 121).

187 | Katis ganz neue Eis-Zeit. *SuperIllu* Nr. 19/2005.

188 | Kati Witt & Kohl. Wem gehören ihre Stasi-Akten? *SuperIllu* Nr. 24/2001.

189 | Joachim Gauck: In den Stasi-Akten steht auch viel Gutes! *SuperIllu* Nr. 30/1992.

von *Das Leben der Anderen* bezeichnete Florian Henckel von Donnersmarck die Stasi-Offiziere, mit denen er bei seinen Recherchen gesprochen hatte, als „gläubige Kommunisten" („Reue begegnete mir nicht") und als „überwiegend sehr gebildete, intelligente Leute". Sein Star Ulrich Mühe meinte dagegen, „dass die Revolution von 1989 auch deshalb friedlich verlief, weil bei Stasi und SED kaum noch einer an das System geglaubt hat". Außerdem wehrt sich der Schauspieler hier dagegen, als „ehemaliger Ost-Star" bezeichnet zu werden: „Das ist auch ein Stück Rassismus, wenn man es hart formuliert", wobei er diese Kritik mit einem Schluss-Satz auffängt, der an die Methode des Erich-Honecker-Zitats in DDR-Aufsätzen erinnert: „Ich bin heute sehr glücklich, im vereinten Deutschland zu leben."[190] Wolfgang Becker, „West-Regisseur" von *Good Bye, Lenin!*, hatte solche Bekenntnisse nicht nötig, als die *SuperIllu* ihn nach seinen Vorgesprächen mit Ostberlinern fragte. Becker: „Jeder hatte seinen ganz individuellen Lebensentwurf. Manche fühlten sich extrem eingeengt, andere arrangierten sich und erfüllten sich privat Träume." Und (ein Satz, der ebenfalls fast zu perfekt ist für die Überleitung zum Kapitel über das kommunikative DDR-Gedächtnis): „Das alltägliche DDR-Leben war doch nicht ewige Dunkelzellenhaft und Bespitzelung. Ich habe mir Sendungen von *Außenseiter – Spitzenreiter* angesehen. Da erfuhr man, wie viel Spaß die Leute auch hatten."[191]

190 | „Gott sei Dank ist dieser DDR-Irrsinn vorbei!" Ein Film rechnet ab. *SuperIllu* Nr. 14/2006.

191 | Die DDR ist zurück – im Kino. Trügen die Bilder? *SuperIllu* Nr. 11/2003.

5. Die DDR im kommunikativen Gedächtnis der Deutschen

„Irgendwie ist immer Sommer, wenn ich an DDR denke. Ich habe eigentlich durchweg positive Erinnerungen."
Antje, Ende 30, jetzt PR-Frau in Bayern

„Darf ich eine blöde Zwischenfrage stellen, zu dieser Ferienmentalität? Wärt ihr mit derselben Begeisterung auch beim BDM gewesen?"
Fritz, 70, früher Journalist in München

„Die Leute wurden da eingepfercht. In so ein großräumiges KZ. Jeder musste immer genau angeben, was er tut. Es war fast mehr Kontrollstaat als heutzutage."
Jan, 16, Schüler in Bayern

„Die Mauer. Das war ja noch zu Hitlers Regierungszeiten. August 1961, glaube ich. Als ich geboren wurde, ist sie gefallen."
Zoe, Anfang 20, gerade in Elternzeit

Diese Zitate sind so entstanden, wie sich Maurice Halbwachs schon vor fast 100 Jahren „kollektives Erinnern" vorgestellt hat: Menschen um uns herum (hier die Moderatoren einer Gruppendiskussion und die anderen Teilnehmer mit ihren Lebensgeschichten) regen uns an, über die Vergangenheit zu sprechen, wobei kognitive Schemata benutzt werden, die ebenfalls sozial geprägt sind[1] – ein Prozess, den Aleida und Jan Assmann später „kommunikatives Gedächtnis" genannt und vom „kulturellen Gedächtnis" abgegrenzt haben, das irgendwo aufgehoben wird (und sei es in alten Zeitungsstapeln), während unsere Erzählungen flüchtig sind und kaum über die Zeitzeugen hinausreichen.[2]

Wer nicht an die Vergänglichkeit der eigenen Erfahrungen glauben mag, muss nur zuhören, wie sich junge Leute über das unterhalten, was sie lediglich vom Hörensagen kennen. Jan und Zoe sind in jeder Hinsicht fernab der ehemaligen innerdeutschen Grenze groß geworden und beziehen ihr „Wissen" über die DDR neben den Medien aus dem Unterricht – wenn das Thema denn dort überhaupt behandelt wird (was nicht nur von der Schulform abzuhängen scheint, sondern auch vom Lehrer). „Ich denke gar nichts über die DDR", sagte Hauptschülerin Nurgül, 15 Jahre alt, die mit Jan in einer Runde saß und damit liebäugelt, „mal irgendwas mit Bürokommunikation oder Versicherung" zu machen. „Also, ich weiß darüber gar nichts." Später fielen der jungen Frau immerhin zwei Schlagworte aus den Geschichtsstunden ein: erst „Willy Brandt" und dann „Rosinenbomben". Zoe, die historische Fakten und Daten noch ein wenig stärker vermischte, hatte noch eine zweite „Quelle": einen „Mitschüler aus der DDR", bei dem sie „dieses Diktaturmäßige in den Menschen da" beobachtet zu haben glaubt. Die Gruppe begann sofort, über „Petzen" zu reden und war sich schnell einig: „Dieses Bespitzel-Ding. Wenn Du jemanden aus der Ecke hast, dann musst Du echt vorsichtig sein", sagte Abdoul-Halim, 25, „Fachkraft für Schutz und Sicherheit", der in Togo geboren wurde, seit 14 Jahren in Bayern lebt und für den Vergleich zwischen West- und Ostdeutschen außerdem den Gegensatz von „österreichisch" und „tschechisch-polnisch" bemühte. Zoe: „Ist ja auch sehr traurig, was damals alles passiert ist." Abdoul-Halim: „Immer wenn ich DDR höre, dann sieht's bei mir komplett grau aus. Ich sehe irgendwelche Plattenbauten, enge Straßen, keine Autobahn. Und Menschen, die sehr unglücklich waren. (…) Dann sind sie aber alle irgendwann auf die Straße gegangen. Das hat mir echt imponiert."

---

1 | Vgl. Maurice Halbwachs: Les cadres sociaux de la memoire. Paris 1925; Maurice Halbwachs: La mémoire collective. Paris 1950.

2 | Vgl. Aleida Assmann: Erinnerungsräume. Formen und Wandlungen des kulturellen Gedächtnisses. München 1995; Jan Assmann: Collective Memory and Cultural Identity. *New German Critique* 65 (1995), S. 125-133.

Diese beiden Diskussionen mit Nachgeborenen und Außenstehenden dürften der „Realität" ziemlich nahe sein (dem Ablauf ohne Mikrofon): Wir beziehen uns bei solchen Gesprächen auf unseren Alltag und auf das, was wir erlebt haben, und wir vergleichen – damals und heute, Ost und West, Deutschland und die Welt (soweit wir sie denn kennen). Trotzdem täuschen die Protokolle mindestens in einer Hinsicht. Ohne äußeren Anlass würden Jan, Zoe und ihre Freunde vermutlich gar nicht auf die DDR kommen. Das sei ein „schwarzes Kapitel", über das „eigentlich keiner mehr reden" wolle, sagte Abdoul-Halim. Zum einen sei der Zweite Weltkrieg wichtiger, und zum anderen lerne er, der Wachmann, „DDRler seltener kennen als Japaner. Von daher ist mir das echt Wurscht." Dieses Desinteresse hat, und dies ist eine erste Antwort auf die Frage, wie die Medienberichterstattung auf das DDR-Bild der Deutschen wirkt, bereits die Rekrutierung von Diskussionsteilnehmern erschwert. Viele der Angesprochenen hatten keine Lust auf dieses Thema. Manche Ausreden waren etwas diplomatischer als Abdoul-Halim, es ist aber leicht, eine Verbindung herzustellen zu dem einstimmigen Refrain, den die Leitmedien seit 1990 wiederholen: Alles, was zur DDR gesagt werden muss, scheint bereits gesagt worden zu sein. Cynthia Henrich zum Beispiel fand über den E-Mail-Verteiler der Universität der Bundeswehr in Neubiberg nur einen einzigen Freiwilligen: Thomas, Mitte 20, aus Delitzsch, dessen Familie in der DDR einen Betrieb hatte und dort „mehrfach enteignet" wurde. Die anderen drei Teilnehmer (zwei Ostdeutsche und ein Hesse, der im Osten eine Bekannte hat) rekrutierte sie dann über einen persönlichen Draht. Die Diskussion spiegelte diesen Pflichtcharakter: Während Thomas mehr als engagiert war, sei „die Motivation" bei den anderen „nicht besonders groß" gewesen, erkennbar „auch an der Körperhaltung", schrieb die Moderatorin in ihrem Bericht.

Dass solche Vorbehalte meist schnell vergessen waren, die Idee gelobt wurde und sich manche Gruppen sogar zu einem zweiten Treffen verabredet haben (vgl. Kapitel 3), widerspricht der eigentlich paradoxen These vom Kommunikationshindernis Massenmedien nicht – im Gegenteil. Die Deutschen kennen den Diktaturgedächtnis-Diskurs sehr genau und wollen sich gerade deshalb dazu nicht äußern, wenn auch aus unterschiedlichen Gründen. Wer im Westen gelebt hat oder so jung ist wie Zoe, Jan und Abdoul-Halim, fühlt sich gelangweilt und hat vielleicht auch (ähnlich wie bei einer Klassenarbeit) Angst, zu wenig zu „wissen" und so als Staatsbürger durchzufallen. Dass Fritz, Jan und Zoe die Schlagworte „BDM", „KZ" und „Hitler" eingestreut haben, ist deshalb kein Zufall. Der Diskurs Vergangenheitsbewältigung, der die „diskursive Praxis" DDR in den Leitmedien mitbestimmt, bietet hier einen gewissen Schutz. Die DDR-Bürger von einst wiederum sind verständlicherweise kaum geneigt, sich den Ballast einer Vergangenheit auf die Schultern zu laden, die in den Leitmedien durchweg negativ konstruiert wird (erst recht, wenn sie tatsächlich Verantwortung getragen haben), und verzichten lieber auf ein Outing – ganz wie Dominic Boyer dies für die 1990er Jahre am Beispiel der Journalisten herausgearbeitet hat, die nicht nur über „Ghettoisierung" klagten (Themen, die in den Redaktionen wenig Ansehen genießen), sondern auch versuchten, ihre Herkunft zu vertuschen. Boyer erklärte dies damals mit dem schlechten Leumund des DDR-Journalismus und damit, dass all das, was Ostdeutsche als „anders" ausweise (etwa: konsensorientiert, pessimistisch oder idealistisch), letztlich zugleich „unzulänglich" bedeute.[3]

Dieses Muster hat sich seither offenbar nicht verändert und betrifft auch Ostdeutsche, die so jung sind, dass sie eigentlich gar nichts mehr mit der Zeit der deutschen Teilung zu tun haben. Patrick, ein Student, 1983 in „einer sozialistisch geprägten Arbeiterfamilie" geboren und mit Anfang 20 zu seiner Freundin nach Augsburg gezogen, spricht mit neuen Bekannten nicht über seine Wurzeln in der DDR. „Für die ist das Dunkel-Deutschland. Da kann man nicht wirklich ansetzen". Die andere Seite weiß um solche Hemmungen. „Die reden da nicht so gern drüber", sagte Manfred, Mitte 40, Chemiewerker aus Bayern, als er gefragt wurde, ob man sich bei Ostdeutschen über die DDR informieren könne. Sein Kollege Uwe war für einen Schlussstrich („Das war eine schwarze Seite in unserer Geschichte. Aus. Man muss das mal wieder abhaken") und Berufsberater Ludwig, gut zehn Jahre älter als die beiden, stimmte erst zu („Ich würde auch nicht darüber reden, wenn es mir mal schlecht gegangen wäre") und fürchtete dann sogar um seine eigene Reputation: „Wir Deutschen, wir müssen uns immer wieder anhören, wenn wir irgendetwas schlecht gemacht haben. Egal ob das jetzt die Juden gewesen sind oder das hier". Darauf Uwe: „Das siehst Du jetzt ja wieder an Griechenland und ihrer Pleite. Überall werden wir als Nazis hingestellt. Überall Merkel mit Hakenkreuz. Deutschland, die Bösen. Das Hakenkreuz ist uns sowieso ein Leben lang aufs Hirn gebrannt." Während sich diese Gruppe in

3 | Dominic C. Boyer: On the Sedimentation and Accreditation of Social Knowledges of Difference: Mass Media, Journalism, and the Reproduction of East/West Alterities in Unified Germany. *Cultural Anthropology* Vol. 15 (2000), S. 459-491, hier 473-477. – Vgl. Kapitel 2.

Sachen DDR einig war und schnell zum Euro und zum Solidaritätszuschlag wechselte sowie zu den Eigenheiten der Ostdeutschen, hatte das kommunikative Gedächtnis in anderen Konstellationen wenig mit dem kulturellen Gedächtnis zu tun, das in der Presse und in Filmen, in Museen und in der akademischen Geschichtsschreibung wachgehalten wird – wenn man so will, ein Moment der Befreiung, weil die Gruppendiskussionen tatsächlich so abliefen wie es bei der Rekrutierung versprochen worden war (wie ein normales Gespräch im Alltag).

Die Unterschiede zwischen den Befragten, die dabei deutlich wurden und die auch die Auswahl der Zitate im Vorspann geleitet haben, werden im zweiten Teil dieses Kapitels herausgearbeitet und erklärt. Warum sprechen und denken Manfred, Ludwig und Uwe genau wie Jan, Zoe und Abdul-Halim in den Formeln des Diktaturgedächtnis-Diskurses, während Antje aus Naumburg „durchweg positive Erinnerungen" hat, sich davon auch durch eine Nachfrage aus dem Diskurs Vergangenheitsbewältigung nicht abbringen ließ („Ich kann das nicht wirklich beantworten. Ich bin da einfach reingewachsen") und keine Probleme hatte, die zweite Ostdeutsche am Tisch dafür zu bewundern, dass sie es bei den Pionieren bis zur Gruppenratsvorsitzenden gebracht hat („Echt? Das habe ich nie geschafft") – an einem Tisch, an dem sonst nur Westdeutsche, der Student Patrick und ein DDR-Flüchtling saßen? Warum hat sich dieser Flüchtling geweigert, „alles zu verurteilen" („Es gibt Sachen, die waren gut in der DDR"), obwohl seine beiden älteren Brüder in Bautzen gesessen haben? Die Typologie, die später präsentiert wird, zeigt, welche lebensgeschichtlichen Umstände eher zu Nostalgie führen, welche zu einem eher ausgewogenen Urteil und welche zum DDR-Bashing. Vorher werden wie schon im vierten Kapitel zentrale Befunde in Thesenform zugespitzt und mit Zitaten aus dem Material belegt – wie gehabt nach dem Prinzip des pars pro toto. Die Grautöne, die dabei möglicherweise verschwinden, werden anschließend in der Typologie wieder aufpoliert.

These 8: Das kommunikative Gedächtnis der Zeitzeugen speist sich vor allem aus persönlichen Erfahrungen sowie aktuellen Bedürfnissen und bezieht sich schon deshalb viel stärker auf den Alltag als all das, was in den verschiedenen Formen des kulturellen Gedächtnisses aufbewahrt wird. Während sich fast alle befragten Westdeutschen sofort an die Grenzkontrollen erinnerten, an den Zwangsumtausch, den Geruch im Osten, das Essen dort und die Pakete für die Verwandtschaft, haben die Ostdeutschen sehr positiv über die DDR gesprochen – selbst viele

> von denen, die das Land vor dem Mauerfall verlassen haben. Auf der Habenseite stehen dabei vor allem die soziale Sicherheit, das Schulsystem, die Kinderbetreuung und, damit zusammenhängend, die Frauenförderung. Zentrale Medienthemen und wichtige opportune Zeugen des Diktaturgedächtnisses wurden dagegen überhaupt nicht oder sehr selten erwähnt: etwa der Aufstand vom 17. Juni 1953, die Demonstrationen vom Herbst 1989, die Stasiunterlagenbehörde oder die Bürgerrechtler. Die Deutschen wissen allerdings um den öffentlichen Diskurs und beziehen sich auf das dort konstruierte DDR-Bild. Während Zeitzeugen aus dem Osten dabei auch ihre Lebensleistung verteidigen und Zeitgenossen aus dem Westen Parallelen zum Verhalten ihrer Landsleute in der Gegenwart ziehen, wenden die jüngeren Kohorten den Diktaturrahmen auf alles an, was sie über die DDR hören, und erfinden dabei teilweise Schauermärchen – vor allem wenn sie wenig Kontakt zu den Erzählungen von Menschen haben, die selbst dabei gewesen sind.

Um nicht falsch verstanden zu werden: Kein einziger der 122 Teilnehmer an dieser Studie hat sich die DDR zurückgewünscht, und alle, die es beurteilen können (weil sie alt genug sind und im Osten gelebt haben), waren sich sicher, dass es ihnen heute vor allem materiell viel besser geht als früher. Wenn im kommunikativen Gedächtnis trotzdem vieles von dem aufbewahrt wird, was in Martin Sabrows Typologie der Erinnerungslandschaften eher in das Arrangement- oder gar in das Fortschrittsgedächtnis gehört,[4] dann lässt sich dies nicht mit den Formeln „Heimweh nach der alten Ordnung" oder „Heimweh nach der Diktatur" beschreiben, die das Nachrichtenmagazin *Der Spiegel* 1995 und 2009 für ganz ähnliche Befunde geprägt hat.[5] Die „diskursive Praxis" DDR konzentriert sich in den Leitmedien genauso wie in der Regionalpresse oder im Fernsehen[6] auf „große" Themen (auf Herrschaftsstrukturen und gesellschaftliche Umbrüche) und verzichtet selbst dann nicht

---

4 | Vgl. Kapitel 2. – Martin Sabrow: Die DDR erinnern. In: Martin Sabrow (Hrsg.): Erinnerungsorte der DDR. München 2009, S. 11-27, hier S. 14-16.

5 | Vgl. Stolz aufs eigene Leben. *Der Spiegel* Nr. 27 vom 3. Juli 1995, S. 40-52; Julia Bonstein: Heimweh nach der Diktatur. *Der Spiegel* Nr. 27 vom 29. Juni 2009, S. 124-126.

6 | Vgl. Werner Früh, Hans-Jörg Stiehler, Hannah Früh, Claudia Böttcher: Mediale Vereinigungsbilanzen. Ost- und Westdeutschland im Fernsehen: Event- und Alltagsberichterstattung. Berlin 2011.

auf Mauer, Staatssicherheit und Diktaturvokabular, wenn sie in die Welt der kleinen Leute blickt. Diese Welt dreht sich aber gerade in Arbeiter- und Angestelltenmilieus um die Anforderungen des Alltags und wird von politischen Problemen oft nur am Rande tangiert.[7] Wer kleine Kinder hat, einen Vollzeitjob, einen Garten und vielleicht noch ältere Verwandte, die zu versorgen sind, ist abends einfach froh, wenn alles geschafft ist – egal ob „die da oben" gerade Diktatur spielen oder Demokratie. Die Erzählungen über die Vergangenheit müssen sich deshalb zwangsläufig von dem (politisierten) kulturellen Gedächtnis unterscheiden, das die Massenmedien produzieren – eine Kluft, die Christoph Dieckmann in der Wochenzeitung *Die Zeit* immer wieder ausgeleuchtet hat, wenn er sich auf Details aus dem DDR-Alltag stürzte und das Recht von Seinesgleichen einforderte, die „diskursive Praxis" DDR selbst bestimmen zu können.[8]

EINHEIT MIT DER FALSCHEN HERKUNFT: DER DOPPELTE STATUSVERLUST DER DDR-BÜRGER

Falls die Ostdeutschen so etwas wie eine Sehnsucht nach der „guten alten Zeit" empfinden sollten, dann gilt sie eher dem Platz in der gesellschaftlichen Hierarchie. Die DDR war ein Land der „kleinen Leute". Der Historiker Lutz Niethammer hat vermutet, dass die Abwanderung vor dem Mauerbau die DDR so stark geprägt habe wie sonst nichts. Die Aktivsten waren gegangen und hatten das Potenzial für alternative Kulturen und politische Opposition geschwächt (erst recht nach dem 17. Juni 1953). Qualifizierte Kräfte fehlten an allen Ecken und Enden. Die DDR wurde so nicht nur zu einer „Aufsteigergesellschaft", in der Hunderttausende junge Menschen in einem „kollektiven Bildungsroman" die entleerten Führungsetagen enterten, sondern auch zur weiblichsten Gesellschaft Europas – zu einer Gesellschaft, in der Frauen-Erwerbsarbeit und die entsprechenden Infrastruktureinrichtungen Normalität waren (Kindergärten und Ganztagsschulen, Wäschereien und der Mittagstisch für Rentner).[9] Günter Gaus, 1974 bis 1981 Ständiger Vertreter der Bun-

7 | Vgl. Michael Meyen: Denver Clan und Neues Deutschland. Berlin 2003, S. 156.

8 | Vgl. Kapitel 4.

9 | Lutz Niethammer: Erfahrungen und Strukturen: Prolegomena zu einer Geschichte der Gesellschaft der DDR. In: Hartmut Kaelble, Jürgen Kocka, Hartmut Zwahr (Hrsg.): Sozialgeschichte der DDR. Stuttgart 1994, S. 95-115, hier S. 100-105.

desrepublik in der DDR, schrieb 1983, dass die Massenabwanderung vor dem Mauerbau aus der staatlichen Teilung eine soziale gemacht habe. Wenn sich der westdeutsche Besucher im Osten unbehaglich fühle, habe das oft gar nichts mit dem politischen System und seinen ökonomischen Mängeln zu tun, sondern damit, dass Kleinbürger stilistisch und geschmacklich den Ton angeben würden.[10] Der Soziologe Wolfgang Engler hat im Rückblick folgerichtig von einer „arbeiterlichen Gesellschaft" gesprochen.[11] Nach dem Mauerfall hat die Mehrheit der Ostdeutschen allein dadurch einen Statusverlust erlitten, dass sie sich plötzlich mit Schichten konfrontiert sahen, die es vorher nicht oder allenfalls in Ansätzen gegeben hatte. An die Spitze vieler Hierarchien sind Westdeutsche gerückt, und die privaten Netzwerke, die sich die Ost-Bürger über Jahrzehnte aufgebaut hatten, waren plötzlich weniger wert, weil die Kontaktpersonen nicht mehr weiterhelfen konnten. Mit dem Verlust von Positionen und sozialen Funktionen sind die Chancen auf ein sinnerfülltes Leben geschwunden, besonders für diejenigen, die sich um die Früchte ihres Tuns gebracht sahen. Diese Machteinbußen haben natürlich zunächst die Generationen betroffen, die 1989/90 im Arbeitsleben standen, die Folgen aber haben auch die Kinder gespürt – wenn Vaters Beziehungen zum Beispiel nicht reichen, eine Karriere anzubahnen oder wenigstens eine Lehrstelle zu besorgen. Jeder Wandel von Machtverhältnissen verunsichert die Betroffenen und beeinflusst das Selbstwertgefühl.[12]

Der Soziologe Norbert Elias hat festgestellt, dass die Berufs- und Klassenzugehörigkeit nicht reiche, um die Gliederung einer Gesellschaft zu beschreiben. Entscheidend sei vielmehr, wie die Beteiligten die Schichtung erleben würden.[13] Selbst wenn alle ostdeutschen Teilnehmer an dieser Studie unterschreiben würden, dass es ihnen heute besser gehe als in der DDR, sagt dies noch nichts darüber, wie sie ihre Position im größeren Deutschland einschätzen. Man muss dazu gar nicht in den Armuts- und Reichtumsbericht der Bundesregierung vom Spätsommer 2012 schauen, der nach wie vor ein enormes West-Ost-Gefälle ausweist (Immobilien- und Geldvermögen der Haus-

---

10 | Günter Gaus: Wo Deutschland liegt. Eine Ortsbestimmung. In: Günter Gaus: Über Deutschland und die Deutschen. Berlin 1990, S. 15-296, hier S. 48-53.

11 | Wolfgang Engler: Die Ostdeutschen. Kunde von einem verlorenen Land. Berlin 1999.

12 | Vgl. Michael Meyen: Denver Clan (wie Anm. 7), S. 222f.

13 | Norbert Elias: Studien über die Deutschen. Hg. von Michael Schröder. Frankfurt/Main 1989, S. 61f.

halte: 132.000 vs. 55.000 Euro),[14] oder an die Debatten um die Anerkennung von DDR-Abschlüssen erinnern. In der Soziologie Pierre Bourdieus wird die Lebensbahn jedes Einzelnen durch die Position bestimmt, die wir bei der Geburt haben – durch das Kapital, das uns die Eltern vererben.[15] Damit ist nicht so etwas wie Schicksal, Bestimmung oder Vorsehung gemeint (Dein Vater war Schlosser, also wirst Du Vorarbeiter oder Sekretärin), sondern eher ein Spektrum an Möglichkeiten. Jede Startposition ist mit einer bestimmten Bandbreite an Positionen verbunden, die man erreichen kann – oder eben auch nicht. So ist es eher unwahrscheinlich, dass die Töchter eines modernen Rockefeller in der Gosse enden und ein Philosophen-Sohn im Cockpit eines Rennautos. Ostdeutsche haben im Schnitt nicht nur weniger ökonomisches und kulturelles Kapital in Titelform als Westdeutsche (von dem Wissen um die gesellschaftlichen Spielregeln ganz zu schweigen), sondern müssen auch noch mit dem Makel leben, aus „Dunkel-Deutschland“ zu kommen.

Kommunikative Praxis West: die DDR und die Ostdeutschen

Dass mit dieser Herkunft tatsächlich symbolisches Kapital verloren geht und dass dieser Verlust neben den persönlichen Erfahrungen, die Zeitzeugen aus dem Westen mit der DDR gemacht haben, auch mit einer „diskursiven Praxis“ zu tun hat, die den „Unterdrückungscharakter der SED-Herrschaft und ihre mutige Überwindung“ 1989/90[16] betont, lässt sich mit einem Blick in die Protokolle der Gruppendiskussionen leicht bestätigen. Bei einigen Befragten wurde der Keim für die Abneigung gegenüber dem östlichen Nachbarn bereits früh gelegt. „Es war schrecklich“, sagte der Journalist Fritz, der nach dem Krieg als kleiner Junge aus Nordböhmen ausgesiedelt wurde. „Ich kam in ein finsteres Kaff in Vorpommern und bin dann 1948 schwarz über den Harz in den Westen.“ Die Chemiewerker Manfred und Willi, die nie in der DDR waren, erinnerten sich an „den Barras“ („der Osten war das Feindbild Nummer eins, vor allem die DDR“), und Berufsberater Ludwig erzählte, wie er als Kind mit einem russischen Abzeichen, das er daheim gefunden

14 | Vgl. Simone Schmollack: Reiche werden reicher, Arme ärmer. *taz* vom 18. September 2012.

15 | Vgl. Pierre Bourdieu: Die feinen Unterschiede. Frankfurt/Main 1987.

16 | Martin Sabrow: Die DDR erinnern (wie Anm. 4), S. 18.

hatte („vom Vater, der war auch im Krieg und hat einen Russen erschossen oder mehrere"), zu einem Volksfest gegangen sei. „Vater hat gesagt: Tu das sofort runter. Wenn die Dich sehen, dann wirst Du erschossen. Das hat mir einen Stich gegeben. Der Osten war für mich erledigt." Der Künstler Georg, Jahrgang 1968, brauchte für eine solche Einstellung weder Bundeswehr noch Drohkulisse. Wie der etwas jüngere *Spiegel*-Journalist Markus Feldenkirchen, der im Bergischen Land rheinischen Sauerbraten genossen und nur „gen Westen" geschaut hatte,[17] sah Georg die DDR in seiner Jugend als „namenloses, feindliches Ausland", als einen „Staat wie Nordkorea, genauso weit weg, genauso uninteressant". Österreich und die Schweiz zum Beispiel hätten ihm „wesentlich näher" gestanden. „Ich bin groß geworden mit einer Verwandtschaft, die für mich aus Paketen bestand".

Abbildung 32: Grenzübergang Berlin-Friedrichstraße (1964)

Quelle: BArch, Bild 183-C1031-0044-009 (Spremberg)

Ein „fremdes Land" war die DDR vor allem für die Westdeutschen, die nach dem Mauerbau groß geworden sind und keine besonderen Beziehungen in den Osten hatten. „Die DDR war mir eigentlich völlig egal", sagte Beate, eine Gymnasiallehrerin um die 40, die als Schülerin einmal für eine Woche in Westberlin war und sich an die Autobahn erinnerte, „wo Du ja nirgends

17 | Markus Feldenkirchen: Wir Westalgiker. *Der Spiegel* Nr. 40 vom 4. Oktober 2010, S. 42f.

runterkommst, außer an diesen zwei, drei Raststätten". Auch der Tagesausflug in den Osten der geteilten Stadt hat sich in ihr Gedächtnis eingebrannt: „Der Zwangsumtausch. Dann die Einreise, diese Schikanen. Bis wir drüben waren, hatten sämtliche Geschäfte geschlossen. Also die wenigen, die es gab. Am Ende haben wir unser Geld verschenkt. Es hat sich alles bestätigt, was man vom Hörensagen wusste. Das Essen war nicht gut, alles war trist. Die Menschen schauten komisch aus." Ihre Freundin Birgit, ebenfalls Lehrerin und damals mit dabei: „Es gab dort Hochhäuser, da standen Schafe in den Vorgärten." Die Kombination aus Überlegenheitsgefühl und Unwohlsein, die Günter Gaus schon vor 30 Jahren beschrieben und erklärt hat, schimmert bis heute durch alle Reiseberichte aus der Vergangenheit. Vier weitere Beispiele:

- „Diese Grenze. Man wurde genau kontrolliert. Alles wurde angeguckt und genau aufgeschrieben. Dann die Straßenzüge, die komplett kahl waren. Keine Werbung. Und dann auch noch so richtig graues, trübes Wetter" (Dietmar, Kirchenangestellter aus Ulm, um die 50);
- „Meine erste Begegnung mit Ostberlin war im Oktober 86. Ich bin mit meiner Freundin über die Friedrichstraße rüber. Wir wollten unser Rad mitnehmen, aber da ging natürlich gar nichts. Da waren Personenkontrollen, richtig unangenehm. Wir wollten dann auch die Außenbezirke sehen. Wie Du schon gesagt hast, Dietmar. Die Tristesse. Ein Straßenzug war saniert und der nächste war quasi noch nachkriegsmäßig. Ruinös fast. Werbung fehlt. Und dann die Autos, die wahnsinnig viel geraucht haben hinten raus. Gestunken haben sie wie die Pest. Das Geld hat man nicht losbekommen. Dann die Schlangen vor den Läden. Abends war alles schlecht beleuchtet. Die Menschen waren sehr bedrückt. Wir sind U-Bahn gefahren. Man hat diese Beklemmung gespürt. Die haben Dich sofort als anders identifiziert, als nicht-ostdeutsch" (Matthias, Krankenpfleger aus Neu-Ulm, Mitte 40);
- „Ich war 1986 vier Tage bei meinem Onkel. Als er uns am Bahnhof abgeholt hat, meinte er, wir sollten seinem Sohn gegenüber vorsichtig sein. Der war bei der FDJ. Er hatte Angst vor seinem Sohn. Das muss man sich mal vorstellen. Der ist dann auch überall herumgeschlichen. Das war sehr unangenehm. Wir waren auch essen und durften als Ausländer eine halbe Stunde vorher in das Lokal. Wir haben alles gekriegt. Schweinsbraten und Schnitzel und alles. Die Einheimischen haben draußen warten müssen. Muss furchtbar gewesen sein" (Thomas, Eisenbahner, Mitte 70, Dorf in Oberbayern);

- „Im Urlaub in Ungarn war es für uns sehr billig. DDR-Bürger waren auch dort. Sie mussten damals Essenmarken abgeben in den Restaurants. Das war für uns peinlich. Ich hatte immer ein schlechtes Gewissen. Wenn man heute rüberfährt, hat man immer noch ein komisches Gefühl" (Inge, Hausfrau, Mitte 60, Kleinstadt in Oberbayern).

Die „diskursive Praxis" der Medien, die die DDR seit 1990 als ein Reich der Unfreiheit und der Angst konstruieren, hat solche persönlichen Eindrücke vertieft und zur Gewissheit werden lassen. „Ich hatte keine Vorstellung, wie schlimm es wirklich war", sagte die Gymnasiallehrerin Beate, die sich als Schülerin im Osten Berlins über die „komischen" Menschen gewundert hatte. „Das ist mir alles erst sehr viel später bewusst geworden, durch die Medien." Zum Teil schlagen die entsprechenden Konstruktionen bis in die Alltagssprache durch. Ein Auszug (ländliche Gegend in Bayern):

> *Woran denken Sie als erstes, wenn Sie das Wort DDR hören?*
> *Inge* (Anfang 60, Hausfrau): Mauer und Gefangenschaft. Und schlechte Versorgung. Anstehen. Das hat man ja so aus den Medien gehört.
> *Manfred* (Anfang 70, früher Bankkaufmann): Keine Freiheit. Es wurde alles vom Staat bestimmt.
> *Ursula* (Ende 50, Sekretärin): Russen, schlechte Versorgung, Mauer.
> *Inge*: Man kann das gar nicht wahrhaben, dass es so etwas gibt. Dass die Menschen eingesperrt sind und da nicht mehr rauskommen.

Vor allem die „Krake" Staatssicherheit hinterlässt dabei auch lange nach ihrer Abwicklung Spuren. „Ich kann bis heute nicht verstehen, wie sich ein ganzes Volk so kontrollieren lässt", sagte zum Beispiel Anton, Mitte 60, pensionierter Berufsschullehrer aus Türkheim. „Das war schlimmer als bei Ceausescu. Wirtschaftlich war absolut klar, dass dieser Staat kaputt gehen musste. Aber das Menschliche. Diese Geschichte verstehe ich nicht". Darauf Alfred, fast gleichaltrig, Verlagskaufmann im Vorruhestand: „Wie man sich von einem so ungebildeten Politiker wie dem Honecker vorführen lassen kann. Unbegreiflich. Der hat ja nicht mal reden können. Der konnte überhaupt nichts." In einer anderen Gruppe bedauerte eine Hotelfachfrau aus Bayern, um die 70, dass „Ossi" heute „bei uns ein Schimpfname" sei: „Die drüben haben ja sehr diszipliniert geguckt, wie sie das Beste draus machen können". Vorher war es darum gegangen, dass „den Menschen da drüben jegliche Eigeninitiative abgenommen" worden sei, dass „der Staat versucht" habe, „alles zu regeln" (Lehrerin im Ruhestand, als Kind in den Westen gezogen), und dass die Ostdeutschen so „jahrelang verlernt" hätten, „selbst verantwortlich zu sein" (ein Kirchenarbeiter, Ende 60, nach dem Abitur kurz vor dem Mauerbau geflohen).

Die „diskursive Praxis" DDR, die nach dem Mauerfall zum einen an die Konstruktion des Ostens im Kalten Krieg anknüpfen konnte[18] und zum anderen den Erfahrungen entsprach, die viele Westdeutsche bei Besuchsreisen gemacht hatten, hat Folgen für die Bewertung der neuen Landsleute, wobei sich ältere und formal besser gebildete Westdeutsche hier nicht zwingend von jungen Leuten wie Zoe oder Abdoul-Halim unterscheiden, die wenig über die DDR wissen und über Petzen sprechen oder über Ähnlichkeiten mit anderen Osteuropäern. „Das liegt bei denen in den Genen", sagte Helmut, Mitte 50, der zwölf Jahre bei der Bundeswehr gedient hat und heute als Lagerleiter arbeitet. „Ich stelle in meiner Firma fest: Sie beobachten, hören, petzen nach oben. Woher kommt das? Von der Erziehung?" Uwe, der Chemiewerker, und seine Kollege Willi meinten, die Ostdeutschen hätten „halt ihre eigene Mentalität". Uwe: „Ich habe einen bei mir in der Mannschaft. Der schreit nur rum. Ich weiß nicht, ob das damals da drüben so Sitte gewesen ist. Andere erzählen das auch. Wir haben ja ein paar Abteilungen. Dies passt ihm nicht und jenes passt ihm nicht. Ja, sage ich, dann geh doch wieder heim. Immer beschweren, immer fordern. Was sie damals nicht konnten, das machen sie jetzt doppelt." Ludwig, der Berufsberater, sah das nicht anders: „Was können Sie für mich tun? Die fragen nicht, was sie selbst tun können. Immer die anderen."

Maria, eine Gesundheitspädagogin um die 60, erinnerte sich in einer anderen Runde an den „Kaufrausch", den das Begrüßungsgeld von 100 Westmark seinerzeit ausgelöst hatte („manche sind da dreimal hingegangen"): „Die konnten mit dieser Freiheit gar nichts anfangen. Die konnten plötzlich kaufen, was sie wollten, haben sich verschuldet, sind aber mit unserer Arbeitsmentalität überhaupt nicht zurechtgekommen." Anton, der ehemalige Berufsschullehrer, dachte dabei gleich an einen Maurer, der „einfach überhaupt nichts" gekonnt habe und „nach drei Tagen" wieder entlassen worden sei. Mit seinem Abschluss als Fluchtenmaurer habe sich dieser Mann

---

18 | Vgl. exemplarisch Thomas Bellut: Die DDR-Berichterstattung in den Nachrichtenmedien der Bundesrepublik Deutschland. Münster 1983; Christian Chmel: Die DDR-Berichterstattung bundesdeutscher Massenmedien und die Reaktionen der SED (1972–1989). Berlin 2009.

„nur für die geraden Mauern zuständig" gefühlt. „Da kam damals ein ganzer Schwung rüber. Die hatten zwar alle eine Ausbildung, aber es war nichts dahinter." Maria: „Bei denen war die Beschäftigung ja auch ganz anders geregelt. Die haben einfach irgendwas gemacht und nichts in ihrem erlernten Beruf. Darum sind sie dann auch mit unseren Anforderungen nicht klargekommen." Anton hatte auch dazu eine „Story vom Bau" („wirklich so passiert"). Ein Ostdeutscher, den man in den Baumarkt geschickt hatte, um Zement zu holen, sei mit Dachpappe wiedergekommen. „Chef, es gab Dachpappe!"

Diese Beispiele wurden hier auch deshalb so ausführlich zitiert, um die Journalisten aus der Schusslinie zu nehmen. In den Erzählungen der Befragten läuft der Medientenor zwar als Erklärungsfolie mit (jeder „weiß", dass die Stasi überall ihre Finger im Spiel hatte und die Politik alle Bereiche des Lebens regulieren wollte), das DDR-Bild wird aber auch von persönlichen Begegnungen und Erlebnissen beeinflusst sowie von dem Wunsch, sich nach unten abzugrenzen. Für Pierre Bourdieu ist das die Triebkraft unseres Handelns schlechthin: der Kampf um Status als Synonym für menschliches Leben überhaupt. Den Titel seines Hauptwerks *Die feinen Unterschiede* hat er selbst so interpretiert, das Existieren nichts anderes heiße als „sich unterscheiden, unterschiedlich sein".[19] Bourdieu ging davon aus, dass wir vor allem deshalb handeln, um uns von anderen abzuheben – ein Prozess, der ständig läuft und der uns überhaupt nicht bewusst sein muss. Ob in der Familie oder im Beruf, in der Nachbarschaft oder im Sportverein, am Urlaubsort oder in der S-Bahn: Immer geht es darum, unsere Handlungs- und Profitchancen dadurch zu vergrößern, dass wir in der jeweiligen Hierarchie einen Platz möglichst weit oben einnehmen. Das Bild vom Ostdeutschen, der jammert und petzt, nichts kann, unselbständig und überfordert ist, weil die Menschen in der DDR so verformt wurden (was man schon bei einem flüchtigen Blick in die Presse lernen kann), steigert in dieser Lesart das symbolische Kapital und damit auch das Selbstwertgefühl der Westdeutschen. Die Gedächtnis-Typologie am Schluss dieses Kapitels zeigt, dass das DDR-Bild auch von der Position in der gesellschaftlichen Hierarchie abhängt und hier vor allem von der Bedrohung, die dafür von den DDR-Bürgern ausging. Wer in den Brüdern und Schwestern aus dem Osten eine Konkurrenz auf dem Arbeitsmarkt

19 | Pierre Bourdieu: Vom Gebrauch der Wissenschaft. Für eine klinische Soziologie des wissenschaftlichen Feldes. Konstanz 1998, S. 22.

sah und sieht, hat in aller Regel ein negativeres Bild von der Vergangenheit als Rentner oder Menschen, die im Osten einen Job gefunden haben.

In rein westdeutschen Diskussionsgruppen wurde das Thema DDR von Bedürfnissen und Problemen der Gegenwart überlagert – vor allem von den Kosten, die mit der Einheit verbunden waren und sind. Hier trifft die große Politik (das DDR-Bild und die auch damit verbundenen Haushaltsentscheidungen) das Portemonnaie des kleinen Mannes und löst so Emotionen aus. Ein (bearbeiteter) Auszug aus der Runde mit den Chemiewerkern Uwe, Manfred und Willi (alle etwa Mitte 40) und dem Berufsberater Ludwig, rund zehn Jahre älter:

> *Was waren die ersten Gedanken, die man beim Mauerfall hatte?*
> *Uwe*: Als es hieß, sie kriegen Begrüßungsgeld, ist natürlich geschimpft worden.
> *Manfred*: Da bist Du schon einen Schritt weiter.
> *Willi*: Ich habe eigentlich nur gedacht, was da jetzt auf uns zukommen mag. Wie wird das arbeitsplatzmäßig? Es war ja damals hier auch nicht alles einfach.
> *Manfred*: Ich kann mich nur noch erinnern, wie der Kohl gesagt hat, die Wiedervereinigung kostet uns keine Mark (alle lachen). Das hat man gesehen.
>
> *Ludwig*: Ich habe auch nicht gewusst, ob ich mich freuen soll. Ich habe schnell begriffen, dass uns das einen Haufen Geld kosten wird. Das war mein erster Gedanke. Was kostet das unsere Krankenversicherung, unsere Rentenversicherung? Habe ich später weniger Geld, wenn ich älter bin?
>
> *Manfred*: Das kostet immer noch Geld.
> *Ludwig*: Das siehst Du ja am Soli.
> *Willi*: Acht Jahre, hat es geheißen.
> *Manfred*: Acht Jahre, ja. Und jetzt sind die da drüben teilweise richtig vermögend in den Kommunen.
>
> *Ludwig*: Die Straßen sind drüben besser. Schau Dir unsere Straßen an.
> *Willi*: Aufbau Ost ist Abbau West. (…)
> *Uwe*: Die Ostdeutschen haben uns schon viele Arbeitsplätze weggenommen.

> *Manfred*: Es sind auch Westdeutsche zum Arbeiten rüber.
> *Uwe*: Aber andersrum war es mehr.
> *Ludwig*: Vor allem haben sie hier gleich Arbeitslosengeld bekommen. Das ist ja nach unserem bemessen worden. Im Osten wäre das weniger.
>
> *Willi*: Viele Ingenieure sind gekommen mit einem Volksschulabschluss. Ingenieur war ja nichts Besseres drüben.
> *Manfred*: Ja, das waren alles Ingenieure.
>
> *Ludwig*: Und als sie in Rente gegangen sind, ist das nach dem Beruf berechnet worden.
> *Willi*: Genau.
> *Ludwig*: Die haben nie ein Studium gemacht und eine Mordsrente bekommen.
>
> *Uwe*: Du hast hier ein Leben lang geschuftet wie ein Depp und die haben einen Ingenieur mit Hauptschulabschluss, kriegen aber so und so viel Rente.
> *Manfred*: Und haben nie was eingezahlt.

In einer anderen Gruppe von Nichtakademikern, im Durchschnitt etwas älter (um die 60), lehnten einige Teilnehmer nach einer ganz ähnlichen Diskussion sogar ab, über den Plan für ein DDR-Museum zu sprechen. „Erst sollte man das mit den Kosten erledigen", sagte dort ein Rentner, der früher als Bankkaufmann gearbeitet hat. „Vorher kann man damit nicht anfangen". Sein Tischnachbar (der Lagerleiter, der das Petzen in den Genen lokalisiert hat) war sich dagegen sicher, was in ein solches Museum gehört: „Säcke voll Geld". Die Klagen über die perfekte Infrastruktur im Osten gingen dabei quer durch alle Alters- und Bildungsgruppen. Der ehemalige Berufsschullehrer Anton, der sich über den ostdeutschen Dachpappe-Hamsterer lustig gemacht hat, echauffierte sich zum Beispiel über den Leipziger Zoo. „Den haben die neu gemacht. Der Münchener verhungert, der Augsburger hat kein Geld, und in Leipzig alles extrem neu. Die wussten ja gar nicht mehr, wohin mit all dem Geld." Selbst der Wachmann Abdoul-Halim, der erst seit 14 Jahren in Deutschland lebt, sagte, er verstehe „solche Sachen wie die Solidaritätszuschläge" nicht. „Mein Beitrag ist so gering, dass ich mich eigentlich nicht aufregen muss. Ich finde das aber nicht fair. Wenn jemand sein Leben neu startet, kann er nicht die ganze Zeit Hilfe von anderen bekommen. Dann kann man ja am Ende gar nicht stolz sein und sagen, schau her, das habe ich geschafft." Dieser junge Mann füllt Bourdieus Theorie mit Leben: „Sogar ich als Afrikaner versuche, besser Deutsch zu reden als die Deutschen. So ist das auch bei diesen Menschen. Ich gehöre ja noch weniger dazu als die. Die gehören dazu, aber müssen versuchen, besser zu sein als ihre Kollegen, die hier eingeboren sind. Ein Ossi ist einfach viel eifriger. Während der Bayer seine Maß trinkt, schreibt er sich alles auf." Dass die Ostdeutschen für Abdoul-Halim „tschechisch-polnisch" sind, ein „bisschen prähistorisch" und Petzen („Die Gestapo steckt immer noch ganz tief drinnen"), soll ihren Platz in der gesellschaftlichen Hierarchie zementieren und ihn selbst mindestens gleichwertig erscheinen lassen, da er klarkommt, ohne wirklich dazuzugehören und Solidarität in Anspruch zu nehmen.

Man könnte es sich leicht machen und einfach Abdoul-Halims Herkunft anführen, um seine historisches „Wissen" zu entschuldigen. „Als ich hierhergekommen bin, war das schon alles vorbei". Geschichtsunterricht? Fehlanzeige. Medien? „Ich habe mir nur einige Hitler-Filme angeschaut." Trotzdem „weiß" dieser junge Mann, dass es in der DDR „enge Straßen" gab und „keine Autobahn". Und weiter: „Damals gab es dort keine Jobs und heute auch nicht", „Jazz war verboten", es habe „null Gleichberechtigung" gegeben und „die Drahtzieher von der DDR, die kennt bis heute keiner". Abdoul-Halim steht allerdings keineswegs allein mit der Praxis, den Rahmen, den das Diktaturgedächtnis bietet, auf alle neuen Gebiete und Gegenstände anzuwenden. Vor allem jüngere Befragte ohne akademische Bildung und ohne persönliche Bindungen an die DDR oder zu Ostdeutschen haben den sozialistischen deutschen Staat nicht nur grau-in-grau gezeichnet, sondern dabei Schwarztöne gefunden, die nicht einmal in einen FAZ-Leitartikel zum Tag der deutschen Einheit passen würden:

- „Bestimmte Nahrungsmittel waren verboten"; „Es ist schade, dass es diese Zwischenstation DDR überhaupt geben musste" (Andu, Mitte 20, ausgebildete Kinderpflegerin, arbeitet als Tanzlehrerin);
- „Die meisten waren in so einem Sportverein. Das war Pflicht, dass man die da reinsteckt"; „Niemand durfte anders sein. Am besten sollten alle gleich sein"; „Bestimmte Worte durften in den Medien nicht erwähnt werden. Schokolade zum Beispiel. Es gab einfach keine Schokolade. Die Leute wollten die dann auch nicht haben" (Zoe, Anfang 20, mittlere Reife);
- „Stimmt, Schokolade gab es nicht" (Andu);

- „Es wurden ja viele umgebracht von der Stasi. Da haben die Leute gemerkt, dass sie dort weg müssen. Also, eigentlich wollten alle weg" (Zoe);
- „Wenn ich DDR höre, dann denke ich an Schmerz. Diese Unterdrückung. Die Leute wurden da mehr oder weniger eingepfercht. In so ein großräumiges KZ. Jeder musste immer genau angeben, was er tut" (Jan, 16, Schüler);
- „Ich finde eigentlich alles negativ. Keine guten Lebensmittel, keine gute Kleidung. Und man durfte nicht in andere Länder reisen. Es gab nichts zu kaufen. Der Staat hat alles bestimmt. Man ist wie in Quarantäne gefangen gewesen. Kein Urlaub: das geht schon mal gar nicht" (Roxar, 15, Hauptschule);
- „Man durfte keine Kanäle empfangen" (Nurgül, 15, Hauptschule);
- „Stimmt. Nur DDR-Fernsehen" (Erna, 16, Hauptschule);
- „Kita-Plätze gab es nur, wenn man regimetreu war. Die Kinder konnte man auch nur abgeben, weil jeder arbeiten musste" (Lisa, 20, Erzieherin);
- „Das war echt schon so, dass man seinem besten Freund nicht trauen konnte. Die hatten auch so hässliche Tapeten. Und die Bezüge von den Sofas. So ein komisches Braun. Echt grauenvoll" (Lucas, Anfang 20, Techniker in Ausbildung);
- „Die hatten auch keine Cola. Mein Gott. Die DDR ist für mich sowas von negativ. Man sieht ja auch, wie die Menschen sich gefreut haben beim Mauerfall. Es ist gut, dass es vorbei ist" (Daniel, Anfang 20, Veranstaltungstechniker).

Abbildung 33: Wohnzimmer in Sangerhausen (1978)

Quelle: BArch, Bild 183-T0404-322 (Hubert Link)

Wenn man nicht auf Schule oder Eltern schimpfen möchte, die es offenbar längst nicht immer schaffen, differenziertes Wissen zu vermitteln oder wenigstens Interesse für die Geschichte des geteilten Landes zu wecken, dann könnte auch hier mit dem Status-Wunsch argumentiert werden. Auf einem Arbeitsmarkt, der umkämpfter ist als je zuvor, mag es nicht schaden, wenigstens die Konkurrenz aus dem deutschen Osten abzuwerten.

Kommunikative Praxis Ost: Aufwertung der DDR

Umgekehrt funktioniert diese Erklärung natürlich genauso. Wenn Ostdeutsche heute die DDR und sich selbst loben und dabei gleichzeitig die aktuellen Verhältnisse kritisieren, dann wollen sie auch die Bewertung verbessern, die mit ihrer Herkunft verbunden ist. „Wir waren alle nicht bei der Stasi": Das Statement, mit dem die Buchhalterin Anita, Anfang 70, ihre Befragungsrunde eröffnete, wurde schon zweimal zitiert. Die „diskursive Praxis" DDR wurde aber auch jenseits des Geheimdienstes attackiert. „Für mich war in der Schule wichtig, mit anderen Kindern zusammen zu sein", sagte Bärbel, eine Pflegerin, Anfang 50, die in Hoyerswerda aufgewachsen ist. „Das hat man nicht als Repressalie gesehen. Das ging ja alles automatisch. Kinderkrippe, Kindergarten, Schule. Nachmittags haben wir Volleyball gespielt. Ich bin zum Zeichnen gegangen oder man hat Handarbeiten mit uns gemacht. Zu Hause hat keiner mit mir gespielt. Da war alles streng. Dein Mittagessen hast Du in der Schule gekriegt. 55 Pfennig, 2,75 Mark in der Woche. Auch die Ferienlager waren ein Erlebnis. Wir haben das nicht als politische Erziehung empfunden. Also ich jedenfalls nicht."

Es ist offensichtlich, dass sich Anita und Bärbel vom Medientenor persönlich angegriffen fühlen. Die Gleichheitszeichen zwischen DDR, Geheimdienst und Indoktrination bedrohen ihren Status in einer Gegenwartsgesellschaft, die von den Diskursen Individualismus, Zivilcourage und Vergangenheitsbewältigung beherrscht wird und damit ab einem bestimmten Geburtsjahrgang jeden Ostdeutschen zumindest indirekt zwingt (in manchen Bereichen auch per Gesetz, etwa im öffentlichen Dienst), sich selbst (und oft auch kleinen und mittleren Öffentlichkeiten in der Firma, in der Kommune oder im Verein) Rechenschaft abzulegen: Warum hast Du, Bärbel, damals nicht protestiert, als Du bis 17 Uhr im Schulhort bleiben musstest und im Sommer auch noch in ein Ferienlager geschickt wurdest? Warum hast Du keinen Ausreiseantrag gestellt, als Du endlich erwachsen warst? Wie kann es sein, Anita, dass die Staatssicherheit Dich nicht observiert oder aber als inoffizielle Mitarbeiterin angeworben hat? Eine Tiefbauingenieurin, Mitte 60, Rentnerin in der Nähe von Tangermünde und selbst kinderlos, erzählte von „wirklich ganz tollen Familien“ und „jungen Leuten“, die „in dem System“ („zu DDR-Zeiten“) groß geworden seien. „Es ist aber etwas aus ihnen geworden. Die haben einen guten Beruf und auch wieder Kinder, obwohl sie mit auf der Topfbank saßen. Es heißt ja immer, dass sie da alle einen Schuss bekommen haben“. Als die etwas ältere Verkäuferin neben ihr, Mutter zwei Kinder, nickte, folgte die Bekräftigung laut auf dem Fuße: „Und so war es nicht!“

Abbildung 34: Arbeitsgemeinschaft Flugmodellbau in Magdeburg (1965)

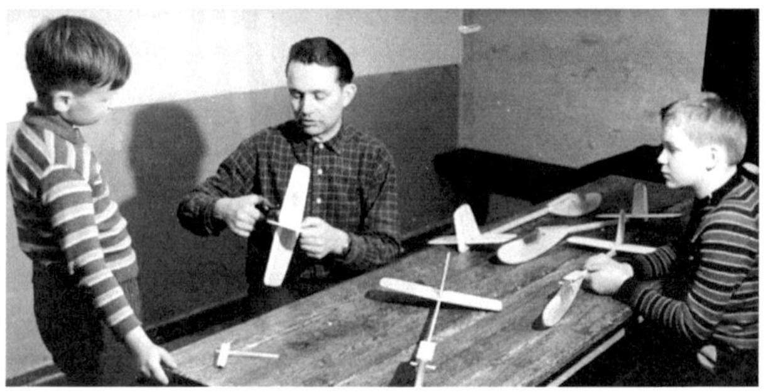

Quelle: BArch, Bild 183-D0427-0001-002 (Biscan)

Während diese Frau im 89er Herbst in einer Kleinstadt „mit Kerze mitgegangen“ ist („tolle Atmosphäre“), haben sich andere Teilnehmer mehr oder weniger dafür entschuldigt, damals keine Zivilcourage gezeigt zu haben, obwohl gar nicht danach gefragt worden war. Babette, Ende 40, inzwischen für einen Job nach Oberbayern umgezogen und „in der Nähe von Leipzig“ geboren, sprach schon in der Vorstellungsrunde von den Montagsdemonstrationen – offenbar ausgelöst durch die bloße Nennung ihrer Heimatstadt in einer Diskussion über die DDR. „Ich muss sagen, ich bin dort nicht ein einziges Mal dabei gewesen. Heute ärgert mich das. Das war schon etwas Besonderes. Man sieht das ja auch immer wieder im Fernsehen. Ich habe das auch damals schon verfolgt. Wenn sie die Demos gezeigt haben, hast Du ja auch Bekannte gesehen. Montag ging bei mir aber nicht. Ich habe montags immer Sport gehabt.“

Wer 1989 in Leipzig gelebt hat, das ist die Botschaft, die in Babettes Erzählung steckt, der muss ein Vierteljahrhundert später eine Identität als Revolutionär haben oder wenigstens eine Erklärung, wenn das nicht so ist. Patrick, der Student aus Leipzig, der jetzt in Augsburg lebt, sprach in einer anderen Runde seine Eltern von möglichen Vorwürfen frei: „Meine Mutter sagt noch heute, es wäre ihr viel zu gefährlich gewesen, in Ungarn über die grüne Grenze zu gehen." Auch bei den Demos habe sie „aus Angst nie teilgenommen" – eine Erklärung, die in den Diktaturgedächtnis-Diskurs passt. Montagsturnerin Babette berichtete dagegen gleich anschließend, dass sie nie das Bedürfnis hatte, die DDR für immer zu verlassen („Das war nichts, womit ich mich beschäftigt hätte"), dass sie auch die fehlende Reisefreiheit nicht wirklich gestört habe (nicht einmal der Balaton sei „unbedingt erschwinglich" gewesen, obwohl „wir keine arme Familie waren") und dass sie in der Überzeugung aufgewachsen sei, dass schon alles seine Richtigkeit habe. Ihre Arbeit als Kaderleiterin, zu der auch Gespräche mit Ausreiseantragstellern gehörten, begründete diese Frau dann aber nicht nur mit einer Art Zivilcourage-Rhetorik, sondern auch über einen Vergleich mit der Gegenwart, der ihre Vergangenheit in ein besseres Licht rückt: „Es gab eigentlich keine Leute, die Verantwortung übernehmen wollten. Sagen wir es mal so. Anders als heute, wo alle die Karriereleiter hoch wollen. Da wollte sich eigentlich keiner den Hut aufsetzen."

Diese beiden Muster (Ablehnung von Elementen des Diktatur-Diskurses und Parallelen zwischen der untergegangenen Gesellschaft im Osten und der Situation heute) dominieren generell die Erzählungen der älteren Ostdeutschen. Ein (bearbeiteter) Auszug aus Meiningen, moderiert von einer westdeutschen Studentin, deren Großmutter die Stadt einst der Liebe wegen verlassen hatte:

> *Dietrich* (Anfang 70, Arbeiter): Bei Euch drüben glauben viele ja immer noch, wir müssten erst mal das Arbeiten lernen. Wir mussten aus nichts etwas machen. Nach der Wende, was sind da für Geräte zu uns rübergekommen. Das haben wir gar nicht gekannt. Die sind praktisch von allein gelaufen. Die im Westen, die hatten auch noch die leichtere Arbeit.

> *Helga* (Ende 70, Schneiderin): Du musstest Deine Norm erfüllen, wenn Du was verdienen wolltest. Von wegen faulenzen. Du konntest Dich nie hinsetzen.

Rosemarie (Ende 60, Bürokraft): Na freilich mussten wir arbeiten. Unter schweren Bedingungen.

Christa (Mitte 70, Sekretärin): Ich finde auch nicht gut, was die Medien mit den Leuten machen, die bei der Stasi waren. Man muss schon sagen, dass sie nicht gut war, die Stasi. Aber was machen denn die heute drüben? Fang doch bloß bei Schlecker an oder bei Aldi. Was machen die denn?
Helga: Das hat einen anderen Namen.
Christa: Die werden genauso überprüft. Die hören die Telefone ab und kontrollieren dich. Die könnten jetzt mal Ruhe geben mit der Stasi. Dieser Eiskunstlauftrainer, wie heißt er doch gleich? Das ist 21 Jahre her. (...)

Manche kritisieren ja auch, dass die Medien nur über die Stasi berichten und über Mauertote.
Christa: Mauertote? Sie hätten ja nicht rüberzugehen brauchen!
Helga: Ja, das wollte ich auch sagen.

Christa: Weißt Du, was ich überhaupt nicht verstehe? Wie Schriftsteller Bücher über die DDR schreiben können, die drüben gelebt haben.
Helga: Die haben ja gar keinen Eindruck. Politische, die eingesperrt wurden, die hattest Du überall. Die gibt's bei jedem Regime. Wer bei Honecker geschimpft hat oder wenn einer Zonenflüchtig war, die sind eben eingesperrt worden.

War denn Ausreise für Euch ein Thema?
Christa: Nein. Nie.
Rosemarie: Wir hatten ja ein Haus gebaut. Das war ganz schwierig damals. Da hing man dran.
Helga: Du hattest deine Arbeit und zu essen, und sozial war auch alles in Ordnung. Man hatte keinen Grund, irgendwie wegzugehen.

Kennt Ihr jemanden, der das gemacht hat?
Rosemarie: Viele. Schulkameraden und so.
Christa: Die haben es dann auch wieder bereut.
Rosemarie: Manche sind wiedergekommen. So junge Kerle, die haben das auch nicht richtig überlegt. Das war gefährlich. An der Grenze la-

gen Minen. Die hatten abends beim Tanzen was getrunken, und dann sind sie ab.

Woran denkt Ihr zuerst, wenn ihr das Wort DDR hört?
Helga: Wir haben eigentlich ruhig gelebt.
Rosemarie: Das denkt man jetzt.

Dietrich: Im Nachhinein ist man schlauer. Es war nicht alles schlecht. Du hast natürlich nicht alles gekriegt. Apfelsinen und Schokolade zum Beispiel bloß zu Weihnachten. Aber das Gesundheitswesen. Da haben wir keine zehn Euro bezahlt im Vierteljahr beim Doktor.

Rosemarie: Es war halt alles billiger. Was hat denn ein Brot gekostet? Jetzt haben wir mehr Geld, aber es ist auch alles teurer.
Helga: Wir mussten schon auf vieles verzichten. Wollen wir mal ehrlich sein.
Rosemarie. Wir waren unzufrieden damals. Und wie. Heute sieht man, dass doch das und das besser war. Die Kindergärten, die Arbeitsstätten. Da war alles abgesichert. Da war keiner arbeitslos.

Christa: In Urlaub sind wir auch jedes Jahr gefahren. Über den FDGB, in die sozialistischen Länder. Für so wenig Geld, das kannst Du heute nicht mehr machen.
Rosemarie: Ja, aber Christa, die FDGB-Plätze hast du doch fast gar nicht gekriegt. Dein Mann vielleicht. (…)

Christa: Ich konnte immer nicht verstehen, dass die Frauen abends im Westen nicht mehr auf die Straße konnten.
Rosemarie: Bei uns hast du auch nie die Haustür zugeschlossen.
Christa: Du brauchtest keine Angst zu haben. Das mit den Drogen jetzt, das gab es bei uns ja überhaupt nicht.

Rosemarie: Nein. Und der Zusammenhalt war größer.
Christa: Kein Hass unter den Leuten. Kauf Dir jetzt mal ein Auto. Neid, also das gab es nicht.
Rosemarie: Auch im Betrieb war es viel schöner, mit den Kollegen.
Christa: Wir sind abends mit den Richtern fort und mit den Staatsanwälten. Da gab es keinen Unterschied zwischen Reich und Arm.

Hier wird das greifbar, was vorhin als Sehnsucht nach einer hierarchiearmen Gesellschaft beschrieben wurde: Kollegen, die keine Konkurrenten sind, Nachbarn, die sich ohnehin nicht mehr leisten können als man selbst, Wohnungen, in die kein Dieb kommt, weil es einerseits nicht viel zu holen gibt und andererseits auch niemand so wenig hat, dass er ein solches Risiko eingehen müsste. Dietrich, Helga, Rosemarie und Christa kennen außerdem nicht nur die „diskursive Praxis" DDR in den Medien, sondern wissen auch um die kommunikative Praxis ihrer Landsleute im Westen, die den Ostdeutschen unterstellt, nicht arbeiten zu können, ständig zu fordern und außerdem nur auf den eigenen Vorteil bedacht zu sein. Gekontert wird dies in dieser Runde gleich dreifach: erstens über die harte körperliche Arbeit, die in der DDR geleistet werden musste und die sich die Westdeutschen schon deshalb nicht vorstellen könnten, weil sie die damaligen Bedingungen nicht kennen würden, zweitens über die Legitimation der eigenen Ansprüche (wir haben geschuftet und auf vieles verzichtet) und drittens mit Kritik an den aktuellen Verhältnissen, oft gepaart mit dem Versuch, Entsprechungen zu finden, die das negative DDR-Bild relativieren (Schlecker und Stasi, Reisefreiheit und Kosten).

Abbildung 35: Urlauberdorf in Ückeritz an der Ostsee (1961)

Quelle: BArch, Bild 183-83785-0002 (Burmeister)

Zu diesem letzten Punkt gehört auch die Suche nach Dingen, die in der DDR besser waren als heute. Wollte man solche Aussagen in den Gruppendiskussionen gewichten, würde vor allem bei den älteren Ostdeutschen der Wunsch nach einem Leben ohne permanenten Konkurrenzkampf weit oben stehen – in gewisser Weise die Antithese zu Bourdieu, der genau das für den Kern unseres Lebens hält. „Die Menschen haben ruhiger gelebt", sagte Klaus, Anfang 60, heute Vertreter in Bayern und in der DDR erst Verwaltungschef eines großen Veranstaltungshauses und dann Gastwirt. „Sie haben sich nicht so bedroht gefühlt wie heute, wo ich ja schon Angst um den Spiegel haben muss, wenn ich mein Auto irgendwo abstelle. Ob das richtig und wirtschaftlich war, ist eine andere Frage, aber man hat die Menschen umsorgt." Klaus war, das ist vielleicht wichtig zu wissen, in der SED, kannte durch seinen ersten Job „den Gegensatz" zwischen den Wünschen von Künstlern und den materiellen Möglichkeiten der DDR und sagt noch immer, er sei 1989 „nicht gleich vor Glück umgefallen", obwohl er „kurz vor der Wende" sein „Parteidokument abgegeben" habe: „Wenn Du Dich gedreht hast, bist Du zurechtgekommen. Ich habe alles gehabt. In der DDR konnte man sich alles organisieren."

Was Klaus mit den Worten „Umsorgtsein" und „ruhiges Leben" beschrieben hat, ist von vielen anderen Befragten konkretisiert worden. „Als junge Mutter habe ich mich gefördert gefühlt", sagte Kerstin, eine Elektromonteurin, geboren 1968, die heute in einem Krankenhaus am Rande Berlins arbeitet. „Ich brauchte keine Angst zu haben. Kriege ich meinen Job wieder? Kann ich mein Kind ernähren? Gut, es gab nicht viel zu kaufen, aber wir brauchten auch nicht viel Geld. Ich bin trotzdem einmal im Monat in den Delikat-Laden gegangen und habe mir für zwölf Mark eine Dose Ananas geleistet." Andere Mütter haben das ganz ähnlich beschrieben. „Das war alles nicht so anstrengend, das war alles geregelt", sagte Petra, eine Verwaltungsangestellte, Ende 40, die zwei Tage vor dem Mauerfall ausgereist ist („das war ein bisschen ungeschickt"). „Du bist halb sieben in die Arbeit und halb fünf wieder nach Hause. Unterwegs hast Du Dein Kind aufgegabelt. Das hatte geschlafen und gegessen, das hatte Hausaufgaben gemacht. Du musstest nicht mehr mit ihm lernen, Du musstest nicht zur Nachhilfe. Du hast Dein Kind gepackt und bist nach Hause. Fertig. Der Strom hat 3,50 Mark gekostet im Monat. Das war alles kein Thema. Behindertenintegration. So ein Thema hat es gar nicht gegeben. Diese Kinder sind mit uns in die Schule gegangen. Wenn Du krank warst, warst Du krank. Deine Kinder waren versorgt. Ich finde auch, dass bei uns in der Schule viel mehr Wert auf Allgemeinbildung gelegt wurde. Wir haben gewusst, wie lang ein Meter ist. Frag das mal heute einen Abiturienten. Ich habe auch gelernt, wie man einen Küchenherd anschließt und eine Lampe aufhängt. Da brauche ich keinen Mann dazu."

Abbildung 36: Kindergarten in Marxleben im Bezirk Erfurt (1989)

Quelle: BArch, Bild 183-1989-0710-025 (Jürgen Ludwig)

Dass die niedrigen Preise für Grundnahrungsmittel und Dinge des täglichen Bedarfs und die Kinderbetreuung genauso gelobt werden wie das, was man in den Polytechnischen Oberschulen der DDR gelernt hat, liegt auf der Hand. Wer mag es nicht, wenn das eigene Geld- und Zeitbudget entlastet wird, und wer würde sein eigenes Schulwissen freiwillig kleinreden? In der Soziologie Bourdieus wird der „relative Wert der verschiedenen Kapitalsorten" (zu denen neben dem Bildungsgrad natürlich Geld und weitere Vermögen gehören, aber auch Können oder Netzwerke) im Feld der Macht verhandelt:[20] Wie viel Einfluss ist zum Beispiel mit einem bestimmten Hochschulabschluss verbunden – wie viel im Vergleich zu anderen Titeln und zu Aktien- oder Landbesitz? Dieses Abwägen findet auch im Alltag statt. Für die Teilnehmer in einem Altmark-Dorf, sechs Frauen und ein Mann, geboren zwischen 1925 und 1952, war das, was sie heute aus den Schulen hören, die natürliche Vergleichsebene. Die Pluspunkte des DDR-Systems, die dabei genannt wurden:

20 | Ebd., S. 51.

- einheitliche Lehrpläne („nicht in diesem Bundesland so und in dem anderen so“; „Bei uns hat das der Staat gemacht. Ob Du in Leipzig Abschluss gemacht hast oder in Berlin, es war das gleiche Abitur“),
- die Ganztagsbetreuung („unsere Kinder sind morgens zur Schule gegangen und am Nachmittag zurückgekommen“),
- der Praxisbezug („Meine Söhne mussten mit auf den Acker“),
- die Allgemeinbildung („Stell Dir vor, heute können sie Erdkunde abwählen. Unsere Kinder haben mehr gelernt als zu Westzeiten“; „Mein Enkel hat in Bonn studiert. Die wussten nicht, dass er aus der DDR kommt. Wenn es um Aufsätze ging oder andere Arbeiten in Deutsch, dann war er den anderen haushoch überlegen“),
- der Preis („mich ärgert immer, wenn ich morgens die Schüler aus der zwölften Klasse sehe, die noch was lernen wollen und den Bus bezahlen müssen“) und
- die Disziplin („so ein Chaos hätte es nicht gegeben“, „was die sich heute mit Schulschwänzern beschäftigen“).

Abbildung 37: Sprachheilschule in Meiningen (1988)

Quelle: BArch, Bild 183-1988-0510-003 (Helmut Schaar)

Dieses Lob auf die Schulen lässt sich auf die Erziehung und den Umgang mit Kindern insgesamt übertragen. Eine andere rein ostdeutsche Gruppe in Thüringen (die Runde, die mit Sekt auf die „schöne Zeit“ anstieß, die man habe erleben dürfen, und zu der auch die MDR-Assistentin Heike gehörte, die sich sicher war, früher „freier gelebt“ zu haben – „Doch. Sorgloser und glücklicher“[21]), verteidigte die „Ordnung“, mit der man selbst groß geworden war:

> *Jürgen* (Bauingenieur, Ende 40): Es war ja auch so, dass die Kinder ordentlich und regelmäßig ins Bett gingen. Heutzutage sitzen sie bis Mitternacht mit am Tisch.
> *Kerstin* (Grundschullehrerin, etwas jünger): Die heutigen Eltern wollen einfach der Konfrontation aus dem Weg gehen wollen. Das Kind bestimmt, was in der Familie gemacht wird. Wenn die Eltern keine konsequenten Regeln setzen, dann können wir das in der Schule gar nicht mehr aufholen.
>
> *Jürgen*: Genau. Die haben drei Jahre die Windeln am Arsch, heutzutage.
> *Kerstin*: Frag mal eine westdeutsche Mutter. Die sagt, soll doch das Kind entscheiden, wann es die Windeln loswerden will oder den Nuckel. Wo kommen wir denn da hin, wenn eine Vierjährige entscheidet, was richtig ist!
>
> *Heike*: Da waren unsere Kinderkrippen hervorragend. Ich erinnere mich noch, wie die Kinder alle in einer Reihe auf den Töpfchen saßen. Da wurde das trainiert. Du hast zwar als Mutter abends einen Beutel nasse Strumpfhosen gekriegt, die Du schnell durchwaschen musstest. Aber wie schnell die Kinder da trocken waren!
>
> *Kerstin*: Früher konnte auch der Nachbar den Kindern noch was erzählen. Heb mal Dein Papier auf! Das traut sich heute niemand mehr. Heute haben die Rentner an der Bushaltestelle Angst, dass sie angepöbelt werden.

Wann muss ein Kind sein Geschäft allein erledigen, wann gehört es ins Bett, wie hat es sich gegenüber den Alten zu verhalten und wer bestimmt, was die Familie wann macht? Feste Regeln helfen gerade den sprichwörtlichen „kleinen Leuten“, im Alltag das zu lösen, was nur auf dem Papier so einfach klingt. Individualismus und Zivilcourage (die beiden Diskurse, die die „diskursive Praxis“ DDR in den Leitmedien bestimmen) sind für den Einzelnen

21 | Vgl. Kapitel 2.

vor allem anstrengend. Anthony Giddens hat beschrieben, wie sich unser Leben mit dem Wandel zur Moderne verändert hat. In traditionellen Gesellschaften (zu denen die DDR zumindest teilweise zu rechnen sein dürfte) hätten vier „lokal fundierte Kontexte des Vertrauens" Sicherheit geliefert:[22]

- Verwandtschaftsbeziehungen (zuverlässige soziale Bindungen),
- die lokale Gemeinschaft (Bündel „miteinander verflochtener gesellschaftlicher Beziehungen"),
- die Religion (als Interpretationsbasis des Lebens; in der DDR für einen Teil der Bevölkerung sicher ersetzt durch die sozialistische Ideologie) und
- die Tradition (die Organisation von Überzeugungen und Praktiken, etwa: Wie erziehe ich meine Kinder und wann müssen sie allein auf Toilette gehen können?).

Das zentrale Unterscheidungsmerkmal zwischen modernen und traditionellen Gesellschaften ist für Giddens das Selbst als reflexives Projekt, für das jeder selbst verantwortlich zeichnet. Wenn Zeit und Raum neu organisiert werden und alles Wissen nur noch Hypothese ist, wenn Verwandtschaft, lokale und religiöse (oder ideologische) Gemeinschaften genau wie Autoritäten und die Tradition keine Lebensstilentscheidungen mehr vorgeben (können), dann muss Giddens zufolge auch das Selbst reflexiv hergestellt werden – in einer *Erzählung über sich selbst*, die an sich verändernde Kontexte anzupassen ist und zu der zum Beispiel auch gehört, seine geografische und politische Herkunft sowie die eigene Kontinuität in Zeit und Raum ständig (routinemäßig) neu zu interpretieren. Anders ausgedrückt: Menschen „haben" keine Biografie, sondern leben eine Biografie, die sie reflexiv organisieren – vor dem Hintergrund eines Flusses an sozialen und psychologischen Informationen über mögliche Lebensformen.[23]

Folgt man den Erzählungen der Befragten, dann haben das Erziehungs- und Bildungssystem der DDR genau wie das politische System oder die Ideologie solche „Kontexte des Vertrauens" produziert (zumindest für die Menschen, die sich nicht in dauerhafter Opposition wähnten) und damit den Alltag entlastet – auch weil es nur wenige Alternativ-Beispiele gab, die man

22 | Anthony Giddens: Konsequenzen der Moderne. Frankfurt/Main 1995, S. 128-133.

23 | Anthony Giddens: Modernity and Self-Identity. Self and Society in the Late Modern Age. Cambridge 1991, S. 14, 20, 54.

hätte beobachten können und in die „Erzählung über sich selbst" einbauen müssen. Der Prozess der Individualisierung, der mit dem Wandel zur Moderne verbunden ist und vor allem das Lösen aus traditionellen Kontexten meint (bei Giddens: „disembedding"), bedeutet für die Betroffenen gleichermaßen

- Freiheit (weil nicht mehr klar ist, welchen Beruf ich lerne, wann ich heirate, ob ich das überhaupt tue, wo ich wohnen und wer ich sein werde) und
- Arbeit (weil jede Antwort auf diese Fragen mit oft schmerzhaften Entscheidungen verbunden ist).

Die Protokolle der Gruppendiskussionen dokumentieren auch, dass die Überlebenden einer „arbeiterlichen Gesellschaft" (Wolfgang Engler), in der „Kleinbürger" stilistisch und geschmacklich den Ton angegeben haben (Günter Gaus), im Zweifel nicht unbedingt die Freiheit wählen würden – erst recht jetzt, wo sie beide Seiten der Medaille kennen. Selbst der Mangel muss dabei den Vergleich mit der Warenflut der Konsumgesellschaft nicht unbedingt verlieren. Wie die Verwaltungsangestellte, die stolz darauf ist, Herd und Lampen anschließen zu können, haben viele ostdeutsche Männer ein Loblied auf ihre Improvisationskünste gesungen. „Wir mussten sehr viel selber machen", sagte Heinrich, fast 50, heute Forstrevierleiter in Sachsen. „Es blieb uns ja auch gar nichts anderes übrig." Matthias, fünf Jahre jünger und gelernter Landwirt, stimmte sofort zu: „Heute würde man dazu Spezialist sagen. In meinem Kuhstall hast Du mit einer Autobatterie einen Draht heiß gemacht und damit dann Glas geschliffen. Das würde der Arbeitsschutz heute gar nicht erlauben. Da brauchst Du einen Nachweis und Spezialwerkzeug. Aber es hat wunderbar funktioniert. Oder der Keilriemen, wisst Ihr noch? Dafür konnte man einen Damenstrumpf nehmen."

Dieses Männerquartett, alle noch in der DDR in eine akademische Ausbildung gestartet und heute zufrieden mit dem, was das Leben ihnen bietet, war sich am Ende einig, dass man (in einer Formulierung des Landwirts Matthias) „früher ein etwas menschenfreundlicheres System" erlebt habe und heute ein „menschenverachtendes". Neben der „vom System gewollten Obhut, die wir als wohltuend empfunden haben; auch weil wir kaum Vergleichsmöglichkeiten hatten", wurde diese These mit zwei Argumenten untermauert:

- erstens mit dem Druck im Job (Hans-Jürgen, 50, Ingenieur im öffentlichen Dienst: „Wer arbeitet noch regelmäßig seine acht Stunden? Ich bin felsenfest davon überzeugt, dass die Mehrheit der Bevölkerung heute weit über zehn oder elf Stunden arbeitet. Da spielt der Berufszweig gar keine Rolle“) und

- zweitens mit dem „sozialen Zusammenhalt“, der sehr reflektiert auf „die Abschottung“, die Mangelwirtschaft („Da hast Du eben getauscht“) und die fehlende Konkurrenz untereinander zurückgeführt wurde.

Trotzdem erinnerte sich Heinrich wehmütig an seine Studienzeit an der Forstfakultät in Tharandt. „Wir haben ein Fass Bier gekauft, uns auf eine Lichtung gesetzt, ein Feuer angemacht, Lieder gesungen und erzählt. Heute ist es Dosenbier und es gibt tausend Angebote. Sie glauben doch nicht, dass die Studierenden da das machen, was wir damals gemacht haben. Einer ist beim Freeclimbing, einer beim Joggen, und der nächste hat Walzerkurs. Die machen nichts mehr miteinander.“ Auch die Schlagworte Staatssicherheit, leere Regale, Meinungs- und Reisefreiheit konnten diese Stimmung nicht wirklich kippen. „Die Reisewut ist deutlich abgeebbt“, sagte Uwe, Arzt in Sachsen, knapp 60. „Warum? Weil das Geld fehlt.“ Matthias verbindet den „Mangel“ in seiner Erinnerung mit „Vorfreude“ („auf Obst zum Beispiel“, das heute „Konsumgut“ sei und auch „zu völlig unrealistischen Zeiten“ angeboten werde), und Heinrich erzählte von einem Treffen mit Studenten aus Göttingen. „Als das Gespräch auf die Parteizugehörigkeit kam, haben die gesagt, macht Euch mal keinen Kopf. Wenn Du bei uns was werden willst, musst Du auch in der CDU sein oder in der SPD. Heute wird man genauso gelenkt wie zu DDR-Zeiten. Es wird nur anders gemacht. Durch Werbung zum Beispiel. Das Individuum wird geschickter geführt. Sie werden nicht in eine Massenorganisation gesteckt, sondern einzeln rangenommen. Und dann das Internet. Da war Mielke ja echt ein Zwerg. Dieses *Facebook*-Zeug, das ist Stasi pur.“

„Können wir heute irgendetwas von der DDR lernen?“ – „Die Kinderbetreuung“, kam es bei Kerstin, Mitte 40, Krankenschwester, deren Sohn noch vor dem Mauerfall geboren wurde, wie aus der Pistole geschossen. „Die Mütter konnten auf Arbeit gehen, ohne sich Gedanken zu machen, gerade auch in der Ferienzeit. Das Kind wurde betreut, hatte sein Essen, Schwimmkurs war dabei, Kino, Theater. Das war toll.“ Die gleichaltrige Jeanette, die in der DDR Abfahrtsläuferin war und ansonsten eher negativ über die Vergangenheit sprach („Ich habe persönlich mitbekommen, wie Leute drangsaliert wurden, dass Du die Ausbildung nicht machen darfst, dass Du Deine Meinung nicht sagen kannst, dass die Kinder weggenommen wurden aus Familien. Das war eine Diktatur, ohne Worte"), äußerte sich in einer anderen Runde auf die gleiche Frage ganz ähnlich: „Das einzige ist die Unterbringung der Kinder, vor allem aus der Sicht einer berufstätigen Mutter. Es war ja bei weitem nicht so, dass wir alle irgendwelche Kampflieder gelernt haben. Das ist Quatsch". Beide Frauen sind auch deshalb interessant, weil sie 1989 in der DDR keine Zukunft hatten. Kerstin wartete daheim auf die Chance zur Familienzusammenführung, weil der Vater ihres Sohnes geflohen war, und Jeanette riskierte Mitte August an der Grenze zwischen Ungarn und Österreich zweimal Leib und Leben, um in den Westen zu kommen.

Abbildung 38: Schüler in Hoyerswerda (1962)

Quelle: BArch, Bild 183-94925-0001 (Horst Sturm)

Auch andere Flüchtlinge verteufeln die DDR heute keineswegs. Olaf, ein Münchener Gastwirt, Ende 40, der über die Botschaft in Warschau ausgereist ist, ging noch einmal zum Interviewer, als das Tonband abgeschaltet war, und sagte „unter vier Augen", dass dieses Thema für ihn auch nach mehr als 20 Jahren immer noch schwierig sei. „Drüben ging es mir grundsätzlich nicht schlecht. Ich hatte meinen Spaß, mein Leben, meine Beziehungen. Aber diese ganze Unfreiheit mit der Stasi, den Spitzeln und all dem Übel. Das war unerträglich." In der Diskussion hatte er vorher beklagt, dass sich heute alles um „den reinen Konsum" drehe und man auch deshalb „nicht ehrlich miteinander umgeht". In der DDR habe „einer auf den anderen geachtet". „Das Zwischenmenschliche, das fehlt mir sehr". Außerdem lobte er den Wiederaufbau des Nikolaiviertels in Berlin und wollte den Palast der Republik, die Museumsinsel und „eine Schachtel F6-Zigaretten" in einem DDR-Museum wissen.

Neben den Erinnerungen an die Jugend, der Abgeklärtheit des reiferen Alters und den Erfahrungen mit der Bundesrepublik seit 1990 gibt es einen einfachen Grund, warum selbst einstige DDR-Gegner im Rückblick differenzieren: auch sie haben an dem symbolischen Kapital zu tragen, das mit einer Herkunft aus dem Osten verbunden ist. Als sie „hier angekommen sei", habe sie „natürlich auch ‚Du Ossi'" zu hören bekommen und den Vorwurf „Ihr kriegt jetzt alles", sagte die Abfahrtsläuferin Jeanette, die später auch Ingo Steuer verteidigte. „Der Kerl war damals 16, so alt wie mein Sohn. Entschuldigung, da ist man als Junge noch nicht so weit, dass man das alles überblickt." Auch Annett, eine Physiotherapeutin, Anfang 40, die im September 1989 über Ungarn nach Bad Wörishofen kam, erinnerte sich, damals „auf viel Ablehnung gestoßen" zu sein. „Ich habe diesen sächsischen Dialekt nicht gesprochen. Deshalb ist es bei mir nie aufgefallen. Was wurde da geschimpft auf diese Ossis, als die Grenze aufging. Die waren nie in ihrem Leben in der DDR, wussten aber, dass dort alle faul sind. All diese Klischees. Haben dort alles verkommen lassen, die Ossis, und wollen jetzt unser liebes Hab und Gut."

Obwohl die „diskursive Praxis" DDR in der Medienöffentlichkeit den Mut derjenigen feiert, die als Demonstranten oder Flüchtlinge mitgeholfen haben, die deutsche Teilung zu beenden, haben sich die Ausreiseantragsteller, Botschaftsbesetzer und Grenzverletzer in der Stichprobe weder als Opfer einer Diktatur inszeniert noch als Helden. „Das war einfach der Trend damals", sagte eine Angestellte, die am 7. November 1989 „über die Tschechei" in ein Notaufnahmelager kam. „Immer wenn wir uns getroffen haben, waren zwei Freunde weniger da. Da hast Du dann gesagt, jetzt gehe ich auch. Jetzt ist niemand mehr da." Wer dieser Frau heute zuhört, denkt eher an ein großes Abenteuer: „Du hast ja tschechische Kronen tauschen müssen, durftest das Geld aber dann nicht ausführen in die Bundesrepublik. Am Grenzübergang, da war ein Riesen-Kiosk. Der hatte nur Krim-Sekt, roten Krim-Sekt. Den haben alle Leute gekauft, kistenweise. Wir waren dann in Ingolstadt in einer Bundeswehrkaserne, weil die grenznahen Lager überfüllt waren. Ich war Wochen in dem Lager und habe die ganze Zeit Krim-Sekt getrunken." Die Physiotherapeutin Annett sprach von einem „Versuch" und einer „Kurzschlussentscheidung": „Ich war damals gerade fertig mit der Berufsausbildung. Natürlich hatte man von Ungarn gehört. Da habe ich gedacht, okay, ich probiere es. Mein damaliger Freund, der musste zur Volksarmee. Er hatte die Einberufung für Oktober. Wir haben gesagt, dass wir vorher nochmal verreisen wollen, als wir das Visum für Ungarn beantragt haben."

Es bleibt natürlich Spekulation, ob die Berufung auf solche eher hedonistischen Motive eine Reaktion auf das Wissen um eine kommunikative Praxis ist, die die DDR heute vor allem mit Blick auf den eigenen sozialen Status bewertet und so in der Meininger Runde dazu geführt hat, Flüchtlinge mit Betrunkenen auf eine Stufe zu stellen („manche sind wiedergekommen"). Einige Ostdeutsche, die heute im Westen leben, haben berichtet, dass sie nur noch ungern in die alte Heimat fahren. In Leipzig gelte er „teilweise als Verräter", sagte der Augsburger Student Patrick. „Weil ich aus meiner Heimat weggezogen bin. Aber ich bin froh, dass ich es gemacht habe." Auch Katrin und Thomas, ein Ehepaar um die 50, das im Oktober 1989 ausgereist ist, berichteten, sie seien „so oft auf Vorurteile gestoßen", dass sie irgendwann „gar nicht mehr dahin gefahren" seien. „Ja, ihr im Westen, ihr verdient doch eh das Zehnfache. Es bringt auch nichts, von den Kosten zu erzählen, die wir hier haben. Viele sind da ziemlich starrsinnig. Die sind in gewisser Weise stehengeblieben." Darauf Frank, ein Informatiker um die 30, gebürtiger Hallenser und seit zehn Jahren in Stuttgart: „Ich nehme das mittlerweile mit Humor. Wenn ich mit meinem Freund telefoniere, der immer noch in Halle wohnt, kommen immer die gleichen Sprüche. Du da, im goldenen Westen."

Die Beispiele Frank und Patrick, der in Augsburg nicht über seine Kindheit in Leipzig sprechen mag, deuten darauf hin, dass die jüngeren Generationen die Konstruktionsmuster der Zeitzeugen genauso geerbt zu haben scheinen wie die Bewertung qua Herkunft. Katarina Wiesinger, die in Franken die Gruppe mit der Abfahrtsläuferin Jeanette moderierte, schrieb in ihrem Bericht, es sei so etwas wie ein „Zusammengehörigkeitsgefühl" („Wir Ossis") entstanden. Die anderen drei Teilnehmer sind dabei erst in den 1980er Jahren geboren worden und dürften eigentlich nichts mehr mit der DDR verbinden. Als es keine Kondensmilch für den Kaffee gab, sagte Marcus, der heute als Techniker arbeitet, trotzdem: „Wir kommen aus dem Osten. Wir sind Einfaches gewohnt." Ein noch jüngeres Studenten-Quartett, geboren zwischen 1987 und 1991 und jetzt an der Universität Erfurt, sprach sogar von „unseren sowjetischen Freunden", als es um eine Kommilitonin aus der Ukraine ging: „Wir kommen alle aus dem Ostblock!" Man muss die Vergangenheit ganz offenkundig nicht erlebt haben, um eine klare Vorstellung davon zu haben. Tobias aus Riesa („Ich bin ein Ossi"), 24, erinnerte sich als Erstes daran, „dass bei uns in der Gegend sämtliche Betriebe zugemacht haben. Da waren diese leeren Fabriken, und in den neuen, teuren Wohnungen waren überall die bösen Wessis." Stefanie, auch 24, deren Opa „Major bei der Armee" war, sagte, dass ihre Großeltern „jetzt noch daran zu knabbern" hätten (an dem Status- und Funktionsverlust, der für sie mit der Wiedervereinigung verbunden war), und die Eltern von Tanja, 20, „sind froh, dass sie in der DDR aufgewachsen sind. Sie sind wirklich der Meinung, es war nicht schlecht. Sie sind dadurch ja auch keine schlechteren Menschen."

Im kommunikativen Gedächtnis dieser vier Studenten vermischt sich die „kleinbürgerliche Idylle" aus den Familiengesprächen („kleine, dicke Männer, die mit Trabis um die Garagen fahren" und sich „über ein Westpaket freuen") mit dem Diktaturgedächtnis aus Schulunterricht und Massenmedien, Erlebnissen in der Kindheit, die in die DDR zurückweisen, sowie der Erfahrung, als Ostdeutsche wahrgenommen zu werden. Tanja: „Hier studieren ja auch Westdeutsche. Ich will jetzt nicht Wessis sagen. Da darf man sich schon solche Kommentare anhören. Eine hat gesagt, sie geht hier nicht zum Frisör. Sie will nicht mit so einer Pink-Strähne umherlaufen." Stefanie wurde auf einer Promotion-Tour im Westen gefragt, wo sie denn herkomme. „Als ich Ostdeutschland gesagt habe, meinte die Frau, ihr Arzt habe sie neulich zur Kur nach Tabarz schicken wollen. Und was hat sie geantwortet? Da kann ich ja gleich nach Weißrussland gehen!"

KOMMUNIKATIVE PRAXIS WEST II: WISSEN UM DIE KOMMUNIKATIVE PRAXIS DER OSTDEUTSCHEN

Dass es Frauen gibt, die auch ein knappes Vierteljahrhundert nach der Wiedervereinigung keinen großen Unterschied zwischen dem Thüringer Wald und Weißrussland sehen, wird niemand bezweifeln. Einige der Befragten regen sich bis heute über die Filmschnipsel auf, die das Volk im Einheitstaumel zeigen. „Der Funke ist bei mir nicht so übergesprungen", sagte Iris, eine Apothekerin, um die 60. Der fast gleichaltrige Lagerleiter Helmut forderte in einer anderen Gruppe sogar explizit Bilder „aus dem Landesinneren". „Wo war denn, bitteschön, die Euphorie in München? Oder in Köln und in Hamburg? Das war nur auf einem dünnen Streifen an der Grenze so. Das kann ja auch jeder nachvollziehen. Da sind die Verwandten nur ein paar Meter weg, und ich bin hier auf Jahre eingesperrt. Aber hier bei uns? Solche Bilder hat man nie gezeigt." Die drei Chemiewerker Manfred, Uwe und Willi sowie der

Berufsberater Ludwig, die nie in der DDR waren und dort auch keine Verwandten hatten, interessieren sich immer noch nicht für den Osten. Während Manfred „in der Anfangszeit“ immerhin vier Jahre in Sachsen auf Montage war („Da war alles grau, alles schwarz. Das war der Wahnsinn“), haben die anderen drei bisher nur Ostberlin gesehen, und auch das eher zufällig. „Ich werde da wahrscheinlich nie rüberkommen“, sagte Willi. „Ich mag das einfach nicht.“ In einem DDR-Museum würden die vier das Diktaturgedächtnis aufbewahren: „ein Stück Mauer“, „einen Grenzturm (war typisch)“, „Checkpoint Charlie“, „Stacheldraht“, „Russen“, „Stasi-Akten“ und „Bananen“ – „aber nur eine Zeichnung davon“. Selbst diese Männer, die privat so gut wie gar nichts mit Ostdeutschen zu tun haben, kennen aber nicht nur die DDR-Konstruktion aus den Massenmedien, sondern auch die vorhin beschriebene kommunikative Praxis im Osten:

> *Gibt es Ihrer Meinung nach etwas, was man von der DDR lernen kann?*
> *Ludwig*: Na, die Kinderkrippen. Das ist nicht verkehrt, dass sie das jetzt auch bei uns eingeführt haben. Das war dort drüben mit Sicherheit besser als hier bei uns.
>
> *Manfred*: Ich glaube auch, dass der Zusammenhalt da drüben gar nicht so schlecht war. Die hatten ja nichts. Da musste man sich gegenseitig helfen. Mit den Autos und mit allem möglichen.
>
> *Willi*: Krippen und Kindergärten, ja. Ganztagsbetreuung hat es ja hier früher nie gegeben. Das macht viel aus, weil heute einfach beide Elternteile arbeiten müssen. Wir haben das nicht eins zu eins übernommen. Es gibt jetzt viele Familien, wo es nicht mehr anders geht. Die auf Krippen oder Ganztagshorte angewiesen sind. Das ist eher der Hauptgrund. Nicht die DDR.

Vier Mainzer Journalisten, alle zwischen Anfang 40 und Anfang 50, die 1989 „die Euphorie der älteren Leute um uns herum überhaupt nicht so richtig teilen“ konnten, sich aber jetzt schon von Berufs wegen sehr gut im Osten auskennen, hatten keine Probleme, die Pro-Argumente ehemaliger DDR-Bürger aufzuzählen. „Einige sehen das heute als kleine, beschützte Welt, in der sie sich mit der fehlenden Freiheit arrangiert hatten“, sagte Boris, ein Intranet-Redakteur, dessen Mutter inzwischen in Mecklenburg-Vorpommern lebt. „Reisen konnte man ja auch anders ganz gut. Die Arbeitslosigkeit und der soziale Abstieg haben bei dem einen oder anderen dazu geführt, sich diese heimelige DDR zurückzuwünschen."

Abhängig sicher auch von der politischen Einstellung, vom Lebensalter, vom Wissen und von persönlichen Kontakten in den Osten lagen einige Befragte, die in der Bundesrepublik sozialisiert wurden, gar nicht so weit weg von dem, was man sich heute im Osten über die Vergangenheit erzählt. Ein Pastoralreferent, um die 60, der früher ein „Faible für die Dissidentenliteratur der DDR" hatte, sich aber ansonsten eher in einer „Beobachterrolle" sieht („wir haben keine wirklichen menschlichen Bindungen nach drüben"), entschuldigte sich zunächst bei der Runde („wenn ich das jetzt sage, dürft ihr nicht über mich herfallen") und bezeichnete den sozialistischen Staat dann als „Korrektiv für uns". „Seit es die DDR nicht mehr gibt, geht bei uns ein ungebremster Turbokapitalismus durch. Früher hatten wir noch ein soziales Gewissen. Man kann über die Verhältnisse in der DDR sagen was man will, aber sie war ein Stachel in unserem Fleisch". Als habe er Helmut Schmidts Warnung vor der „Anmaßung der Wessis" aus dem *Zeit*-Leitartikel zum ersten Jahrestag der Wiedervereinigung verinnerlicht,[24] findet dieser Mann die „Mentalität" seiner Landsleute „beschämend" und „etwas großkotzig", alles besser gewusst zu haben „anstatt mal hinzuhören". Auf seiner Liste der Übernahmekandidaten stehen unter anderem „die Polikliniken der DDR", das „Rohstoffrecycling", „die Bücherwelt" und „der Zugang zur Literatur" („da gab's selbst im kleinsten Kuhdorf eine Buchhandlung"), die „Subventionen von Theater und Kultur" sowie die „Solidarität" untereinander („so ein geschützter Raum, in dem man zusammengehalten hat"). Schlagworte wie „Westarroganz" und „Entwertung der Biografien" seien ihm „immer wieder aufs Brot geschmiert" worden bei Besuchen im Osten („unsere Tochter hat in Dresden gelernt" und „ich empfinde es als eine Bereicherung, rüberzufahren und dieses Land zu entdecken, das mir bis jetzt vorenthalten war").

> *These 9*: Die „kommunikative Praxis" DDR wird nicht nur von der „diskursiven Praxis" der Leitmedien geprägt, sondern auch vom Wissen um die unterschiedlichen Vorstellungen von der Vergangenheit, die sich seit 1990 in Ost und West entwickelt haben, sowie von den Deutungen, die vor dem Mauerfall in der DDR verbreitet worden sind. Obwohl einige ältere Ostdeutsche nach wie vor Fragmente der sozialistischen

24 | Helmut Schmidt: Zur Lage der Nation. *Die Zeit* Nr. 41 vom 4. Oktober 1991, S. 1. – Vgl. Kapitel 4.

Rhetorik nutzen, wird selbst das positivste DDR-Bild in aller Regel mit einem großen „aber" versehen und mit den Interessen der herrschenden Kommunisten verknüpft. Noch offensichtlicher ist die Wirkung des Diktaturgedächtnis-Diskurses an einer anderen Stelle: Fast keiner der Befragten hat das Sportsystem der DDR gelobt.

Das kommunikative Gedächtnis speichert zwar vor allem persönliche Erlebnisse und bewertet diese Erinnerungen mit Blick auf die gerade aktuelle Bedürfnislage, mindestens implizit dürfte aber bereits deutlich geworden sein, dass das kulturelle Gedächtnis, das die Massenmedien produzieren, die „kommunikative Praxis" DDR erheblich beeinflusst. Dies gilt keineswegs nur für Jugendliche, die schon wegen ihres Alters entweder auf Zeitzeugen angewiesen sind oder aber ganz von medial vermittelten Eindrücken abhängen, wenn es im Umfeld niemanden gibt, der aus eigener Anschauung berichten kann. Medienberichte liefern erstens Anlässe, um über die Vergangenheit zu sprechen, zweitens die entsprechenden Begriffe und drittens einen Rahmen, auf die sich die „Erzählungen über uns selbst" schon deshalb beziehen müssen, weil wir bei dieser Form medial vermittelter öffentlicher Kommunikation unterstellen können (und unterstellen sollten), dass alle anderen ebenfalls Bescheid wissen. Während die Herrschenden in der DDR in Presse, Hörfunk und Fernsehen nur das veröffentlichten, was ihren Interessen zu dienen schien, und die Nutzer dort folglich allenfalls etwas über diese Interessen fanden, aber nichts über die Stimmung in der Bevölkerung,[25] sind Massenmedien in funktional stärker differenzierten Gesellschaften eines der wichtigsten Fenster zu „den Anderen": Wie denkt und wie handelt man als „normaler" Mensch? Was ist üblich und was nicht? Die Theorie der Schweigespirale beschreibt uns als Meister der Umweltbeobachtung, als Wesen mit einem siebten Sinn, ausgestattet mit einem quasi-statistischen Organ, das pausenlos auf das Feinste registriert, welche Meinungen, welches Verhalten in unserem Umfeld vorherrschen, ob bestimmte Anschauungen zu- oder abnehmen und wir möglicherweise Gefahr laufen, uns zu isolieren – sei es durch die falsche Haartracht, durch Kleidungsstücke oder durch politische

25 | Vgl. Anke Fiedler, Michael Meyen (Hrsg.): Fiktionen für das Volk: DDR-Zeitungen als PR-Instrument. Fallstudien zu den Zentralorganen Neues Deutschland, Junge Welt, Neue Zeit und Der Morgen. Münster 2011; Michael Meyen: Öffentlichkeit in der DDR. Ein theoretischer und empirischer Beitrag zu den Kommunikationsstrukturen in Gesellschaften ohne Medienfreiheit. *Studies in Communication / Media* 2011, S. 3-69.

Äußerungen. Für die Kommunikationswissenschaft ist diese Theorie interessant, weil sich das Urteil über die öffentliche Meinung, über das, was moralisch gebilligt wird und was nicht, nicht nur aus den Signalen speist, die wir aus unserer unmittelbaren Umgebung aufnehmen, sondern auch aus den Massenmedien, heute vielleicht stärker als je zuvor.[26]

Wie die Leitmedien die DDR seit 1990 konstruieren, ist im vierten Kapitel ausführlich geschildert worden. Das Wissen um diese „diskursive Praxis" hat Folgen, die zum Teil bereits angesprochen wurden, hier aber noch einmal zusammengefasst werden sollen:

- Die Deutschen wollen kaum mehr über die Zeit der Teilung sprechen.
- Wenn sie es doch tun, greifen sie auf das Vokabular des Diktaturgedächtnisses zurück und verschärfen dieses manchmal sogar noch (wie die oben zitierten jungen Leute).
- Ostdeutsche werden (von anderen genau wie von sich selbst) als Bürger zweiter Klasse bewertet.
- Es gibt einen Generalvorbehalt gegenüber allem, was in der „kommunikativen Praxis Ost" (die auch im Westen bekannt ist) heute auf der Habenseite der DDR steht.

Dies ist vor allem deshalb bemerkenswert, weil vor allem Ostdeutsche sowie Westdeutsche, die viel Kontakt in den Osten hatten oder haben, Antworten auf die Frage parat hatten, ob „wir heute irgendetwas von der DDR lernen" könnten. Dass sich die Waage dabei in einigen Fällen sogar ganz in Richtung Vergangenheit neigte, ist bereits angedeutet worden. Man denke nur an den Landwirt, der die DDR für das „etwas menschenfreundlichere System" hält, oder an die beiden Frauen, die mit dem sozialistischen deutschen Staat „Sommer" assoziieren und ein „freieres" Leben. Obwohl also die persönlichen Erfahrungen keineswegs bei jedem den Diktaturgedächtnis-Diskurs spiegeln, wurden die entsprechenden Formeln fast im gleichen Atemzug genannt wie die Pluspunkte der DDR. Der Pastoralreferent, der sich vorher Absolution für seine Idee vom „Korrektiv" DDR holte, ist dabei ein noch eher schwaches Beispiel. Am stärksten ausgeprägt war die Rückversicherungs- und Legitimationspraxis bei Marcus, einem 30-jährigen Techniker aus Franken, der in Leipzig geboren wurde und dann in einem sächsischen

26 | Elisabeth Noelle-Neumann: Öffentliche Meinung – unsere soziale Haut. Die Entdeckung der Schweigespirale. Berlin 2001.

Dorf aufwuchs. Marcus, der „dieses Kommunistische prinzipiell“ immer noch für „einen guten Gedanken“ hält, hat in der Diskussion von einer untergegangenen Welt ohne „Betrug“ geschwärmt. „Türen und Autos hat man nicht abgeschlossen. Wenn man von den Nachbarn was wollte, ist man einfach in die Vorküche gegangen und hat gerufen. War niemand da, ging man eben wieder“. Nach der Schlussfrage („Gibt es etwas, was wir vergessen haben und was Sie vielleicht ergänzen wollen?“) fühlte er sich allerdings zu einem Statement genötigt. „Ich weiß nicht so genau, wie das rübergekommen ist, was ich hier so erzählt habe. Wahrscheinlich ein bisschen Pro-DDR. Vielleicht hat das den Eindruck erweckt, ich würde mir das zurückwünschen. Ich möchte das deshalb noch einmal wiederholen: Das ist nicht so. Ich persönlich weiß genau, dass ich dann heute nicht da wäre, wo ich bin. Ich würde nicht das Auto fahren, das ich fahre, diesen Job nicht haben und nicht dieses Geld. Ich gebe zu:. Ich bin eher der Kapitalist als der Kommunist.“

Egal ob Erziehung oder Frauenförderung, soziale Sicherheit oder die fehlende Angst vor Arbeitslosigkeit und Kriminalität, die „Oase“ (um etwas in Richtung Kurioses zu gehen) für „Natur und Tiere“ oder die „Lebensmittel, die nicht so mit Konservierungsstoffen versehen waren wie bei uns“ (beides genannt von Anneliese, Mitte 60, einer ehemaligen Krankenschwester aus Oberbayern): In aller Regel wurden solche Eindrücke mit einem Hinweis auf den Diktaturcharakter der DDR garniert und mit der Versicherung, auf keinen Fall zu den Ostalgikern zu gehören. Der Pastoralreferent zum Beispiel, der den Osten über seine Tochter entdeckt hat, wusste genau, wie ihre Altersgefährten in Dresden ticken: „Die hatten die Ostalgie drauf. Es war alles besser. Es gab billig Brot, niedrige Mieten, Arbeitsplatzsicherheit und wenig Kriminalität. Das ist das, was sie von ihren Eltern erzählt bekommen haben. Das erzählen sie nach und blenden alles andere völlig aus. Nicht nur die Mangelwirtschaft, sondern auch die Stasi, die Grenze mit Schießbefehl, die Pressefreiheit, die Reisefreiheit, die Wahlmanipulation.“ Ein etwas älterer Jugendarbeiter, der im Juli 1961 Görlitz in Richtung Bundesrepublik verlassen hatte und am gleichen Tisch saß, fasste diese „Schwierigkeit“ so zusammen: „Bei jedem Punkt, den man positiv sieht, gibt es ein Aber“ – bei der Emanzipation etwa den Arbeitskräftemangel, bei der Schule die Erziehungsziele der Kommunisten, bei Preisen und Mieten die Umweltzerstörung, den Gebäudeverfall und die Verschwendung, bei der sozialen Sicherheit das Unterbinden von Kreativität.

In Sachen Kinderkrippe hätte es für diese Kehrseiten-Rhetorik sicher nicht die „diskursive Praxis“ DDR in den Leitmedien gebraucht. „Ich sehe nicht, dass die Frau unbedingt arbeiten muss“, sagte Michael, Ende 50, der im Land der Betreuungsgeld-Fans erst viele Jahre Gemeindekämmerer war und es inzwischen zum Bürgermeister gebracht hat. „Die DDR hat die Frauen als Arbeitskräfte gebraucht. Deshalb hat man dort in den sauren Apfel gebissen und die Kinder für die Erziehung weggegeben. Das Ergebnis sieht man jetzt ja teilweise bei den Menschen, die hierher kommen. Die haben eine ganz andere Mentalität und erhebliche Probleme.“ Gudrun, eine Altenpflegerin aus der Nähe von Ulm, Anfang 50, sah das ganz ähnlich („Was ist unter dem Strich dabei rausgekommen?“), schob aber eher die Familie vor: „Die Kinder hat man abgegeben, und jeder hat sein Ding gemacht. Das kann nichts Positives bringen.“

Abbildung 39: Baumwollspinnerei in Flöha (1962)

Quelle: BArch, Bild 183-A0924-0002-002 (Friedrich Gahlbeck)

Ostdeutsche, die das „große, fette Aber“ (Simon, 20, Student aus Zwickau) schon aus Statusgründen eher kleiner halten, haben eine zweite Strategie, mit dem Diktaturgedächtnis-Diskurs umzugehen: Sie berufen sich auf fehlendes Wissen. „Wir haben nichts erlebt von der Stasi“, sagte Helga, die alte Schneiderin aus Meiningen, die heute froh über ihr „ruhiges“ Leben ist und bei Schlecker und Aldi ganz ähnliche Kräfte am Werk sieht wie einst in Erich Mielkes Ministerium. „In den Filmen bringen sie heute auch, dass die Stasi Leute misshandelt hat. Vielleicht hatten die wirklich was verbrochen. Die hatten ja Gefängnisse, wie das in Bautzen. Wer weiß denn heute, was die damals angestellt haben. Da hattest Du doch überhaupt keine Einsicht.“ Nur noch ein zweites Beispiel für diese Form des Umgangs mit der Vergangenheit: „Wir haben das eigentlich nie so erfahren“, sagte Heike, die MDR-Assistentin („wir haben freier gelebt“), als es um die Mauertoten ging. „Als ich das später im Fernsehen gesehen habe, dachte ich: Oh Gott, das ist damals also alles so passiert.“

Erstaunlicher als diese Legitimationsstrategie ist die Langzeitwirkung der „diskursiven Praxis“ DDR aus der Zeit vor dem Mauerfall – besonders zu beobachten bei Ostdeutschen, die in ihrer Heimat geblieben sind und wenig Anlässe hatten, sich persönlich mit Westdeutschen auseinanderzusetzen. Um gleich bei Helgas Gruppe in Meiningen zu bleiben: Der Skispringer Hans-Georg Aschenbach, Weltmeister 1974 und Olympiasieger 1976, der das DDR-Team später als Arzt betreut hat und im Sommer 1988 nach einem Mattenspringen in Hinterzarten in der Bundesrepublik blieb, ist für den Arbeiter Dietrich, Anfang 70, immer noch ein Verräter. „Dem ist doch alles hinten reingesteckt worden. Der hat hier studiert und ist nachher abgehauen, als sie mal drüben waren, unsere Sportler. Jetzt kommt er wieder, will für gut Wetter sorgen und viel verdienen. Das haut doch nicht hin, oder?“ Hintergrund: Aschenbach hatte in der *Bild-Zeitung* noch vor dem Mauerfall über Doping im DDR-Sport gesprochen und war anschließend in einer Pressekampagne als Verräter und Lügner hingestellt worden (unter anderem in der *Jungen Welt*).[27] Helga und Christa, die ehemalige Sekretärin, entschuldigten auch den Bau der Mauer fast im Stile der Parteijournalisten – mit Jugendlichen, die das Land verlassen hätten, obwohl sie „nicht schlecht“ und vor allem „kostenlos“ ausgebildet worden seien. Den gleichen Grund nannte die

---

27 | Vgl. Cornelia Landes: „Ich hatte so viel Spielraum wie ich wollte“. Der Einfluss von Journalisten auf Medieninhalte: das Beispiel Sport. In: Anke Fiedler, Michael Meyen (Hrsg.): Fiktionen für das Volk (wie Anm. 25), S. 107-133, hier S. 122-124.

Verkäuferin Bärbel, Anfang 50, in Berlin: „Das Studium hat ja bei uns nichts gekostet. Was machst Du, wenn so einer plötzlich in den Westen will, nur weil er dort das Dreifache verdient? Was soll denn hier werden, wenn die alle abhauen?“ Eine besonders schöne Mauer-Geschichte hatte Margot aus Tangermünde auf Lager, jetzt 70 und bis zur Rente in der Landwirtschaft. „Wir haben am 12. August 1961 geheiratet. Als die Mauer gebaut wurde, haben wir gesagt: das hat man wegen uns gemacht. Damit der Mann nicht wegkann.“

Unabhängig von der regionalen Herkunft haben vor allem die etwas älteren Befragten (40 plus) auf die Ursprünge der DDR hingewiesen. „Nach dem unseligen Zweiten Weltkrieg ist einfach ein Land geteilt worden, und niemand hat versucht, dagegen etwas zu unternehmen“, sagte der Gastwirt Olaf, früher in Görlitz, jetzt in München. „Das Fatale ist, dass sich jeder sein eigenes kleines Reich aufgebaut hat.“ Der Chemiewerker Uwe gab „dem deutschen Volk“ die Schuld („weil wir den Krieg verloren haben“), die Abfahrtsläuferin Jeanette warf dem Westen vor, die Reparationen für die Sowjetunion vergessen zu haben („es war ja leider so, dass im Osten die Russen zugange waren und dort die ganzen Maschinen abgebaut haben“), und Klaus, der Vertreter, der in der DDR eine Ausflugsgaststätte hatte, erinnerte an den Kalten Krieg. „Auf der einen Seite waren die Amerikaner und auf der anderen die Russen. Dass die Sowjetunion nicht den Kapitalismus einführt, war klar.“

Schon die Wortwahl verweist hier auf die „diskursive Praxis“, die vor dem Herbst 1989 im Osten Deutschlands dominiert und andere „Wahrheiten“ produziert hat als danach. Während man auch bei den Themen Republikflucht und Mauerbau oder beim Rückblick auf den DDR-Alltag, der Kapitalismuskritik mit einem Lob für die Sozial- und Bildungssysteme verknüpft, nach solchen diskursiven Überresten fahnden kann, sind die Helden des DDR-Sports fast ausnahmslos vom Sockel gefallen. Buchstäblich keiner der ostdeutschen Diskussionsteilnehmer hat sich auf die früheren Erfolge in den Arenen dieser Welt bezogen – weder auf die Fragen nach möglichen Museumsinhalten und Vorzügen der DDR noch sonst. Wie jeder Zeitzeuge weiß, sind die Goldmedaillen dabei keineswegs im stillen Kämmerlein gewonnen worden. Leistungssport hatte in der DDR zwei Aufgaben. Er sollte erstens Identifikationsfiguren schaffen, die Stolz wecken und so von innenpolitischen Problemen ablenken konnten, und zweitens für internationale Aufmerksamkeit sorgen – wichtig nicht nur in den Jahren der außenpolitischen Isolation bis 1973, sondern in der Auseinandersetzung der

Systeme generell.[28] Die Aufgabe der Sportjournalisten ergab sich daraus fast wie von selbst: Siege waren als „Erfolg der sozialistischen Gesellschaft" zu feiern.[29] Dass dies die Menschen damals abgeschreckt haben könnte, lässt sich kaum behaupten – jedenfalls nicht, wenn man an die Postberge denkt, die die Tageszeitung *Junge Welt* bei der Umfrage nach den Sportlern des Jahres bekam, oder an die Menschenaufläufe bei Großereignissen wie der Friedensfahrt. Im kommunikativen Gedächtnis hat diese Begeisterung keine Spuren hinterlassen.

Wenn der Sport in den Gruppendiskussionen überhaupt zur Sprache gebracht wurde, dann von Westdeutschen. „Jetzt haben wir endlich mal gute Sportler bei uns" – das sei 1989 sein „erster Gedanke" gewesen, sagte Alfred, ein Verlagskaufmann im Vorruhestand. Lisa, eine 20-jährige Erzieherin aus Buchloe, findet es „positiv", dass „der Leistungssport" in der DDR „ziemlich gepuscht" worden sei, und eine Rentnergruppe in Oberbayern erinnerte sich an „die großen sportlichen Erfolge" der Landsleute und die „Disziplin im Sport", der „straff organisiert" gewesen sei und „viel geleistet" habe, wobei die Zweifel immer mitschwangen („ich weiß nicht, ob alle ihr Doping gehabt haben"). Warum der Sport hier überhaupt noch ein Thema ist, leuchtet sofort ein. „Normalerweise ist man ja das ganze Jahr nicht mit der DDR konfrontiert worden", sagte ein 40-Jähriger, der keine Verwandten im Osten hatte – „außer bei der Olympiade". Dort habe man „diesen Zweikampf zwischen Ost und West mitbekommen" und gesehen, dass die DDR „meistens ein bisschen besser war" und dass „die Frauen ein bisschen anders ausschauten". Selbst wenn man damals im Osten jubelnd am Straßenrand stand oder von der anderen Seite der Mauer mit ein wenig Neid auf all die vielen Sieger blickte, hat die „diskursive Praxis" DDR, die seit 1990 in den Massenmedien gepflegt wird, davon nicht viel übrig gelassen. Sportlicher Erfolg taugt offenbar nicht (mehr) als Anker für die nationale Identität der Deutschen – es sei denn, es handelt sich um Fußball, wo die DDR bis auf einen Olympiasieg (1976 in Montreal), einen Europapokal (1974, 1. FC Magdeburg) und das

28 | Vgl. Gunter Holzweißig: Diplomatie im Trainingsanzug. Sport als politisches Instrument der DDR in den innerdeutschen und internationalen Beziehungen. München 1981; Manfred Ewald: Ich war der Sport. Wahrheiten und Legenden aus dem Wunderland der Sieger. Berlin 1994; Hans-Joachim Teichler (Hrsg.): Sport in der DDR. Köln 2003.

29 | Klaus Reinartz: Das manipulierte Echo. Presselenkung im Spiegel von Olympia 1972. In: Grit Hartmann (Hrsg.): Goldkinder. Die DDR im Spiegel ihres Spitzensports. Leipzig 1997, S. 90-97, hier S. 93. – Vgl. Cornelia Landes (wie Anm. 27), S. 111.

Tor von Jürgen Sparwasser am 22. Juni 1974 im Hamburger Volksparkstadion nicht viel vorzuweisen hat (vgl. Abbildung 30 mit den Protagonisten Croy, Hoffmann und Buschner, S. 147).

> *These 10*: Obwohl (oder: weil) die Deutschen in Ost und West den Medientenor sehr genau kennen, empfehlen sie vor allem Gespräche mit Zeitzeugen, um sich über die Vergangenheit zu informieren, und meiden die DDR-Berichterstattung inzwischen weitgehend. Ausnahmen sind die Jahrestags-Bilder im Fernsehen, die wie ein Fotoalbum funktionieren, und Befragte, bei denen das kulturelle Gedächtnis, das die Massenmedien transportieren, mit den eigenen Erinnerungen übereinstimmt. Die Kritik an der „diskursiven Praxis" DDR hält sich trotzdem in Grenzen. Die älteren ostdeutschen Teilnehmer haben sich zwar über Schwarz-Weiß-Darstellungen beklagt, die Journalisten aber zugleich aufgefordert, das Diktaturgedächtnis weiter zu pflegen – wie das durchgängige Lob für den Film *Das Leben der Anderen* sicher auch eine Verbeugung vor dem Diskurs Vergangenheitsbewältigung, die von einem guten Demokraten und Staatsbürger erwartet wird.

„Wir haben es ja damals selbst erlebt", sagte Ingenieur Hans-Jürgen, 50, stellvertretend für das Dresdner Akademiker-Quartett, als der Moderator wissen wollte, ob es TV- und Kinoproduktionen oder Bücher über die DDR gebe, die besonders zu empfehlen seien. „Da gibt es keine Erkenntnis." Einzige Ausnahme seien „Erinnerungsgründe": „wenn jetzt ein Film kommt, den wir damals schon gern gesehen haben". Es sei zum Beispiel „einfach Kult, im Sommer unter den Kastanien zu sitzen" und *Die Legende von Paul und Paula* anzuschauen (ein DEFA-Streifen von 1973). Dass solche Präferenzen auch mit der „diskursiven Praxis" DDR zu tun haben, die diese vier Männer seit 1990 sehr aufmerksam beobachten, wird allenfalls unterschwellig deutlich. „Es gibt ja vor allem in den Altbundesländern viele Vertreter, die der Meinung sind, das DDR-Leben sei ganz einfach zu begreifen", sagte der Arzt Uwe. „So ist es eben nicht. Es war vielschichtiger, als es auf den ersten Blick scheint. Schwarz-Weiß-Malerei ist nie gut." Während Uwe dem Moderator empfahl, einfach noch mehr Gruppendiskussionen zu leiten, wenn er etwas über die DDR wissen wolle, schlüpfte Heinrich, der Forstrevierleiter, in die Rolle des Erziehers: „Alles aus Filmen zu nehmen, aus Büchern oder aus Dissertationen, das hilft keinem jungen Menschen. Wir sind viel mit unseren Großeltern zusammen gewesen. Die haben immer erzählt und wir haben nachgefragt. Diesen Kontakt zu den anderen Generationen, den muss man pflegen, und zwar aktiv."

Vergleicht man die „kommunikative Praxis" DDR im Osten Deutschlands mit den Medienberichten über dieses Thema, verwundert die Ablehnung, die hier durchschimmert, weniger als die Vorsicht, mit der diese artikuliert wird. Die Diskurse Individualisierung, Zivilcourage und Vergangenheitsbewältigung prägen offensichtlich nicht nur die „diskursive Praxis" DDR in den Leitmedien, sondern auch die Vorstellungen davon, was man in der Öffentlichkeit zu diesem Thema sagen kann, ohne sich zu isolieren. Durch Moderator und Mikrofon wird auch eine Gruppendiskussion zu einer öffentlichen Bühne, auf der unser Verhalten von jenem „anonymen, zwingenden Gedankensystem" gesteuert wird, das Michel Foucault zufolge „einer Zeit und einer Sprache angehört"[30] und im vierten Kapitel ausführlich beschrieben wurde.

Diese Steuerung endet allerdings bei der Mediennutzung. Petra, die zwei Tage vor dem Mauerfall in einem Lager in Ingolstadt ankam, kann sich die alljährlichen Wendefilme im Fernsehen („Das tut mir nur weh") genauso wenig anschauen wie irgendwelche Ostalgie-Shows. „Die machen sich immer ein bisschen darüber lustig und belächeln uns. Das ärgert mich." Als es um die Normalitäten des Alltags in der DDR ging, rief sie wütend dazwischen: „Es gab sogar Strom." Mit ganz ähnlichem Duktus meinte der 30-jährige Techniker Marcus, der von Sachsen nach Franken gezogen ist, in einer anderen Runde: „Man sollte den Kindern auf jeden Fall sagen, dass in der DDR Deutsch gesprochen wurde." Auch ohne Diskursanalyse kannte diese Gruppe den Medientenor ziemlich gut:

> *Manche kritisieren ja auch, dass die Medien nur über die Stasi berichten und über Mauertote.*
>
> *David* (Ende 20, aufgewachsen in Erfurt): Das ist wie mit dem Dritten Reich. Man muss es immer wieder hervorholen, um sagen zu können, das war nicht unbedingt die beste Idee.
>
> *Jeannette* (die geflohene Abfahrtsläuferin, Mitte 40): Wenn man persönlich involviert ist oder wenn man sogar jemanden verloren hat,

30 | Michel Foucault: Gespräch mit Madeleine Chapsal. In: Daniel Defert, Francois Ewald (Hrsg.): Michel Foucault. Schriften in vier Bänden. Band 1: 1954-1969. Frankfurt/Main 2001, S. 664-670, hier S. 666.

> dann ist das natürlich etwas ganz anderes. Dann kommen die Erinnerungen wieder hoch. Ansonsten ist das ein Teil der Geschichte. Man muss das halt zeigen und ganz rational betrachten. Man kann es auch nicht mehr ändern. Man muss nach vorn schauen und dafür sorgen, dass es so etwas nie wieder gibt.
>
> *Wie schätzt Ihr die Berichterstattung denn ein? Ist die eher positiv oder eher negativ?*
> *Marcus*: Meistens negativ, finde ich. Es wird ja hauptsächlich über den Grenzstreifen geredet, über die Mauer, über die Trennung, über Schießereien.
> *David*: Alle wollen raus.
> *Marcus*: Jeder wollte raus, ja. Das finde ich schade, weil es doch einseitig ist. Es wird sehr vieles schlecht dargestellt.
>
> *David*: Ich kann von jedem Ort was ganz Schlechtes zeigen und was ganz Tolles. Was ich richtig hart finde: Gebt mal bei Google Ossi ein. Da kommt gleich als drittes oder viertes Bild eine Frau, die eine geschälte Gurke in der Hand hält.
> *Jeanette*: Gurke oder Banane?
> *David*: Gurke. Die erste Banane in ihrem Leben. Man darf das nicht zu ernst nehmen, aber es ist Wahnsinn (vgl. Abbildung 40).

Dass aus dieser Einstellung auf dem Fernsehsofa Verweigerung entsteht, ist bereits in der Einleitung dieses Buchs angedeutet worden („Mauerbau, Mauerfall, Fluchtversuche, Tunnelbau, blablabla. Auf jedem Sender. Das ging mir richtig auf den Zünder“, Kerstin, Mitte 40, früher Elektromonteurin und jetzt Krankenpflegerin). Kerstins Gruppe, die sich am Rande Berlins traf, ist auch deshalb interessant, weil hier sehr unterschiedliche Muster des Umgangs mit der medial vermittelten DDR-Konstruktion aufeinandertrafen:

> *Es soll ja Personen geben, die in der DDR aufgewachsen sind und die Sendungen zu diesem Thema heute konsequent vermeiden.*
> *Helga* (Architektin, um die 70): Ich bin so eine.
>
> *Wie kommt das?*
> *Helga*: Warum ich keine Lust habe, mir das anzuschauen? Ich denke immer, ich habe das anders erlebt.

Bärbel (Verkäuferin, Anfang 50): Dass die Dich nicht in Ruhe lassen mit der Scheiße?
Helga: Ich habe einfach keine Lust. Auch wenn Tochter und Schwiegersohn sagen, das ist eine gute Sendung, die musst Du Dir anschauen.
Heidi (Filmfacharbeiterin, 60): Wir kennen ja den ganzen Mist. Wir haben es ja mitgemacht, jeder in seiner Richtung. Man muss gut drauf sein, um sich das anzutun.

Bärbel: Also, ich möchte schon wissen, wie das alles abgelaufen ist. Die ganzen Repressalien, die Leute, die sie eingesperrt haben. Ich habe davon überhaupt nichts gewusst. Da geht mir heute noch der Hut hoch, wenn ich das sehe.
Helga: Mein Mann interessiert sich auch für diese Dinge. Alles, was mit dem Gefängnis zu tun hat. Ich kann mir das aber nicht angucken.
Heidi: Mein Mann inhaliert das auch alles. Er kommt aus Bayreuth und will immer alles ganz genau wissen. Ich schau dann lieber Rosamunde Pilcher.

Bärbel: Ich mache das eigentlich nur, um alles besser zu verstehen. Wenn mich einer anspricht, will ich wissen, was da war.
Helga: Mein Mann, der hat das ja nun alles ganz schlimm am eigenen Leib erfahren. Der guckt sich solche Sendungen an, immer wieder. Ich denke, er sollte langsam damit aufhören. Wie soll er sonst seine Alpträume wegkriegen? Das ist alles so lange her.

Warum sieht er sich das trotzdem an? Was glauben Sie?
Helga: Vielleicht will er sehen, was mit anderen passiert ist. Dann kann er immer sagen, schaut her, mir ist es auch so ergangen.
Bärbel: Aber ist es nicht generell so, dass man sich mehr mit der Vergangenheit beschäftigt, wenn man älter wird? Das ist doch wie mit Hitler. Ich finde, man darf so etwas nicht vergessen. Das ist doch eine Riesensauerei, was da passiert ist.

Also finden Sie gut, dass die Stasi immer wieder erwähnt wird.
Bärbel: Jeder hat ja heute die Freiheit, sich das anzuschauen oder es zu lassen. Es wird aber sicher Leute geben, die das nie vergessen wollen.
Heidi: Aber man vergisst das doch nicht! Das ist doch gespeichert. Man will aber nicht immerzu daran erinnert werden. Ich mache jetzt mal

ein ganz blödes Beispiel: Wer einmal eine Dummheit gemacht hat und dafür in den Knast geht, der will das irgendwann nicht mehr hören. Der will nicht, dass ihm jedes Mal wieder gesagt wird: Du hast das und das gemacht, Du hast gesessen.

Abbildung 40: Titanic-*Titel von 1989 (heute* Google-*Spitzentreffer bei der Suche nach „Ossi")*

Quelle: Titanic, *Nr. 11/1989, S. 1.*

Heidi vergleicht ihre Herkunft aus der DDR mit einem Ladendiebstahl in der Schulzeit: eine Sache, die passiert ist und für die man nicht wirklich etwas kann, weil man damals jung war. Die „diskursive Praxis" DDR stört, weil sie Heidi selbst und mit ihr alle anderen immer wieder an dieses Delikt erinnert. Diese Frau hatte dabei im sozialistischen deutschen Staat keine besonders herausgehobene Position. „Ich habe in der Filmfabrik Orwo gearbeitet", stellte sie sich in der ersten Runde vor. „Das sagt bestimmt allen etwas. Im Dreischichtsystem. Und ich habe ein Kind geboren, einen Sohn." Etwas später erzählte sie außerdem von einem Job als „Leiterin der Kreiskommission Jugendtourist" und von der „Absicht, die DDR zu verlassen" (durchkreuzt vom Mauerfall). Heidi hatte sich damals daran gerieben, dass sie „als Reiseleiterin nur in das sozialistische Ausland mitgenommen" worden sei („weil ich eine Postkarte zu Ostern bekommen habe"). „Uns fehlte nur noch die Käseglocke, dann wären wir total abgeschottet gewesen." Als Reiseleiterin hob sich diese Frau allerdings auch ohne Einsatz „im kapitalistischen Ausland" immer noch ab von Bärbel, deren Eltern in einem großen Kombinat Schichtarbeiter waren und nicht einmal Westverwandte hatten, die zu Ostern schreiben konnten. Die Verkäuferin, damals mit einem Arbeiter verheiratet, zog 1981 mit Anfang 20 und einem Kleinkind nach Berlin und war voll ausgelastet durch den Lebenskampf. „Es muss ja welche gegeben haben, die sich dagegen aufgelehnt haben. Ich habe nicht dazu gehört. Ich habe immer brav gemacht, was mir gesagt worden ist. Solchen Leuten haben wir zu verdanken, dass die Grenze aufgegangen ist. Davor ziehe ich den Hut."

Was diese beiden Einzelfälle nahelegen, lässt sich mit Blick auf das gesamte Material durchaus verallgemeinern: Der Diktaturgedächtnis-Diskurs wird vor allem von Menschen abgelehnt, die in der DDR in irgendeiner Form Verantwortung getragen haben (auch jenseits von Posten in der SED) oder aber durch die Wende aus der Lebensbahn gerissen wurden. Die Verkäuferin Bärbel hatte in der Beispiel-Gruppe am wenigsten zu verlieren. Kerstin dagegen war nach dem Aus für ihren alten Betrieb gezwungen, sich völlig neu zu orientieren, und die Architektin Helga hat in der DDR studiert, war im Elternaktiv und hatte eine Wohnung in der Berliner Karl-Marx-Allee. Ihr jetziger Mann dagegen („der erste war ein 150-Prozentiger") war kurz vor dem Mauerbau zu fünf Jahren Haft verurteilt worden („dreieinhalb in Bautzen abgesessen"), weil er einen Beschwerdebrief an Walter Ulbricht unterschrieben hatte. „Wenn das Gespräch im Familienkreis darauf kommt", sei er immer noch „ganz schön aufgeregt". Hier stimmen persönliche Erinnerung („Alpträume") und Mediengedächtnis überein. Heidis Mann wiederum, der in Bayreuth aufgewachsen ist, hat zwar keine Erfahrungen mit der Staatssicherheit gemacht, seine Frau berichtete aber ganz stolz, dass er sie bis heute nicht ganz durchschaut habe. „Irgendwann hat er gesagt, so etwas hat er noch nie kennengelernt. Ich habe ihm nur gesagt, wir Ossi-Weiber sind anders. Wir machen keine Probleme, wir suchen eine Lösung. Ich zaubere aus jedem bisschen das beste Essen. Ich brauche auch keinen Handwerker. Ich habe mich immer gewundert, warum die Wessi-Frauen nur drei Tage arbeiten gehen. Die bringen praktisch das Geld vom Alten unter die Leute. Wir sind selbständiger und wir denken auch voraus. Was mein Mann denkt, spreche ich aus. Ich bin ihm einfach voraus." Dass er jetzt DDR-Berichte „inhaliert", soll ihm vermutlich auch helfen, die Frau zu verstehen, die er im Osten gefunden hat.

Bei aller persönlicher Verweigerung hat kaum ein Teilnehmer gefordert, diese Berichte zu beenden oder gänzlich umzugestalten. Selbst die Gruppe um die MDR-Assistentin Heike, die bis heute die Erziehungsmethoden in der DDR lobt, war sich einig, dass man „das" (die Mauertoten und den Unrechtsstaat, nach denen die Moderatorin gefragt hatte) „ja nicht totschweigen kann":

> *Kerstin* (Grundschullehrerin, Mitte 40): Das gehört doch dazu.
> *Jürgen* (Bauingenieur, Ende 40): Das soll nicht aufhören, im Gegenteil. Wenn es in einem angemessenen Rahmen bleibt, ist es gut. Es ist ja nicht immer Hetze. Das wird ja dokumentarisch gezeigt.
>
> *Heike*: Das ist unsere Geschichte. Das ist wie die Weltkriege. Das gehört ja auch dazu.
> *Ramona* (Finanzbeamtin, Mitte 40) Das wird ja alles erst jetzt aufgedeckt. Als es passiert ist, waren es ja keine Mauertoten. Die sind in „Ausübung ihrer Tätigkeit" gestorben. So hieß das damals.
>
> *Heike*: Wir haben das eigentlich nie so erfahren.
> *Ramona*: Deswegen muss man auch damit weitermachen. In einem gewissen Rahmen natürlich. Man soll sich nicht nur noch damit beschäftigen.

Dass dies im Westen viel entschiedener verlangt wird, muss nach dem bisher Gesagten und hier vor allem mit Blick auf den Kampf um Status und legitime Lebensstile nicht lange begründet werden. „Man darf das nicht verharmlosen", sagte zum Beispiel Irene, Anfang 50, die ein Studium als Bauingenieurin abgeschlossen hat und jetzt als freischaffende Künstlerin arbeitet. „Das gehört zu unserer Geschichte, wie die Nazis. Es ist doch traurig, wenn jemand heute eine Jugendweihe will. Nach 20 Jahren, hier bei uns im Landkreis. Wozu braucht ein junger Mensch das? Ich finde schon, dass man solche Berichte weiter bringen soll." Für einen dicken Schluss-Strich war eigentlich nur die Gruppe in der Altmark, fast alle schon im Ruhestand oder kurz davor. Waltraud, Mitte 80 und bis zur Rente Arbeiterin in einer LPG, war sich sicher, dass die Westdeutschen wegen der „Reklame" für die Stasi nicht in die Gegend kommen würden (Margot, 70: „Die denken, die werden noch belauscht"). „Wenn wir zusammenwachsen wollen, dann muss auch mal irgendwie Schluss sein" – nicht nur mit den negativen Medienberichten, sondern auch mit ungleichen Löhnen und Renten sowie überhaupt mit dem „Ost und West". Lotte, schon Anfang 90 und Tierarzt-Witwe: „Die berufstätige Bevölkerung wird benachteiligt. Warum gehen die jungen Leute alle nach drüben? 20 Jahre nach dem Mauerfall ist das eine Schweinerei, auf Deutsch gesagt."

Auch wenn Petra die Wendefilme im Fernsehen wehtun und Kerstin zum 20. Jahrestag der deutschen Einheit genervt war: Die allermeisten Befragten kennen und mögen die immer gleichen Bilder und Melodien. Selbst junge Leute wie die Tanzlehrerin Zoe, die erst Anfang 20 ist und fast nichts über die DDR weiß, bekommt „voll Gänsehaut", wenn über Günter Schabowskis berühmten Satz geredet wird und über das, was in den nächsten Stunden und Tagen passierte. Zwei Frauen, beide Mitte 40, die in der Bundesrepublik aufgewachsen sind, sprachen von einem „Aufhänger" für Familiengespräche. „Das kommt ja meist, wenn die Kinder noch wach sind. Das sind schöne Bilder, und es ist wichtig, dass man sich darüber unterhält. Eigentlich ganz familiär schon, wie bei den Weihnachtsbildern im Fotoalbum." Auch Klaus, der Vertreter, der aus dem Osten nach Bayern gegangen ist, benutzte die Metapher „Fotoalbum", und eine westdeutsche Erzieherin, Anfang 50, fasste das in eigene Worte, was die psychologische Forschung über den Link zwischen Bildern und Emotionen weiß: „Ich glaube, dass sich diese Bilder eingeprägt haben. Das war damals alles so überraschend, so schön. Zu diesem Moment gehören bestimmte Bilder. Ich will das immer wieder sehen, weil dann auch die Stimmung wiederkommt, die ich damals hatte." Ramona, der Finanzbeamtin, läuft es „heute noch kalt den Rücken runter", wenn Hans-Dietrich Genscher wieder auf dem Balkon der Prager Botschaft steht, und Heike, der MDR-Assistentin, „kommen einfach die Tränen" beim Anblick von Mauerspechten und Massenjubel.

Wenn eine einzelne Produktion das kommunikative DDR-Gedächtnis der Deutschen nachhaltig beeinflusst hat, dann der Film *Das Leben der Anderen*. Der Oscar-Gewinner war nicht nur nahezu allen Teilnehmern bekannt (Ausnahmen: bildungs- und damit spielfilmferne Milieus), sondern auch durchweg anerkannt. „Das sollte eigentlich Schulstoff werden“, sagte Abfahrtsläuferin und DDR-Flüchtling Jeannette, um nur eine Stimme aus dem Chor der Bewunderer zu zitieren. Ein Uhrmacher, etwa 50, der im Oktober 1989 ausgereist ist, lobte, dass die Schilderung „nicht überspitzt“ sei („sehr viele wahre Geschichten“) , und der Student Simon aus Zwickau sowie die MDR-Assistentin Heike hielten den Film gleichlautend für „sehr authentisch“ (Simon: „Der Konflikt dieses Menschen, der die Anderen für den Staat abhört“). Die Lehrerin Beate, die schon als Schülerin im Osten Berlins gefremdelt hatte, fand im Kino das bestätigt, was sie damals nur geahnt hatte. „Dieser Film hat mir das erste Mal so richtig vor Augen geführt, wie schlimm dieses Stasi-System tatsächlich war“.

Während ehemalige DDR-Bürger hier neben den Ost-Stars Ulrich Mühe, Thomas Thieme und Volkmar Kleinert Ausstattung und Atmosphäre der Vergangenheit finden („authentisch“), hat Florian Henckel von Donnersmarck für alle anderen das abstrakte Vokabular des Diktaturgedächtnis-Diskurses mit Leben gefüllt und durch einen Ritterschlag aus Hollywood legitimiert bekommen. Lucas, ein Azubi aus Buchloe, Anfang 20, kannte überhaupt nur diesen einen Film zum Thema. „Das ist ja auch der bekannteste. Der muss auch gut sein. Der hat einen Oscar gewonnen. Ich glaube, es war damals echt schon so, dass man seinem besten Freund nicht trauen konnte.“ Wer allein die Fabel anschaut, mag tatsächlich auf die Idee kommen, der Film habe die Motive Selbstheilung und Versöhnung in den Diskurs eingeführt und so „die historische Aufarbeitung“ der ostdeutschen Vergangenheit aus der Schwarz-Weiß-Rhetorik der 1990er Jahre befreit.[31] Auf Seiten der Kinobesucher und TV-Zuschauer ist davon aber nichts (mehr) zu bemerken. Das Material aus den Gruppendiskussionen verbietet zwar eigentlich solche Kausalaussagen, es scheint aber eher Matthias Platzeck Recht zu geben, der Produktionen wie *Das Leben der Anderen* vorgeworfen hat, die DDR-Diskussion in der Stasi-Ecke festzunageln.[32]

Bei allem Lob für diesen Film waren sich die Befragten einig, wo man sich am besten über die Vergangenheit informieren kann: bei denen, die es selbst erlebt haben. „Durch die neuen Bundesländer reisen“, empfahl selbst

31 | Mary Beth Stein: Stasi with a Human Face? Ambiguity in "Das Leben der Anderen". *German Studies Review* Vol. 31 (2008), S. 567-579, hier S. 577.

32 | „Zwei an der Spitze sind klasse, aber nicht der Trend". Brandenburgs Ministerpräsident Matthias Platzeck über Ostdeutsche in Führungspositionen und seine Erwartungen an Bundespräsident Joachim Gauck. Interview von Nico Fried und Susanne Höll. *Süddeutsche Zeitung* vom 26. März 2012, S. 5.

Irene, die die Jugendweihe nicht mag. Dieser Glaube an den Augenzeugenbericht erklärt auch den Erfolg des in der Öffentlichkeit umstrittenen Stasi-Museums in Berlin-Hohenschönhausen, wo ehemalige Häftlinge den Besuchern die Räume zeigen, in denen sie verhört und eingesperrt wurden. Nur drei Belege aus dem Untersuchungsmaterial:

- „Da war so ein Zeitzeuge. Das hat mich beeindruckt, was der so erzählt hat. Das hat mich echt berührt" (Philipp, Kaufmann in Westdeutschland, 20);
- „Da ist man echt geschockt und redet wieder ganz anders über die DDR" (Nico, Student an der Universität der Bundeswehr, Mitte 20);
- „Man sollte sich das unbedingt anschauen. Wenn man da drin war, dann lacht man den ganzen Tag nicht mehr. So bedrückend, so schlimm. Ich darf gar nicht mehr daran denken. Die Zellen und die Methoden. Das war einfach ein Mensch, der nur nach Westberlin wollte" (Iris, 60, aus dem Allgäu).

Hier schließt sich der Kreis. Zu Beginn dieses Kapitels ist beschrieben worden, warum die Deutschen nur noch ungern über die DDR sprechen. Selbst wenn es stimmen sollte, dass DDR-Bürger die beste Quelle für diesen Teil unserer Geschichte sind, ist das kommunikative Gedächtnis der Deutschen an dieser Stelle blockiert. „Von sich aus fragt die Jugend nicht danach", klagte die Grundschullehrerin Kerstin aus Jena. „Man merkt das auch in der Schule. Die Lehrer trauen sich nur selten an dieses Thema. Wenn es im Lehrplan steht, wird es kurz und bündig abgehandelt. Die Fakten und Schluss."

Die „diskursive Praxis" DDR, die von den Diskursen Individualismus, Zivilcourage und Vergangenheitsbewältigung geprägt wird und sich deshalb auf Diktatur und Revolution konzentriert, hat Folgen, die über Gespräche zwischen Generationen und Landesteilen hinausreichen. Wenn Anlässe und Reize fehlen, über den Alltag zu reden, beginnt das Vergessen – auch bei denen, die es eigentlich wissen müssten. In der Einleitung dieses Buches wurde die Arbeiterin zitiert, Mitte 40, die sich alte *Polizeiruf*-Folgen anschaut, um die Erinnerungen an ihre Jugend nicht zu verlieren. In einer anderen Gruppe diskutierten vier etwa gleichaltrige Ostdeutsche, die inzwischen in Stuttgart leben, eine ganze Weile, ob es „vor der Wende in Chemnitz einen Weihnachtsmarkt gegeben hat" – ohne Ergebnis (Antwort: natürlich ja). Im Osten Deutschlands boomen inzwischen Ausstellungen, die „einfach so" Alltagsgegenstände aus der DDR zeigen (oft sogar ohne jede politische

Einordnung),[33] und die Teilnehmer mit der entsprechenden Sozialisation zählten bei der Museumsfrage genau das auf, was dort zu sehen ist. „Auf Usedom gibt es eine Kneipe, die ist total auf DDR gemacht“, sagte selbst Anneliese, eine frühpensionierte Lehrerin aus München. „Das ist toll.“ Die Gruppendiskussionen wurden folgerichtig dankbar als eine Gelegenheit genutzt, über die Dinge des täglichen Lebens zu sprechen – erst recht, wenn die Moderatoren aus dem Westen kamen.

> *These 11*: Das kommunikative DDR-Gedächtnis hängt nicht nur von den persönlichen Erfahrungen ab, die man vor 1989 gemacht hat, sowie von der objektiven und subjektiven sozialen Situation heute, sondern auch von Kontakten zu Zeitzeugen und ihren Nachkommen.

Um diese These fassbar zu machen, wird im Schlussteil dieses Kapitels eine Erinnerungstypologie präsentiert. Dabei geht es zunächst um die Bilder der Vergangenheit, die sich im Material aus den Gruppendiskussionen finden lassen, und anschließend um die Faktoren, die die Unterschiede zwischen den Befragten erklären können. Das Auswertungsverfahren Typologisierung ist genauso attraktiv wie umstritten. Einerseits kommt damit zwar Ordnung in eine unüberschaubare Vielfalt, weil Einstellungen oder Verhalten schlaglichtartig auf einen Begriff gebracht werden können, andererseits aber gehen zugleich Eigenheiten einzelner Personen verloren und es besteht die Gefahr, zu stark zu vereinfachen, zumal die Kriterien für die Einteilung vom Forscher benannt werden, ohne dass er sicher sein kann, die „richtigen“ Merkmale erfasst zu haben.[34] Was sagt es zum Beispiel über einen Menschen, wenn man ihn in den „Topf“ Choleriker steckt? Ist er dann immer und überall „anders“ als Phlegmatiker oder Melancholiker? Und was macht man mit denen, die irgendwie zwischen diesen Schubladen stecken?

Ein Typus steht für eine Gruppe von Menschen, die bestimmte Persönlichkeitsmerkmale gemeinsam haben. Wie schon deutlich geworden sein

---

33 | Vgl. Wolfgang Benz: Die DDR als Museumsobjekt. *Zeitschrift für Geschichtswissenschaft* 59. Jg. (2011), S. 995-1007; Christian Gaubert: Der DDR-Alltag im Kontext der Diktatur. Eine vergleichende Analyse der Dauerausstellungen des DDR-Museums Berlin und des Deutschen Historischen Museums. Ebd., S. 1008-1024.

34 | Vgl. Michael Meyen, Maria Löblich, Senta Pfaff-Rüdiger, Claudia Riesmeyer: Qualitative Forschung in der Kommunikationswissenschaft. Eine praxisorientierte Einführung. Wiesbaden 2011, S. 181-187.

dürfte, unterscheiden sich die Teilnehmer an den Gruppendiskussionen vor allem in zwei Dimensionen:

- *Persönliche Bedeutung des Themas DDR*: Wie wichtig ist dieser Teil der Vergangenheit für die eigene Identität? Anders gefragt: Welchen Stellenwert hat die DDR in der „Erzählung über sich selbst", in der wir Anthony Giddens zufolge die eigene Kontinuität in Zeit und Raum interpretieren? Das Spektrum reicht dabei von Befragten, für die die DDR überhaupt kein Thema ist, bis zu Menschen, bei denen dies der Dreh- und Angelpunkt ihres Denkens ist.
- *Bewertung der DDR*: Hier helfen erneut die drei Erinnerungslandschaften, die Martin Sabrow beschrieben hat – Diktatur-, Arrangement- und Fortschrittsgedächtnis.[35]

Mit Hilfe dieser beiden Kriterien wurde jeder Befragte in einem ersten Schritt porträtiert: Welchen Stellenwert hat die DDR heute? Hat er (oder sie) vor allem über Diktatur und Revolution gesprochen, über den Alltag, die Zwänge und den Stolz auf das (trotzdem) Erreichte oder über die Argumente und Ideale, mit denen die Kommunisten einst angetreten waren? Ähnliche Menschen wurden dabei anschließend in einem Typus zusammengefasst. Abbildung 41 zeigt die acht Muster, die sich im Material unterscheiden lassen.

Die Namen sind dabei der Versuch, die Gemeinsamkeiten auf einen Begriff zu bringen. Wichtig war dabei, möglichst nicht zu werten. Wenn dies im Einzelfall anders gelesen werden sollte (etwa bei den „Ignoranten"), möge man im Hinterkopf behalten, dass nicht der Mensch an sich gemeint ist, sondern lediglich sein DDR-Gedächtnis (das gerade im Beispielfall für die Persönlichkeit so gut wie keine Rolle spielt). So schön es wäre, die Typenporträts mit Größenangaben aufzupeppen (etwa: Wie viele Ostalgiker gibt es heute in Deutschland?): In Kapitel 3 ist begründet worden, warum das Auswahlverfahren („theoretische Sättigung") genau das verbietet. Die folgende Skizze des (zerklüfteten) kommunikativen DDR-Gedächtnisses hat zwar den Anspruch, die wichtigsten Spielarten zu erfassen und diese auch mit bestimmten Lebenslagen zu verbinden, über Verteilungen können aber nur Repräsentativbefragungen Auskunft geben.

35 | Vgl. Kapitel 3.

Abbildung 41: Typologie des kommunikativen DDR-Gedächtnisses

Die Ankläger

Dieser Typ dürfte bisher zu kurz gekommen sein: Menschen, die in der DDR gelebt haben und heute glauben, dass sie ihr Potenzial in diesem Land aus politischen oder persönlichen Gründen nicht ausschöpfen konnten. Die Geschichte des sozialistischen deutschen Staates ist schon deshalb wichtig (und wird dies auch immer bleiben), weil die Ankläger dort große Teile ihres bewussten Lebens verbracht haben. Da sie heute annehmen, vom „System" zumindest in Teilen um ihr Glück gebracht worden zu sein, haben sie ein sehr negatives Bild, das weitgehend dem DDR-Gedächtnis entspricht, das in den Leitmedien gepflegt wird. Das Ehepaar Helma und Heinrich, Anfang und Mitte 70, beide von früher Jugend an sehbehindert, beklagte zum Beispiel, dass sie in der DDR nur Masseur, Telefonist, Besen- oder Korbmacher hätten werden können. Vor seiner Augenerkrankung hatte Heinrich im landwirtschaftlichen Betrieb seiner Eltern gearbeitet, der dann in einer LPG aufging. „Es war Zwangskollektivierung", sagte Helma. „Dabei haben sich auch etliche Bauern das Leben genommen." Wann immer die beiden anderen Teilnehmer in ihrer Gruppe (die zum Typ Ostalgiker gehören) die DDR in ein positives Licht tauchten („Es war auch schön"; „Es war unsere Zeit"), konterten Helma und Heinrich mit Diktaturvokabular („Tristesse", „überall Mangel", „überall Bevormundung", „einer Idee alles unterordnen – und das mit diktatorischen Mitteln", „Posten für die Willfährigsten", „Parteikauderwelsch", „ich bin gegen diese Feten mit FDJ-Blusen", „die Männer standen alle unter Waffen").

Es gibt eine zweite Gruppe von Menschen, die diesem Typ zugeordnet wurden: DDR-Bürger, die das Land entweder sehr früh verlassen haben (vor 1961) oder (wie zum Beispiel die Abfahrtsläuferin Jeanette) zu dem Flüchtlingsstrom gehörten, der die Mauer letztlich zu Fall brachte. Auch für diese Befragten wird das Thema immer wichtig bleiben, da der Wechsel in die Bundesrepublik und die damit verbundenen Überlegungen und Planungen ein biografischer Bruch sind, der aus der „Erzählung über sich selbst" nicht wegzudenken ist. Die entsprechenden Geschichten sind in den Gruppendiskussionen folgerichtig sehr ausführlich ausgebreitet worden. Für diese Ankläger war der 9. November 1989 ein „Wahnsinnstag" (eine Lehrerin, die 1957 als Elfjährige mit ihren Eltern aus Leipzig floh und ihre „Eindrücke" in Schulaufsätzen „verarbeitet" hat, „denn da war doch vieles dramatisch für mich"). Je länger die Ankläger allerdings in der DDR gelebt haben, desto stärker war ihre Kritik an einer „diskursiven Praxis", die zu einer Abwertung der Ostdeutschen führt (vor allem wenn sie sich noch auf dem Arbeitsmarkt behaupten müssen). In aller Regel sind die Ankläger 1965 oder früher in der DDR geboren worden oder als junge Menschen in die Regionen gekommen, die dann zu diesem Staat gehörten. Sie leben heute sowohl im Osten Deutschlands als auch im Westen.

Die Ostalgiker

Obwohl auch dieser Typ einen biografischen DDR-Hintergrund hat, sind die Ostalgiker fast das Gegenstück zu den Anklägern: Sie zeichnen heute ein positives DDR-Bild, finden das Thema aber nicht ganz so wichtig, weil sie generell eher auf den Alltag fixiert sind als auf die „große Politik". Zu diesem Typ gehören zum Beispiel das Akademikerquartett aus Dresden oder die Runde in Jena, die mit Sekt auf „die schöne Zeit" anstieß, die man „erleben durfte". Die meisten Ostalgiker sind zwischen 1960 und 1980 in normalen DDR-Familien geboren worden (also weder in Kirchen- und Dissidentenmilieus noch als Kinder der Funktionseliten). Da sie gerade am Beginn ihrer Berufslaufbahn standen (oder noch nicht einmal das), als die Mauer fiel, bekamen sie die Chance auf einen Neustart und haben weder die Grenzen gespürt, an die jeder DDR-Bürger früher oder später unweigerlich gestoßen sein dürfte, noch den sozialen Absturz, den die Generation ihrer Eltern nach 1990 erlebte. „Wir sind in der DDR groß geworden", sagte Ingenieur Hans-Jürgen, 50, in der Dresdner Gruppe. „Wir haben eigentlich erst im Nachhinein schätzen gelernt, dass es da eine gewisse Fürsorge gab. Ich glaube, diese Erfahrung hat jeder hier im Raum gemacht." Der gleichaltrige Forstrevierleiter Heinrich hat sogar den Fall der Mauer als „etwas völlig Surreales" erlebt. „Ich habe das im Fernsehen nebenbei verfolgt. Ich war gerade dabei, meine Diplomverteidigung vorzubereiten. Für die Mauer hatte ich da einfach keinen Nerv." Die Ostalgiker schätzen zwar ihren heutigen Lebensstandard, zugleich aber gehört zu ihrem Habitus die Erfahrung, als Ostdeutsche wahrgenommen zu werden. Dies erklärt, warum sie sich ihrer Herkunft bewusst sind und darauf einen gewissen Stolz entwickelt haben. Dies gilt ebenfalls für die Ostalgiker, die heute im Westen Deutschlands arbeiten.

Wie bei den Anklägern gibt es auch hier eine zweite Gruppe: ältere DDR-Bürger aus einfachen Verhältnissen, die inzwischen Rentner sind, ihre Lebensleistung verteidigen und außerdem Schwierigkeiten haben, mit den früher erlernten Regeln in der sehr viel komplexeren Gegenwartsgesellschaft klarzukommen. Anita zum Beispiel, Anfang 70, die sich in einer Genossenschaft „bis zur Hauptbuchhalterin hochgearbeitet" hatte, schwört immer noch auf das Rechtssystem der DDR. „Wenn Du irgendein Problem hattest, dann bist Du zum Parteisekretär gegangen. Der hat Dir garantiert helfen können. Oder wenn Du eine Eingabe geschrieben hast. Ich war nie Genosse, aber Du hast irgendwo Beistand gekriegt. Das kriegst Du heute so nicht."

Die Grübler

Wie die Position in Abbildung 41 schon andeutet, ist die DDR bei diesem Typ Kernstück der eigenen Identität – wichtiger als für die Ostalgiker und wichtiger auch als für die Ankläger, die im Durchschnitt etwa im selben Alter sind. Im Unterschied zu diesem Typ suchen die Grübler noch nach einem endgültigen Urteil über die Vergangenheit. In den Worten von Giddens: Das reflexive Projekt über das Selbst ist an diesem Punkt noch nicht abgeschlossen. Das DDR-Bild der Grübler lässt sich vielleicht am besten auf den Begriff „ambivalent" bringen. Dieser Typ kennt das Diktaturgedächtnis und baut die entsprechenden Inhalte zumindest teilweise in seine Erinnerungen ein, ist aber nicht bereit, im gleichen Atemzug alle Elemente zu löschen, die Sabrow Arrangement- und Fortschrittsgedächtnis zugeordnet hat. Zu den Grüblern gehören erstens Menschen, die in der DDR Verantwortung getragen haben, nach der Wiedervereinigung einen Statusverlust erlitten und schon deshalb gezwungen waren, die „Erzählung über sich selbst" zu überarbeiten – zum Beispiel die Jugendtourist-Reiseleiterin Heidi oder der Verwaltungschef Klaus. Dazu kommen zweitens (einige wenige) Befragte, die in der DDR ausgebremst wurden, das Land 1989 verließen und heute trotzdem nicht bereit sind, den Stab über der sozialistischen Idee zu brechen – möglicherweise auch, weil sie im Westen eine Position erreicht haben, die ihnen diese Art von Toleranz gestattet.

Die Nachdenklichen

Ein Blick auf Abbildung 41 zeigt den wichtigsten Unterschied zwischen diesem Typ und den Grüblern: Die DDR wird zwar ähnlich bewertet, die Thema ist hier aber viel unbedeutender. Zu den Nachdenklichen gehören einerseits Ostdeutsche, die vor dem Mauerfall aus der DDR ausgereist sind, und andererseits (der interessantere Fall) Westdeutsche, die den Prozess der Vereinigung genauso kritisieren wie das Auftreten ihrer Landsleute im Osten („Kolonialherren") und über gesellschaftliche Alternativen nachdenken. „Es wurde ganz viel übers Knie gebrochen", sagte eine Erzieherin, Anfang 50. „Diese Idee vom runden Tisch mit diesen vielen kreativen Köpfen, das ist plötzlich verpufft. Es ging nur noch um Wirtschaftlichkeit und Stasi-Akten. Dieses gemeinsame Kennenlernen, das hat nicht stattgefunden". Die Nachdenklichen, die in der alten Bundesrepublik aufwuchsen, sind um 1960 oder früher geboren, haben die DDR in aller Regel vor 1989 besucht und arbeiten oft in sozialen Berufen – im Bildungssystem, in der Wohlfahrt, in der Kirche oder als Sozialarbeiter. Vielleicht ist kein Zufall, dass sich gerade in diesen Milieus die Bereitschaft in Grenzen hält, die gegenwärtige Ordnung als das Ende der Geschichte zu akzeptieren.

Die Idealisten

Wenn die Nachdenklichen Kinder haben, könnten sie zu diesem Typ gehören. Die (wenigen) Idealisten, die es in der Stichprobe gibt, sind jünger als die Typen, die bisher beschrieben wurden. Fast schon eine Ausnahme ist hier der gutbezahlte Journalist Thomas, etwa 40, der sich als junger Mann für die DDR-Literatur begeistert hat. Bis heute schätzt er die Werke von Heiner Müller („eine ganz große Nummer, der als einziger definitiv keine Verquickung mit der Stasi hatte") oder Christa Wolf („das war ein Schock, dass sie keine blütenweiße Weste hatte") und lobt neben dem „Stellenwert der Literatur in der DDR" („unglaublich") das Schulsystem oder die „Emanzipation der Frau": „Das habe ich selbst erlebt. Ich hatte sogar mal eine Freundin frisch aus Ostdeutschland, kurz nach dem Mauerfall. Die hatte ein ganz anderes Selbstbewusstsein und hat ganz selbstlos eine offensive Sexualität vertreten." Obwohl das Thema DDR für die Idealisten schon aus biografischen Gründen längst nicht so wichtig ist wie für Ankläger oder Grübler, verteidigen sie das kommunistische Ideal und kritisieren, dass viele Reformdiskussionen einfach mit einem Hinweis auf die „Führungscliquen" in der DDR abgewürgt werden. Die Ostdeutschen, die diesem Typ zugeordnet wurden, sind deutlich jünger als Thomas und durch ihre Eltern (wahrscheinlich: Grübler oder Ankläger) zu diesem Thema gekommen. Der Student Simon aus Zwickau zum Beispiel, Anfang 20, hat als Kind jede Menge Stasi-Geschichten gehört. „Die hatten beide eine Akte. Mein Vater hat den Kriegsdienst verweigert, war bei den Bausoldaten und hat dann noch für die Kirche gearbeitet. Man will dann natürlich wissen, was seine Eltern gemacht haben." Obwohl er das Diktaturgedächtnis deshalb sehr gut kennt, hat er in der Gruppendiskussion mehr über Elemente des Fortschrittsgedächtnisses gesprochen.

Die Träumer

Dieser Typ ist nahezu in jeder Hinsicht nicht weit weg von den Idealisten: Alter (Mitte 40 und jünger), DDR-Bewertung (eher Fortschritt als Diktatur) und Herkunft (sowohl Ost als auch West) stimmen überein, das Thema ist hier aber weniger wichtig. Die Träumer, die im Osten geboren wurden, sind mit hoher Wahrscheinlichkeit Kinder von Ostalgikern. Sie werden zwar noch hin und wieder an ihre Herkunft erinnert, interessieren sich aber nicht besonders dafür. „Die Ideen sind wichtig", sagte zum Beispiel Lars, Ende 20, im Osten Berlins zur Schule gegangen und jetzt Projektmanager in Bayern. „Wie ist das überhaupt entstanden? Warum hat man den Weg in Richtung Sozialismus eingeschlagen?“ Sein Großvater war in der DDR Botschafter und seine Eltern in einer „abgesicherten Position“. Wie andere Träumer kennt er die Erzählungen über das „ruhige Leben“ in der DDR und kokettiert mit der sozialistischen Idee, Besitz von oben nach unten umzuverteilen. Zu diesem Typ gehört auch der Techniker Marcus, 30, der sich am Schluss der Diskussion dafür entschuldigte, „ein bisschen Pro-DDR“ gewesen zu sein. Die Träumer aus dem Westen haben einen anderen Hintergrund: Sie sind etwas älter als Lars und Marcus und hatten vor 1989 so gut wie keinen DDR-Kontakt. Danach kamen ein Job im Osten sowie eine generelle Unzufriedenheit mit den gesellschaftlichen Verhältnissen, die offenbar andere Talente belohnen als man selbst vorzuweisen hat. Der Künstler Georg, für den die DDR ein Land wie Nordkorea war, lebt heute von Theatern im Osten. Daher kennt er nicht nur das kommunikative Gedächtnis von Anklägern, Grüblern oder Ostalgikern, sondern ist zugleich immer noch unzufrieden mit seiner Position. In der Diskussion sprach er zum Beispiel vom „faschistoiden Bayern“ und kritisierte den „stillen Konsens“, viele Themen der „Rechtsradikalen“ totzuschweigen.

Die Ignoranten

Dieser Typ stimmt sowohl mit dem Diktaturgedächtnis überein, das Martin Sabrow idealtypisch beschrieben hat, als auch mit dem DDR-Bild, dass seit 1990 in den Leitmedien transportiert wird. Hier wurden ohne Ausnahme Westdeutsche zugeordnet, die wenig oder gar keinen Kontakt zur DDR und zu Ostdeutschen haben, sich für Land und Leute bis heute nicht interessieren und die ökonomischen Schwierigkeiten der Gegenwart genau wie den Konkurrenzkampf auf dem Arbeitsmarkt als Folge der Wiedervereinigung interpretieren. Während die älteren Ignoranten sehr schnell auf den Solidaritätszuschlag, den Aufbau Ost und die Probleme zu sprechen kamen, die sie bei Menschen „von drüben“ sehen, haben die jüngeren vor Ostalgie gewarnt, Parallelen zur Aufarbeitung des Dritten Reichs gesehen und die Zeit der deutschen Teilung als graue Episode aus einer fernen Vergangenheit abgetan. Christoph, Mitte 20, der in München Biochemie studiert, hat wegen dieser Einstellung sogar eine Beziehung abgebrochen. „Ich hatte da echt krasse Konflikte mit meiner Ex-Freundin. Sie war etwas älter und in der DDR geboren. Wir hatten viele Streitgespräche. Ich habe gesagt, die DDR war ein absolut unakzeptabler Unrechtsstaat. Das hat sie nicht mitgemacht. Sie wollte die DDR einfach nicht als falsche Idee akzeptieren." Das in diesem Typ mehrere Generationen von Westdeutschen zusammengefasst werden konnten, ist kein Zufall: Kinder von Ignoranten hören daheim die gleiche DDR-Konstruktion wie in den Medien und wahrscheinlich auch in der Schule und erben die entsprechenden Vorstellungen folglich – es sei denn, sie haben intensiveren Kontakt mit Ostdeutschen und sind dabei (anders als der Student Christoph) bereit, sich auf deren Erzählungen einzulassen.

Die Distanzierten

Wie die Ignoranten ist auch dieser Typ im Westen des Landes aufgewachsen und hat ein eher negatives DDR-Bild, das Thema ist hier aber etwas wichtiger, weil es einen biografischen Link gibt. Die Distanzierten sind älter als die Ignoranten und haben deshalb erstens häufig noch persönliche Erinnerungen an die Zeit vor der deutschen Teilung und zweitens keine Angst vor Konkurrenz aus dem Osten. Margret und Günter, ein Ehepaar, das in einem bayerischen Dorf lebt, beide Anfang 80, erzählten, dass sie „jedes Jahr in der Adventszeit einmal nach Berlin" gefahren seien – trotz „all der schrecklichen Überprüfungen, die sehr unangenehm waren". „Das war einfach wegen unserer alten Hauptstadt". Den 1989er Herbst haben beide folgerichtig „sehr intensiv erlebt". Ein anderes Ehepaar, fast gleichaltrig, schwärmte von den „Freunden", die man „drüben neu gewonnen" habe. Durch regelmäßige Wanderungen mit diesen „ganz normalen lustigen Leuten" haben sich beide den ostdeutschen Varianten des DDR-Gedächtnisses etwas angenähert.

Einflussfaktoren

Wie in These 11 bereits angedeutet, werden die Bewertung der DDR und der Stellenwert, den dieses Thema für die Identität hat, von fünf Faktoren beeinflusst:

- von den persönlichen Erfahrungen, die man vor 1989 gemacht hat,
- vom Alter,
- von der Herkunft (Ost oder West),

- von der objektiven und subjektiven sozialen Situation heute und
- von Kontakten zu Zeitzeugen und ihren Nachkommen.

Die Punkte eins bis drei gehören dabei offenkundig zusammen. Welche Erfahrungen man machen konnte, wird sowohl vom Geburtsjahrgang beeinflusst als auch vom Milieu, in dem man aufgewachsen ist. Wer keine Verwandten in der DDR hatte (wie viele der Ignoranten), kam kaum in die Verlegenheit, sich für den ostdeutschen Staat und seine Menschen zu interessieren, und wenn Vater und Mutter Kommunisten waren, dürfte man die Probleme, die die Ankläger bis heute umtreiben, nur vom Hörensagen kennen.

Die Typologie belegt, dass das Thema für diejenigen, die in der DDR geboren wurden, nach wie vor sehr wichtig ist – im Unterschied auch zu den älteren Westdeutschen. Abbildung 41 von oben nach unten gelesen: Erst auf der Ebene der Nachdenklichen und der Idealisten kommt es zu einer „Vermischung". Ankläger, Grübler und Ostalgiker sind genauso „rein" wie Distanzierte und Ignorante. Ob sich die Waage bei den einstigen DDR-Bürgern im Rückblick eher in Richtung Diktaturgedächtnis (Ankläger), Arrangementgedächtnis (Nachdenkliche, Grübler) oder Fortschrittsgedächtnis (Ostalgiker) neigt, hängt neben der Position, die man früher hatte, auch von der Bewertung der Gegenwart ab. Dies gilt auch für die Westdeutschen, die 1989 erwachsen waren: Wer aus dem Arbeitskampf ausgestiegen ist, über gesellschaftliche Alternativen nachdenkt und viel mit Ostdeutschen zu tun hat, gehört eher zu den Distanzierten oder den Nachdenklichen als zu den Ignoranten.

Dass jüngere Ostdeutsche das Thema DDR längst nicht mehr so wichtig finden wie ihre Eltern und Großeltern, dürfte nicht überraschen. Anders gewendet: In gar nicht allzu ferner Zeit wird das Thema in den Erzählungen der Deutschen über sich selbst nur noch eine Randnotiz sein. Wie der Vergleich der (jungen) Ignoranten mit Idealisten oder Träumern zeigt, werden dabei allerdings die unterschiedlichen Perspektiven nicht verschwinden. Ganz im Gegenteil ist eher von einer Radikalisierung in Richtung Diktatur und Fortschritt auszugehen. Zu dieser Prognose passt der Befund, dass die Erinnerungen an die Vergangenheit genau wie von Maurice Halbwachs oder Aleida und Jan Assmann beschrieben tatsächlich an die nächsten Generationen vererbt werden. Während die Kinder von Ignoranten ebenfalls Ignorante werden, wenn sie ihr Herkunftsmilieu nicht verlassen, erziehen Ostalgiker, Grübler und Nachdenkliche Träumer und Idealisten.

6. Fazit: Kollektives Erinnern – an die DDR und überhaupt

Dieses Kapitel beginnt mit einem Stilbruch. Selbst drei oder vier Zitate aus den Gruppendiskussionen würden nicht genügen, alle Facetten dieser Studie einzufangen. Dies gilt auch für das Fazit insgesamt. Jeder Versuch, den Platz der DDR im kollektiven Gedächtnis der Deutschen auf wenigen Zeilen zu beschreiben, müsste scheitern. Drei wichtige Befunde wurden schon in der Einleitung genannt: Obwohl der sozialistische deutsche Staat in jeder Zeitung und in jeder Zeitschrift etwas anders dargestellt wird (Ergebnis eins), hat die Tendenz, die dort seit 1990 zu finden ist, wenig mit dem zu tun, was sich die Zeitzeugen heute über die Vergangenheit erzählen – vor allem, wenn sie damals im Osten Deutschlands gelebt haben (Ergebnis zwei). Das Diktaturgedächtnis, das die Medien pflegen, wird nur von Menschen übernommen, die keine persönlichen Beziehungen zu diesem Thema haben – entweder keine eigenen Erinnerungen, weil sie zu jung sind oder auch früher nie über ihre Heimatregion hinaus gedacht haben, oder keinen Zugang zu den Erzählungen von DDR-Bürgern (Ergebnis drei).

Also alles in Butter? Warum sich mit Medienbotschaften beschäftigen, die auf den ersten Blick nur einen kleinen Teil der Bevölkerung beeinflussen? Der zweite Blick zeigt, dass die Wirkungen der DDR-Berichterstattung viel weiter gehen. Auch wenn sie die entsprechenden Artikel, Filme oder Sendungen zum Teil bewusst vermeiden, hatten alle Teilnehmer an den Gruppendiskussionen eine klare Vorstellung, was ihnen dort geboten wird. Dieses Wissen wiederum wird auf „die Anderen“ übertragen. Die Folgen lassen sich mit Hilfe der Theorie der Schweigespirale[1] beschreiben, die die

1 | Vgl. Elisabeth Noelle-Neumann: Öffentliche Meinung – unsere soziale Haut. Die Entdeckung der Schweigespirale. Berlin 2001.

Massenmedien als wichtige Quelle der Umweltbeobachtung sieht: Wie denkt die Mehrheit und wie muss man sich folglich verhalten, um sich nicht zu isolieren? Dass Menschen sich selbst dabei tatsächlich für eine Ausnahme halten, hat die Forschung zum Third-Person-Effekt nachgewiesen: Wir gehen davon aus, dass Fernsehen, Presse und Hörfunk zwar alle um uns herum beeinflussen, unsere eigenen Vorstellungen davon aber kaum tangiert werden.[2] Anders ausgedrückt: Selbst wenn ich die DDR als Sozialparadies auf dem Weg zum kommunistischen Utopia in Erinnerung haben sollte, nehme ich an, dass meine Mitmenschen das ganz anders sehen – nämlich so, wie sie es in den Medien erzählt bekommen.

Wohin dieser Mechanismus führt, ist in diesem Buch ausgeleuchtet worden. Das kommunikative Gedächtnis der Deutschen ist gestört, weil sie sich über diesen Teil ihrer Vergangenheit nicht unterhalten können. Die einen haben genug gehört von „Dunkel-Deutschland" und fürchten in einigen Fällen sogar, dass die Jahre von 1945 bis 1989 ähnliche Folgen für den Ruf des Landes in der Welt haben wie Drittes Reich und Weltkriege, und die anderen wollen öffentlich (das heißt: vor Fremden) schon deshalb nicht über diese Zeit reden, weil eine Herkunft aus dem Osten mit einem Statusverlust verbunden ist, wenn man nicht gerade zu den Protagonisten des 89er Herbstes gehört. Die eigenen Erinnerungen bleiben in der Familie oder am Stammtisch und werden entweder von entsprechenden Medienangeboten aufgefrischt (etwa in Burdas *SuperIllu* und in den TV-Programmen von MDR und RBB) oder aber in Museen des DDR-Alltags. Dass dort Dinge zu besichtigen sind, die vermutlich nirgendwo sonst auf der Welt ausgestellt werden (und das auch noch in einer ganz und gar unüblichen Form),[3] ist nicht nur mit den Besonderheiten des Bruchs von 1989 zu erklären (Übernahme der Konsum- und Lebensstandards einer anderen Gesellschaft), sondern auch mit einem kulturellen Gedächtnis, das „das normale Leben" entweder ausblendet oder in einen negativen Kontext stellt. Deutschland, einig Vaterland: Da zur kollektiven Identität ganz offenkundig auch die Verständigung über das gehört, was gewesen ist („Woher kommen wir? Wohin gehen wir? Wer und was sind

---

2 | Vgl. W. Phillips Davison. The third-person effect in communication. *Public Opinion Quarterly* Vol. 47 (1983), S. 1-15; Inga Huck, Hans-Bernd Brosius: Der Third-Person-Effekt – über den vermuteten Einfluss der Massenmedien. *Publizistik* 52. Jg. (2007), S. 355-374.

3 | Vgl. Wolfgang Benz: Die DDR als Museumsobjekt. *Zeitschrift für Geschichtswissenschaft* 59. Jg. (2011), S. 995-1007.

wir?"[4]), bleibt diese Losung aus der ersten Strophe der DDR-Nationalhymne von Johannes R. Becher auch knapp ein Vierteljahrhundert nach der Wiedervereinigung ein frommer Wunsch.

Dass wir am liebsten nicht mehr über die DDR sprechen wollen, wäre nicht ganz so wichtig, wenn davon nur das kommunikative Gedächtnis betroffen wäre. Auch im Osten Deutschlands ist das Thema für die nachwachsenden Generationen schon längst nicht mehr so wichtig wie für Eltern oder Großeltern. Wenn ihre Altersgefährten im Westen das Diktaturgedächtnis übernehmen und dabei sogar noch verschärfen, weil sie keine Alternativen zu hören bekommen, mag man das je nach persönlichem Standpunkt bedauern oder begrüßen, das Internet-Zeitalter produziert aber ohnehin Persönlichkeiten, die eher auf Gegenwart und weite Welt fixiert sind als auf Vergangenheit und Heimatland.[5] Wichtiger scheint, dass konkrete Inhalte verloren gehen, auf die sich kollektive Identität beziehen könnte. Die Ideen, die Martin Sabrow auf die Formeln „Arrangement" und „Fortschritt" verdichtet hat,[6] sind zwar im kommunikativen Gedächtnis präsent, dort aber erstens an die Lebenden gebunden und zweitens nicht mit der Macht ausgestattet, die von öffentlicher Kommunikation in den Medien des kulturellen Gedächtnisses ausgeht.

Unmittelbar einleuchtend ist diese These vom Verlust bestimmter Identitätsanker beim Sport. Wer gesehen hat, wie die Briten bei den Olympischen Spielen 2012 ihre Helden gefeiert und dabei sich selbst gefunden haben, dürfte verstehen, dass Goldmedaillen nicht nur obskuren Regimes helfen können. Als „Stachel in unserem Fleisch" und als „Korrektiv für uns" hat ein westdeutscher Pastoralreferent in einer der Gruppendiskussionen den Sozialismus bezeichnet. „Seit es die DDR nicht mehr gibt, geht bei uns ein ungebremster Turbokapitalismus durch. Früher hatten wir noch ein soziales Gewissen." Kinderbetreuung, Ganztagsschulen, ein Gesundheitswesen, das (bei allen Schwächen) nicht auf Profit ausgerichtet ist, Zugang zu höherer Bildung ohne Mittelschichtherkunft oder Gebühren, Kultur für alle, Recht auf Arbeit und bezahlbaren Wohnraum, eine Welt ohne Kriege und Klüfte zwischen Arm und Reich: Was immer man aus dieser (natürlich unvollstän-

---

4 | Werner Weidenfeld: Was ist nationale Identität? In: Gerd Langguth (Hrsg.): Die Intellektuellen und die nationale Frage. Frankfurt/Main 1997, S. 45-62, hier S. 47.

5 | Vgl. exemplarisch Manuel Castells: Die Internet-Galaxie. Wiesbaden 2005.

6 | Martin Sabrow: Die DDR erinnern. In: Martin Sabrow (Hrsg.): Erinnerungsorte der DDR. München 2009, S. 11-27.

digen) Liste der kommunistischen Ideale herauspicken möchte (die selbstredend nicht mit der Wirklichkeit der DDR verwechselt werden darf), steht unter Instrumentalisierungsverdacht. Wenn die Teilnehmer auf einen dieser Punkte zu sprechen kamen, haben sie nie versäumt, sich von den Interessen der herrschenden Kommunisten zu distanzieren. Kinder von klein auf in der Gruppe zu erziehen und von früh bis spät körperlich und geistig zu versorgen (um nur ein Beispiel herauszugreifen), könne die Familien zwar bestimmt entlasten, man wisse aber, worum es dabei „eigentlich" gegangen sei – nämlich um ideologische Indoktrination. Dass dieser Link für Gegner des Betreuungsgeldes und Vorkämpfer eines flächendeckenden Angebots an Kitas und Ganztagsschulen nicht gerade hilfreich ist, liegt auf der Hand.

Den Medien als wichtigsten Trägern des kulturellen Gedächtnisses die „Schuld" für die Störung des kommunikativen Gedächtnisses und die Ausgrenzung von bestimmten Bezugspunkten für die kollektive Identität der Deutschen in die Schuhe zu schieben, wäre allerdings zu billig. Folgt man den Medien- und Diskurstheorien von Noam Chomsky und Michel Foucault, dann gibt es in diesem Spiel keinen Schwarzen Peter. Die Diskurse Individualismus, Zivilcourage und Vergangenheitsbewältigung prägen nicht nur die Konstruktion der DDR in der Öffentlichkeit, sondern auch andere Gegenstände – man denke nur an den Fetisch wirtschaftlicher Erfolg (gewissermaßen die Krone des Individualismus), an organisierte kollektive Interessen (Stichwort Gewerkschaften) oder, etwas allgemeiner, an die Idee einer klassenlosen Gesellschaft sowie Utopien überhaupt. Foucault hat beschrieben, wie Diskurse den „Spielraum des Sagbaren" formen und einschränken.[7] Dass dies auch für ganz kleine Öffentlichkeiten gilt, konnte man in den Gruppendiskussionen gut beobachten. Obwohl dieser „Ort" längst nicht so prominent ist wie ein Leitartikel in der FAZ und jeder gleichberechtigt zu Wort kam, obwohl also (in der Sprache des Diskurstheoretikers Foucault) die „Äußerungsmodalitäten" hier ganz andere waren als auf der Bühne Massenmedien, glichen sich die Begriffe und die Strategien. Selbst DDR-Funktionsträger haben ihr damaliges Handeln so dargestellt, dass es durch die Brillen Individualismus und Zivilcourage akzeptabel wird. Warum sollte man da von Journalisten verlangen, dass sie sich diesen Diskursen entziehen – erst recht,

7 | Reiner Keller: Wissenschaftssoziologische Diskursanalyse. Grundlegung eines Forschungsprogramms. 3. Auflage. Wiesbaden 2008, S. 128. – Vgl. Michel Foucault: Archäologie des Wissens. Frankfurt/Main 1981.

wenn sie ihr Bild vom Menschen und der Welt in der alten Bundesrepublik geformt haben?

Das Propaganda-Modell von Noam Chomsky kann man zwar mühelos in die Nähe von Verschwörungstheorien rücken, genauso leicht lassen sich aber mit Hilfe der vorliegenden Studie die „Filter" erkennen, die Nachrichten und Bewertungen passieren müssen, bevor sie in die Medien kommen.[8] US-Beobachter Chomsky konzentriert sich dabei auf die kommerziellen Interessen, die sich aus der privatwirtschaftlichen Organisation von Medienunternehmen ergeben. Mit etwas gutem Willen könnte man das für den deutschen Fall übernehmen, da jede Form von Kollektivismus und Staatskontrolle Verlage genauso treffen würde wie alle Rundfunkveranstalter jenseits des öffentlich-rechtlichen Reservats. Dabei bliebe aber immer noch unklar, warum und vor allem wie der einzelne Journalist diese Doktrin verinnerlicht haben sollte. Auf den anderen Stufen von Chomskys Modell ist genau dies weit besser nachvollziehbar – auch beim Filter „Antikommunismus", der zur Gründungsideologie der alten Bundesrepublik gehörte.[9] Die allermeisten Wächter an den Schleusen zur gesamtdeutschen Öffentlichkeit sind an den Universitäten und Journalistenschulen der alten Bundesrepublik ausgebildet worden und anschließend in ein professionelles Milieu eingetaucht, in dem bis heute der eigene Beitrag zu deutschen Einheit verklärt wird.[10] Wem dieses Argument nicht genügt, der blättere zur Typologie des kommunikativen DDR-Gedächtnisses im fünften Kapitel zurück. Dort wird belegt, dass das Thema für Westdeutsche deutlich unwichtiger ist als für Ostdeutsche und dass sie sich im Zweifel eher im Modus des Diktaturgedächtnisses erinnern.

Die Zeugen, die in der Berichterstattung zu Wort kommen (ein weiterer von Chomskys Filtern), werden entweder vom Staat bezahlt und haben einen ganz bestimmten erinnerungspolitischen Auftrag oder erhalten wenigstens Auszeichnungen, die Zuwendungen aus öffentlichen Kassen oder von Konzernsponsoren bringen (wie etwa Wolf Biermann und Bärbel Bohley). Eine

8 | Vgl. Noam Chomsky: Media Control. Wie Medien uns manipulieren. Hamburg 2003; Edward S. Herman, Noam Chomsky: Manufactoring Consent. The Political Economy of the Mass Media. With a new introduction by the authors. New York 2002.

9 | Vgl. schon sehr früh Ernst Richert: Das zweite Deutschland. Ein Staat, der nicht sein darf. Gütersloh 1964.

10 | Vgl. exemplarisch Fritz Pleitgen: Impressionen zur deutsch-deutschen Fernsehgeschichte. In: Deutsches Rundfunkarchiv (Hrsg.): In geteilter Sicht. Dokumentation eines Symposiums. Potsdam 2004, S. 17-24.

Aufzählung ohne Vollständigkeitsanspruch und Rangfolge: die Bundesbeauftragten für die Unterlagen des Staatssicherheitsdienstes (eine Behörde, die der Historiker Wolfgang Wippermann als „Wahrheitsministerium" bezeichnet hat[11]), Abgeordnete, die aus der DDR-Bürgerbewegung kommen, Repräsentanten oder Auftragnehmer der Bundesstiftung zur Aufarbeitung der SED-Diktatur, Wissenschaftler aus dem Hannah-Arendt-Institut für Totalitarismusforschung an der Technischen Universität Dresden oder vom Forschungsverbund SED-Staat der Freien Universität Berlin, der Leiter der Gedenkstätte Berlin-Hohenschönhausen. Die Fairness gebietet es, hier darauf hinzuweisen, dass der Autor dieses Buchs seit 2002 Beamter in Bayern ist. Der Staat schafft außerdem Anlässe, die Journalisten kaum ignorieren können und bei denen offizielle Vertreter die Interpretation vorgeben: Gedenk- und Jubelfeiern zu den verschiedenen Jahrestagen der jüngeren deutsch-deutschen Geschichte (17. Juni, 13. August, 3. Oktober, 9. November) sowie Ausstellungs- oder Museumseröffnungen, die vor allem dann in die Medien kommen, wenn sie mit politischer Prominenz geschmückt werden. Dass auch Chomskys Filter „Flak" in Deutschland funktioniert (staatlich finanzierte Kritik, wenn doch einmal etwas nicht ins Konzept passen sollte), zeigen zum Beispiel die Reaktionen auf die alternativen Deutungen des Mauerbaus von Gesine Lötzsch, Heinz Kessler und Fritz Streletz oder in der *jungen welt*.

Auf eine denkbare Interpretation ist bereits in der Einleitung dieses Buchs hingewiesen worden: Ein negatives DDR-Bild entwertet ostdeutsche Biografien und zementiert so nicht nur die Herrschaft westdeutscher Eliten, sondern auch gesellschaftliche Strukturen, die nach 1945 auf den Fundamenten Individualismus, Zivilcourage und Vergangenheitsbewältigung errichtet wurden. Die Gruppendiskussionen haben gezeigt, dass allein das Thema DDR in bestimmten Milieus genügt, um das Nachdenken über Alternativen anzuregen – wenn es denn offen angegangen und nicht in das Korsett der genannten Diskurse gepresst wird. Mit ähnlicher Plausibilität lässt sich behaupten, dass genau das die Funktion des kulturellen Gedächtnisses ist: hochkomplexen Gesellschaften ein Identitätsangebot zu liefern, indem bestimmte Varianten definitiv ausgeschlossen werden. Die Warnung mit dem Radikalismus von Links oder Rechts wirkt in Deutschland auch deshalb,

11 | Wolfgang Wippermann: Dämonisierung durch Vergleich: DDR und Drittes Reich. Berlin 2009, S. 95.

weil man sich zumindest in der massenmedial vermittelten Öffentlichkeit einig ist, wie Drittes Reich und DDR zu bewerten sind.

Jenseits des konkreten Beispiels bietet die vorliegende Studie einen Einblick in die Prozesse kollektiven Erinnerns. Aleida und Jan Assmann mussten nach ihren Studien zum alten Ägypten annehmen, dass die gemeinsame Vergangenheit zunächst im kommunikativen Gedächtnis aufbewahrt wird, dann in das kulturelle Gedächtnis übergeht und so die Zeitzeugen überdauert.[12] Das empirische Material, auf das sich diese Untersuchung stützt, ergibt ein ganz anderes Bild – und das nicht nur, weil hier nach einem viel kürzeren Zeitraum sowie nach dem Einfluss der Massenmedien gefragt wurde und nur am Rande nach dem Zusammenhang zwischen dem kollektiven Gedächtnis und den Eigenschaften eines „Mediums" (mündliche Erzählung vs. Schrift oder Film). Kommunikatives und kulturelles Gedächtnis existieren erstens (das ist keine Überraschung) nebeneinander. Viele der Beteiligten leben noch, wenn Erinnerungen an ihre Gegenwart bereits für die Nachgeborenen fixiert werden. Kommunikatives und kulturelles Gedächtnis klaffen zweitens in gar nicht so wenigen Fällen erheblich auseinander – im Extrem sogar soweit, dass Menschen „Erzählungen über sich selbst" entwickeln, in denen die Vergangenheit vollkommen anders dargestellt wird als in Presse, Fernsehen und Film sowie in Gedenkstätten oder Schulbüchern.

Die Studie zeigt drittens, wie das kulturelle das kommunikative Gedächtnis beeinflusst – vermutlich sogar stärker als umgekehrt, wenn man bedenkt, dass sich sowohl Ostdeutsche als auch Westdeutsche in ihren persönlichen Erinnerungen vor allem auf den Alltag beziehen und sich so in den Medienberichten über Unterdrückung und Revolution kaum wiederfinden. Sie kennen diese Berichte allerdings und bauen entsprechende Referenzen in ihre eigenen Erzählungen ein. Zugespitzt formuliert: Dem kulturellen Gedächtnis ist es viertens eigentlich egal, was im kommunikativen Gedächtnis aufbewahrt wird, weil es nach einer anderen Logik konstruiert wird als die Assmanns angenommen haben. Wichtigste Quelle sind nicht die Erinnerungen der Zeitzeugen, sondern die herrschenden Diskurse der Gegenwart, die wiederum (so könnte man mit Foucault und Chomsky argumentieren) den Status quo der gesellschaftlichen Machtverhältnisse repräsentieren. Für die Akzeptanz des kulturellen Gedächtnisses genügt es offenbar, wenn ein Teil

12 | Aleida Assmann: Erinnerungsräume. Formen und Wandlungen des kulturellen Gedächtnisses. München: C. H. Beck 1995; Jan Assmann: Collective Memory and Cultural Identity. *New German Critique* 65 (1995), S. 125-133.

der Bevölkerung die entsprechenden Deutungen teilt (in der Gedächtnistypologie, die im fünften Kapitel präsentiert wurde: die Ankläger, die Ignoranten und die Distanzierten). Damit verschwinden fünftens und letztens alle Inhalte aus dem kollektiven Gedächtnis, die nicht mit diesen Diskursen vereinbar sind. Es ist anzunehmen, dass die Vorstellungen vom Dritten Reich, die wir heute teilen, auf ganz ähnliche Weise entstanden sind. Diese These ist zugleich eine Prognose für das, was heute im Arrangement- und im Fortschrittsgedächtnis über die DDR erzählt wird. Viele der Nachgeborenen kennen zwar die Gegenstände und Begriffe und übernehmen zum Teil sogar die entsprechenden Deutungen (die Träumer und die Idealisten), wie jede Vergangenheit ist die DDR aber für die am wichtigsten, die sie erlebt haben.

Kultur- und Medientheorie

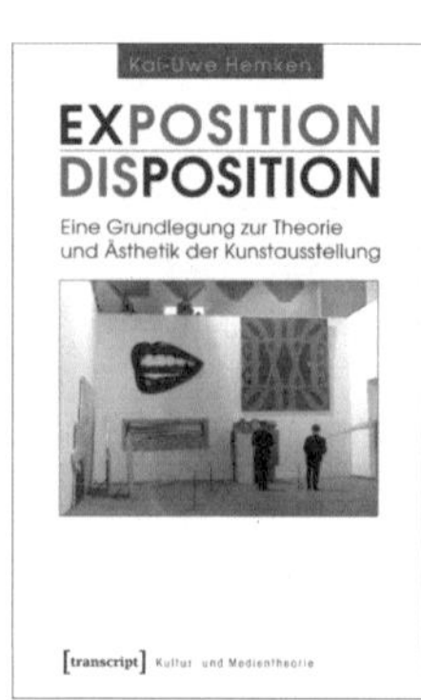

Kai-Uwe Hemken
Exposition/Disposition
Eine Grundlegung zur Theorie und Ästhetik der Kunstausstellung

September 2013, ca. 250 Seiten, kart., zahlr. Abb., ca. 25,80 €,
ISBN 978-3-8376-2095-5

Annette Jael Lehmann,
Philip Ursprung (Hg.)
Bild und Raum
Klassische Texte zu Spatial Turn und Visual Culture

Juni 2013, ca. 300 Seiten, kart., ca. 29,80 €,
ISBN 978-3-8376-1431-2

Ramón Reichert
Die Macht der Vielen
Über den neuen Kult der digitalen Vernetzung

Juni 2013, ca. 200 Seiten, kart., ca. 24,80 €,
ISBN 978-3-8376-2127-3

Leseproben, weitere Informationen und Bestellmöglichkeiten finden Sie unter www.transcript-verlag.de

Kultur- und Medientheorie

Michael Andreas,
Natascha Frankenberg (Hg.)
Im Netz der Eindeutigkeiten
Unbestimmte Figuren und die Irritation von Identität
Juli 2013, ca. 240 Seiten, kart., zahlr. Abb., ca. 29,80 €,
ISBN 978-3-8376-2196-9

Vittoria Borsò (Hg.)
Wissen und Leben – Wissen für das Leben
Herausforderungen einer affirmativen Biopolitik
April 2013, ca. 260 Seiten, kart., ca. 29,80 €,
ISBN 978-3-8376-2160-0

Frédéric Döhl,
Renate Wöhrer (Hg.)
Zitieren, appropriieren, sampeln
Referenzielle Verfahren in den Gegenwartskünsten
Dezember 2013, ca. 240 Seiten, kart., zahlr. Abb., ca. 32,80 €,
ISBN 978-3-8376-2330-7

Özkan Ezli,
Andreas Langenohl,
Valentin Rauer,
Claudia Marion Voigtmann (Hg.)
Die Integrationsdebatte zwischen Assimilation und Diversität
Grenzziehungen in Theorie, Kunst und Gesellschaft
Mai 2013, ca. 260 Seiten, kart., ca. 28,80 €,
ISBN 978-3-8376-1888-4

Urs Hangartner, Felix Keller,
Dorothea Oechslin (Hg.)
Wissen durch Bilder
Sachcomics als Medien von Bildung und Information
Mai 2013, ca. 260 Seiten, kart., zahlr. z.T. farb. Abb., ca. 29,80 €,
ISBN 978-3-8376-1983-6

Marcus S. Kleiner,
Holger Schulze (Hg.)
SABOTAGE!
Pop als dysfunktionale Internationale
Mai 2013, ca. 200 Seiten, kart., ca. 24,80 €,
ISBN 978-3-8376-2210-2

Gudrun M. König,
Gabriele Mentges,
Michael R. Müller (Hg.)
Die Wissenschaften der Mode
Mai 2013, ca. 190 Seiten, kart., ca. 22,80 €,
ISBN 978-3-8376-2200-3

Christopher F. Laferl,
Anja Tippner (Hg.)
Künstlerinszenierungen
Performatives Selbst und biographische Narration im 20. und 21. Jahrhundert
April 2013, ca. 300 Seiten, kart., zahlr. Abb., ca. 32,80 €,
ISBN 978-3-8376-2215-7

Bastian Lange,
Hans-Joachim Bürkner,
Elke Schüssler (Hg.)
Akustisches Kapital
Wertschöpfung in der Musikwirtschaft
Mai 2013, ca. 230 Seiten, kart., ca. 29,80 €,
ISBN 978-3-8376-2256-0

Claudia Mareis, Matthias Held,
Gesche Joost (Hg.)
Wer gestaltet die Gestaltung?
Praxis, Theorie und Geschichte des partizipatorischen Designs
Mai 2013, ca. 300 Seiten, kart., zahlr. z.T. farb. Abb., ca. 29,80 €,
ISBN 978-3-8376-2038-2

Leseproben, weitere Informationen und Bestellmöglichkeiten finden Sie unter www.transcript-verlag.de